# DRITTER TEIL

## Eingegliederte Gesellschaften

## Vorbemerkungen

### Übersicht

### Schrifttum

*Baums* Empfiehlt sich eine Neuregelung des aktienrechtlichen Anfechtungs- und Organhaftungsrechts, insbesondere der Klagemöglichkeiten von Aktionären?, Gutachten F für den 63. Deutschen Juristentag, 2000; *Ebenroth* Die Erweiterung des Auskunftsgegenstandes im Recht der verbundenen Unternehmen, AG 1970, 104; *Fenck* Herkunft und Perspektiven des Eingliederungskonzerns, 2005; *Köhler* Rückabwicklung fehlerhafter Unternehmenszusammenschlüsse, ZGR 1985, 307; *Kort* Bestandsschutz fehlerhafter Strukturänderungen im Kapitalgesellschaftsrecht, 1998; *Krieger* Fehlerhafte Satzungsänderungen: Fallgruppen und Bestandskraft, ZHR 158 (1994), 35; *Pfeiffer* Die KGaA im Eingliederungskonzern, Der Konzern 2006, 122; *C Schäfer* Die Lehre vom fehlerhaften Verband, 2002; *Veit* Unternehmensverträge und Eingliederung als aktienrechtliche Instrumente der Unternehmensverbindung, 1974.

## I. Gesamtüberblick über die §§ 319–327

Die §§ 319–327 regeln die sog Eingliederung einer AG (eingegliederte Gesellschaft) in **1** eine andere AG (Hauptgesellschaft). Die Eingliederung ist mit dem AktG 1965 als „neue Rechtseinrichtung" ohne Vorbild eingeführt worden.[1] Sie führt eine korporationsrechtliche Integration der eingegliederten Gesellschaft in die Hauptgesellschaft herbei, die zwar die eigene Rechtspersönlichkeit der eingegliederten Gesellschaft unberührt lässt, in ihren wirtschaftlichen Auswirkungen aber einer Verschmelzung nahesteht (zur Bedeutung der Eingliederung und ihrer Stellung im Konzernrecht s noch Rdn 4 ff).[2]

---

[1] Begr RegE Vorb §§ 319 ff bei *Kropff* S 421; ausführlich zur Entstehungsgeschichte der Eingliederungsregelung *Fenck* Herkunft und Perspektiven des Eingliederungskonzerns, 2005, S 43 ff.

[2] Begr RegE Vorb §§ 319 ff bei *Kropff* S 421; *Würdinger* in Vorauflage Vorb zu §§ 319 ff sub I.1.pr.

Klaus Ulrich Schmolke

## 1. Überblick über die Regelungsinhalte

**2**     § 319 regelt den „Grundtatbestand" der Eingliederung einer 100-prozentigen Tochter in die künftige Hauptgesellschaft. Dieser setzt neben einem Hauptversammlungsbeschluss der eingegliederten Gesellschaft (§ 319 Abs 1) einen Zustimmungsbeschluss der Hauptgesellschaft voraus (§ 319 Abs 2), deren Aktionäre zuvor hinreichend zu informieren sind (§ 319 Abs 3). An die Hauptversammlungsbeschlüsse schließt sich das Verfahren zur Eintragung der Eingliederung in das Handelsregister an (§ 319 Abs 4–7). Mit Eintragung im Handelsregister wird die Eingliederung wirksam (§ 319 Abs 7). Anhängige Beschlussmängelklagen bewirken eine Registersperre, die durch ein Freigabeverfahren überwunden werden kann (§ 319 Abs 6). § 320 regelt die Mehrheitseingliederung, welche als „Variante" zu § 319 zur Verfügung steht, weil die Eingliederung nicht daran scheitern soll, dass sich noch ein Anteil von höchstens fünf Prozent der Aktien in den Händen von Minderheitsaktionären befindet.[3] Die Minderheitsgesellschafter scheiden mit Wirksamwerden der Eingliederung kraft Gesetzes aus der eingegliederten Gesellschaft aus (§ 320a) und erhalten im Gegenzug einen Anspruch auf angemessene Abfindung (§ 320b). Aus diesem Grunde hat auch eine Eingliederungsprüfung stattzufinden (§ 320 Abs 3). Die Altgläubiger der nunmehr eingegliederten Gesellschaft erhalten einen Anspruch auf Sicherheitsleistung (§ 321). Daneben tritt für Alt- wie Neugläubiger eine akzessorische Mithaftung der Hauptgesellschaft für Verbindlichkeiten der eingegliederten Gesellschaft nach dem Vorbild der §§ 128 f HGB (§ 322). Die §§ 323 und 324 nehmen die erforderlichen Änderungen in der Organisations- und Finanzverfassung der eingegliederten Gesellschaft vor. Insbesondere wird die Hauptgesellschaft in § 323 Abs 1 mit einem umfassenden Weisungsrecht ausgestattet. Im Gegenzug dispensiert § 323 Abs 2 die eingegliederte Gesellschaft von der aktienrechtlichen Vermögensbindung nach §§ 57, 58 und 60 (sog „Konzernprivileg"). § 324 Abs 3 verpflichtet die Hauptgesellschaft zu einem Verlustausgleich in Höhe der Differenz zwischen Nettoaktivvermögen und Grundkapitalziffer der eingegliederten Gesellschaft. Das Auskunftsrecht der Aktionäre der Hauptgesellschaft wird in § 326 auf die Angelegenheiten der eingegliederten Gesellschaft erstreckt. Schließlich endet die Eingliederung durch Hauptversammlungsbeschluss der eingegliederten Gesellschaft, Auflösung der Hauptgesellschaft oder wenn die Voraussetzungen der Eingliederung nicht mehr vorliegen (§ 327 Abs 1). Nach Ende der Eingliederung haftet die Hauptgesellschaft nach Maßgabe des § 327 Abs 4 noch eine Zeit lang für die Verbindlichkeiten der eingegliederten Gesellschaft fort.

## 2. Gesetzesgeschichte

**3**     Die Regeln der §§ 319–327 haben seit ihrer Einführung durch das AktG 1965 einige wesentliche Änderungen erfahren:[4] Den Anfang machte Art 2 des Bilanzrichtlinien-Gesetzes (**BiRiLiG**) vom 19.12.1985[5], der in Nr 73 und 74 neben geringfügigen Änderungen in § 324 Abs 3 die Aufhebung des § 325 über die Befreiung zur Einreichung und Bekanntmachung des Jahresabschlusses der eingegliederten Gesellschaft[6] herbeiführte. Erhebliche Änderungen brachten knapp zehn Jahre später die Regelungen in Art 6 Nr 10–12 des Gesetzes zur Bereinigung des Umwandlungsgesetzes (**UmwBerG**) vom 24.10.1994.[7]

---

[3] Begr RegE § 320 bei *Kropff* S 422.
[4] S zum Folgenden auch die knappen Darstellungen bei *J Schmidt* in Bayer (Hrsg), Gesellschafts- und Kapitalmarktrecht in den Beratungen des Deutschen Juristentags, 2010, S 407, 477 f sowie bei Emmerich/*Habersack*

Aktien- und GmbH-Konzernrecht[6] § 319 Rdn 1.
[5] BGBl I 2355.
[6] S dazu *Würdinger* in Vorauflage § 325.
[7] BGBl I 3210.

Sie hatten die Anpassung der Eingliederung an das neue Umwandlungsrecht zum Ziel. Dies geschah insbesondere durch die Einführung des Eingliederungsberichts in § 319 Abs 3 Satz 1 Nr 3, der Eingliederungsprüfung für die Mehrheitseingliederung in § 320 Abs 3 sowie des Freigabeverfahrens in § 319 Abs 6. Ferner wurden bestehende Regelungsinhalte aus § 320 Abs 4–7 in die neuen §§ 320a und 320b überführt. Im Rahmen des **Spruchverfahrensneuordnungsgesetzes** vom 12.6.2003[8] und dort in Art 2 Nr 5 und 6 wurden § 320 Abs 3 Satz 2 und § 320b an das neue SpruchG angepasst. Durch Art 3 Nr 5a) und b) des **Zweiten Gesetzes zur Änderung des Umwandlungsgesetzes** vom 19.4.2007[9] wurde dann das Freigabeverfahren in § 319 Abs 6 an die kurz zuvor durch das UMAG[10] eingeführte Regelung des § 246a angeglichen: Die Dreimonatsfrist des jetzigen Abs 6 Satz 5 wurde eingefügt und die Rechtsbeschwerde gegen den Freigabebeschluss ausgeschlossen. Die bislang letzte wesentliche Änderung des Eingliederungsrechts erfolgte durch Art 1 Nr 45–47 des Gesetzes zur Umsetzung der Aktionärsrechterichtlinie (**ARUG**) vom 30.7.2009[11]. Neben der Möglichkeit, der Aktionärsinformation dienende Unterlagen auf elektronischem Wege zugänglich zu machen (§ 319 Abs 3 Satz 3 und 4), war wesentlicher Inhalt der Änderung die ganz erhebliche Umgestaltung des Freigabeverfahrens des Abs 6 nach dem Vorbild des neu gefassten § 246a (dazu ausführlich § 319 Rdn 42 ff).

## II. Stellung der Eingliederung im Konzernrecht und praktische Bedeutung

### 1. Bedeutung der Eingliederung und Verhältnis zu den §§ 291 ff, 311 ff und 327a ff

Mit der Eingliederung steht den betroffenen Gesellschaften eine **konzernrechtliche** **4** **Verbindung** (s § 18 Abs 1 Satz 1 und 2) offen, die der (herrschenden) Hauptgesellschaft umfassende Leitungsmacht zuweist und damit einen **Zugriff auf die Vermögenssubstanz der eingegliederten Gesellschaft** erlaubt, die wesentlich über die Dispositionsbefugnisse aufgrund eines Beherrschungsvertrags hinausgeht. Die Eingliederung führt insofern zu einem „maximalen Integrationsgrad"[12] und rückt daher bei wirtschaftlicher Betrachtung in die Nähe der Verschmelzung.[13] Im Gegensatz zur Verschmelzung **behält** die eingegliederte Gesellschaft jedoch ihre **Rechtspersönlichkeit**, was verschiedene Vorteile mit sich bringt[14]: Die eingegliederte Gesellschaft kann ihre Firma am Markt weiter einsetzen und ihre gewachsene Personal- und Organisationsstruktur, insbesondere ihre Vorstands- und Aufsichtsratsposten, behalten. Schließlich ist die Beendigung der Eingliederung anders als die Trennung der Gesellschaften nach vollzogener Verschmelzung vergleichsweise problemfrei möglich.[15]

---

[8] BGBl I 838.

[9] BGBl I 542.

[10] Gesetz zur Unternehmensintegrität und Modernisierung des Anfechtungsrechts vom 22.9.2005, BGBl I 2802.

[11] BGBl I 2479.

[12] Grigoleit/*Grigoleit/Rachlitz* § 319 Rdn 1.

[13] Begr RegE Vorb §§ 319 ff bei *Kropff* S 421; *Würdinger* in Vorauflage Vorb §§ 319 ff sub I.; ferner etwa *Hüffer*[10] § 319 Rdn 2; KK-*Koppensteiner*[3] Rdn 6; MK-*Grunewald*[3] Rdn 3. MünchHdb AG/*Krieger*[3] § 73 Rdn 1 sowie Grigoleit/*Grigoleit/Rachlitz* § 319 Rdn 1 sprechen daher auch von der Eingliederung als der „intensivste[n] konzern-

rechtliche[n] Verbindung zweier Gesellschaften".

[14] Begr RegE Vorb §§ 319 ff bei *Kropff* S 421; ferner etwa *Würdinger* in Vorauflage Vorb §§ 319 ff sub III.; *Hüffer*[10] § 319 Rdn 2.

[15] S zu den Vorteilen der fortwährenden Eigenständigkeit der eingegliederten Gesellschaft etwa Grigoleit/*Grigoleit/Rachlitz* § 319 Rdn 1; MünchHdb AG/*Krieger*[3] § 73 Rdn 2 (dort auch jew zu steuerlichen Vorteilen; insofern einschränkend MK-*Grunewald*[3] Rdn 10); KK-*Koppensteiner*[3] Rdn 6; MK-*Grunewald*[3] Rdn 3; zu dem zuletzt genannten Aspekt auch *Würdinger* in Vorauflage Vorb §§ 319 ff sub III.e).

Klaus Ulrich Schmolke

**5**　　Vergleicht man die Eingliederung mit der **Einpersonen-Gesellschaft** so zeigen sich ganz erhebliche Unterschiede: Der Mutter steht hier kein Weisungsrecht zu. Vielmehr leitet der Vorstand der Tochtergesellschaft diese weiterhin unter eigener Verantwortung (§ 76 Abs 1). Dementsprechend bleibt auch die Finanzverfassung der Tochtergesellschaft weitgehend intakt: Die Vermögensbindung gem §§ 57, 58, 60 gilt nach Maßgabe des § 311[16] weiterhin (anders: § 323 Abs 2), ebenso die Regelungen über Bildung, Dotierung und Erhaltung der gesetzlichen Rücklage nach § 150 (anders: § 324 Abs 1). Dem Schutz vor Benachteiligung der Einpersonen-Gesellschaft durch ihre Alleinaktionärin dienen die §§ 311 bis 318, die im Recht der Eingliederung keine Entsprechung haben (vgl auch § 323 Abs 1 Satz 3).[17]

**6**　　Bei Bestehen eines **Beherrschungsvertrags** (§ 291) ist die Obergesellschaft ebenso wie bei der Eingliederung zur Weisungserteilung berechtigt (§ 308). Jedoch findet dieses Weisungsrecht seine Grenze zum einen in § 308 Abs 1 Satz 2, wonach für die Untergesellschaft nachteilige Weisungen durch das Konzerninteresse gerechtfertigt sein müssen, und zum anderen in der Unwirksamkeit existenzgefährdender oder -vernichtender Weisungen.[18] Das Weisungsrecht der Hauptgesellschaft gegenüber der eingegliederten Gesellschaft unterliegt diesen Grenzen hingegen nicht (s § 323 Rdn 2 ff). Die §§ 57, 58, 60 bleiben zwar auch beim Beherrschungsvertrag unangewendet (§ 291 Abs 3). Jedoch stellen die §§ 300 ff zum Schutze der Gläubiger sicher, dass das bei Vertragschluss bestehende Vermögen der beherrschten Gesellschaft einschließlich der zu diesem Zeitpunkt gebildeten Rücklagen bilanziell nicht gemindert und um die weiterhin zu dotierende gesetzliche Rücklage gemehrt wird. Bei der Eingliederung fehlen diese Sicherungen (s aber immerhin § 324 Abs 3), werden aber durch die Sicherheitsleistung nach § 321 und vor allem durch die Mithaftung der Hauptgesellschaft nach § 322 kompensiert (s auch § 324 Rdn 2, 8, 13).[19] Bei Abschluss eines Beherrschungsvertrags sieht § 304 Ausgleichszahlungen an die außenstehenden Aktionäre vor, für die es im Eingliederungskonzern mangels außenstehender Aktionäre keine Entsprechung gibt.

**7**　　Der mit einem Anteil von mindestens 95 Prozent der Aktien beteiligte Mehrheitsaktionär ist seit Einführung des **Squeeze out** nach §§ 327a ff durch Art 7 Nr 2 des Gesetzes zur Regelung von öffentlichen Angeboten zum Erwerb von Wertpapieren und von Unternehmensübernahmen vom 20.12.2001[20] nicht mehr auf die Mehrheitseingliederung angewiesen, um sich unter Abfindung der Minderheitsaktionäre die Stellung als Alleinaktionär zu sichern.[21] Dies ist nicht zuletzt deshalb von Bedeutung, weil das Instrument der Eingliederung nur Aktiengesellschaften und gleichgestellten Gesellschaftsrechtsformen (s zum personalen Anwendungsbereich der §§ 319 ff noch Rdn 9 ff) offen steht, während der Squeeze out an keine Rechtsform gebunden ist. Ferner wird die erforder-

---

[16] S zum Verhältnis von §§ 57 ff und § 311 nur *Hüffer*[10] § 311 Rdn 49 f mwN.

[17] S zum Ganzen *Würdinger* in Vorauflage Vorb §§ 319 ff sub II. Zur Schadensersatzpflicht nach § 117 und ihrem Verhältnis zu § 311 s nur *Hüffer*[10] § 117 Rdn 14 mwN; zur Haftung wegen qualifizierter Nachteilszufügung s nur Emmerich/*Habersack* Aktien- und GmbH-Konzernrecht[6] Anh § 317.

[18] S dazu nur GK-*Hirte*[4] § 308 Rdn 42 ff, 48 ff mwN.

[19] S zum Ganzen ausführlich *Würdinger* in Vorauflage Vorb §§ 319 ff sub IV., der

resümierend zu der Einschätzung gelangt, dass „beim Beherrschungsvertrag das *Risiko* der Gläubiger der Untergesellschaft größer ist als bei der Eingliederung" (Hervorhebung im Original); ferner MünchHdb AG/*Krieger*[3] § 73 Rdn 1.

[20] BGBl I 3822.

[21] Vgl dazu Emmerich/*Habersack* Aktien- und GmbH-Konzernrecht[6] § 320 Rdn 8, wonach die Mehrheitseingliederung „zu einem Gutteil gerade mit Blick auf das mit ihr verbundene Ausscheiden der Minderheitsaktionäre praktiziert wurde".

liche Mehrheit von 95 Prozent der Anteile unterschiedlich berechnet (s für die Mehrheitseingliederung § 320 Rdn 5 ff). Die Abfindung der im Zuge des Squeeze out ausscheidenden Aktionäre erfolgt stets in bar (s § 327a Abs 1 Satz 1), während bei der Mehrheitseingliederung die Abfindung im Regelfall in Aktien der Hauptgesellschaft gewährt wird (§ 320b Abs 1 Satz 2; näher dazu § 320b Rdn 8 ff).[22]

## 2. Praktische Bedeutung

Die praktische Bedeutung der Eingliederung wird eher gering eingeschätzt.[23] Zwar **8** liegt kein aktuelles Zahlenmaterial vor.[24] Jedoch entspricht es weithin geäußerter Überzeugung, dass die Eingliederung durch die Einführung des Squeeze out (noch einmal) ganz erheblich an Bedeutung eingebüßt hat.[25] Hinzu kommt, dass die Eingliederung als solche keine steuerliche Organschaft iSd § 14 KStG begründet.[26] Überlegungen, die Eingliederung *de lege ferenda* über eine „Pflicht zur Eingliederung" von Einmann-Kapitalgesellschaften praktisch aufzuwerten, haben sich als nicht zielführend erwiesen.[27]

## III. Personaler Anwendungsbereich

### 1. Rechtsform

Nach dem Wortlaut der §§ 319 Abs 1 und 320 Abs 1 müssen sowohl die einzu- **9** gliedernde Gesellschaft als auch die künftige Hauptgesellschaft **Aktiengesellschaften** sein. Der Aktiengesellschaft ist die Europäische Gesellschaft (Societas Europea, SE) gleichzustellen (zur Behandlung von AG-äquivalenten Rechtsformen anderer EU-Mitgliedstaaten s Rdn 13).[28] Streitig ist hingegen die Anwendbarkeit der §§ 319 ff auf die KGaA.[29] Formal ließe sich hiergegen bereits einwenden, dass § 278 Abs 3 für die KGaA lediglich auf die Vorschriften des Ersten Buches, also die §§ 1–277 verweist und sich im danach nicht

---

[22] S zum Ganzen auch *Fenck* Herkunft und Perspektiven des Eingliederungskonzerns, 2005, S 103 ff; ferner Emmerich/*Habersack* Aktien- und GmbH-Konzernrecht[6] § 320 Rdn 8; KK-*Koppensteiner*[3] Rdn 8 f.

[23] S nur *Fenck* Herkunft und Perspektiven des Eingliederungskonzerns, 2005, S 107 mwN; aber auch Spindler/Stilz/*Singhof*[2] § 320 Rdn 3: „durchaus vielfältig genutzt worden".

[24] S MK-*Grunewald*[3] Rdn 4; älteres Zahlenmaterial präsentiert *Fenck* Herkunft und Perspektiven des Eingliederungskonzerns, 2005, S 107 ff.

[25] *Fenck* Herkunft und Perspektiven des Eingliederungskonzerns, 2005, S 112; Emmerich/*Habersack* Aktien- und GmbH-Konzernrecht[6] § 320 Rdn 8; Spindler/Stilz/ *Singhof*[2] § 320 Rdn 3.

[26] S dazu bereits *Würdinger* in Vorauflage Vorb § 319 ff sub VI.; ferner etwa MK-*Grunewald*[3] Rdn 9; MünchHdb AG/*Krieger/Kraft*[3] § 73 Rdn 77. Die kürzlich erfolgte Änderung des § 14 KStG durch

Art 2 Nr 2 des Gesetzes zur Änderung und Vereinfachung der Unternehmensbesteuerung und des steuerlichen Reisekostenrechts vom 20. Februar 2013, BGBl I 285 hat hieran nichts geändert. Der Gesetzgeber hat aus fiskalischen Gründen bewusst auf eine „große Reform" mit dem Ziel einer moderneren Gruppenbesteuerung verzichtet; s zu derartigen Reformvorschlägen hier nur *Haas et al* Einführung einer modernen Gruppenbesteuerung – Ein Reformvorschlag, 2011.

[27] S *Fenck* Herkunft und Perspektiven des Eingliederungskonzerns, 2005, S 270 ff, 296.

[28] S nur Emmerich/*Habersack* Aktien- und GmbH-Konzernrecht[6] § 319 Rdn 5 mit Einl Rdn 45 ff mwN.

[29] Ausführlich zur Frage der Erweiterung des personalen Anwendungsbereichs der §§ 319 ff durch Auslegung oder im Wege des Analogieschlusses *Fenck* Herkunft und Perspektiven des Eingliederungskonzerns, 2005, S 117 ff.

　　　　　　　　　　　　Klaus Ulrich Schmolke

in Bezug genommenen Dritten Buch andernorts ausdrückliche Gleichstellungen von AG und KGaA finden (s etwa § 291 Abs 1). Die Diskussion erfolgt jedoch zu Recht anhand materieller Erwägungen und differenziert zwischen einzugliedernder Gesellschaft und künftiger Hauptgesellschaft.

**10** Danach besteht weitgehende Einigkeit, dass die **einzugliedernde Gesellschaft** keine KGaA sein kann. Begründet wird dies mit der Regelung des § 278 Abs 2.[30] Hieran ist richtig, dass die persönliche Haftung des Komplementärs mit der Eingliederung nicht zu vereinbaren ist.[31] Hingegen sprechen keine (weiteren) „strukturellen Gründe"[32] gegen die Eingliederung einer KGaA, wenn sämtliche Komplementäre allein mit ihrem Verbandsvermögen haftende juristische Personen sind.[33]

**11** Ebenso entspricht es der hL, dass die Eingliederung in eine KGaA nicht möglich ist.[34] Allein eine Aktiengesellschaft könne **Hauptgesellschaft** sein, weil nur dies einen hinreichenden **Schutz der Gläubiger** der einzugliedernden Gesellschaft gewährleiste. Die persönliche Haftung des Komplementärs sei in seiner Funktion als Kreditunterlage dem aktienrechtlichen Grundkapital insofern nicht gleichwertig.[35] Hiergegen wird freilich zu Recht angeführt, dass eine KGaA aufgrund der Verweisung in § 278 Abs 3 derselben Vermögensbindung unterliegt wie eine AG und auch dieselbe gesetzliche Mindesthöhe des Grundkapitals besteht.[36] Bei der Mehrheitseingliederung nach § 320 gebietet der **Schutz der außenstehenden Aktionäre** keine andere Bewertung. Dies ergibt sich aus der gesetzlichen Wertung des § 250 UmwG, wonach die §§ 207 ff UmwG auf den Formwechsel von der AG in die KGaA gerade keine Anwendung finden.[37]

### 2. Sitz der beteiligten Gesellschaften

**12** Zum erforderlichen Sitz der **einzugliedernden Gesellschaft** äußern sich die §§ 319 f nicht. Maßgeblich ist daher zunächst, unter welchen Sitzvoraussetzungen die einzugliedernde Gesellschaft dem deutschen Recht unterfällt (zur kollisionsrechtlichen An-

---

[30] S für die hL *Ebenroth* AG 1970, 104, 108; KK-*Koppensteiner*[3] Rdn 11; MK-*Grunewald*[3] Rdn 9; *Veit* Unternehmensverträge und Eingliederung, 1974, S 52; *Würdinger* in Vorauflage § 319 Anm 2; iErg auch *Hüffer*[10] § 319 Rdn 4; *Fenck* Herkunft und Perspektiven des Eingliederungskonzerns, 2005, S 147 ff.

[31] So etwa *Ebenroth* AG 1970, 104, 108; Bürgers/*Körber*/*Fett*[2] § 319 Rdn 3; Emmerich/*Habersack*, Aktien- und GmbH-Konzernrecht[6] § 319 Rdn 5; *Pfeiffer* Der Konzern 2006, 122, 123 ff; dies **gerade nicht** für entscheidend haltend *Würdinger* in Vorauflage § 319 Anm 2.

[32] S *Würdinger* in Vorauflage § 319 Anm 2 sowie *Fenck* Herkunft und Perspektiven des Eingliederungskonzerns, 2005, S 147 ff für die hL.

[33] Zutr Bürgers/Körber/*Fett*[2] § 319 Rdn 3; Emmerich/*Habersack* Aktien- und GmbH-Konzernrecht[6] § 319 Rdn 5; *Pfeiffer* Der Konzern 2006, 122, 123 ff gegen die hL.

[34] S etwa *Ebenroth* AG 1970, 104, 108; *Hüffer*[10] § 319 Rdn 4; KK-*Koppensteiner*[3] Rdn 10; MK-*Grunewald*[3] Rdn 5; Spindler/Stilz/*Singhof*[2] § 319 Rdn 3; Schmidt/Lutter/*Ziemons*[2] Rdn 6; *Veit* Unternehmensverträge und Eingliederung, 1974, S 54 f.

[35] So KK-*Koppensteiner*[3] Rdn 10.

[36] Bürgers/Körber/*Fett*[2] § 319 Rdn 3; Emmerich/*Habersack* Aktien- und GmbH-Konzernrecht[6] § 319 Rdn 6; *Pfeiffer* Der Konzern 2006, 122, 129 f; ausführlich *Fenck* Herkunft und Perspektiven des Eingliederungskonzerns, 2005, S 134 ff; insofern unergiebig Begr RegE § 319 bei *Kropff* S 422: „Ein Unternehmen anderer Rechtsform kann nicht Hauptgesellschaft sein, weil es für die Gläubiger der eingegliederten Gesellschaft nicht die gleichen Garantien wie eine Aktiengesellschaft bietet."

[37] So überzeugend Emmerich/*Habersack* Aktien- und GmbH-Konzernrecht[6] § 319 Rdn 6; zust *Fenck* Herkunft und Perspektiven des Eingliederungskonzerns, 2005, S 145 f.

knüpfung an das Recht der einzugliedernden Gesellschaft Rdn 18).[38] Sodann bestimmt § 5, dass der Sitz, gemeint: der **Satzungssitz**, im Inland liegen muss.[39] Insofern sind die §§ 319 ff auch auf solche Aktiengesellschaften (SE, KGaA) anwendbar, die unter Beibehaltung ihres inländischen Satzungssitzes ihren **Verwaltungssitz ins Ausland** verlegen und das Kollisionsrecht des Aufnahmestaates der Gründungstheorie folgt und dementsprechend auf deutsches Recht zurückverweist, das diese Verweisung seinerseits annimmt (Art 4 Abs 1 Satz 2 EGBGB).[40]

Nach dem Wortlaut der §§ 319 f muss die **Hauptgesellschaft** ihren **Sitz im Inland** **13** haben. Auch hier ist der **Satzungssitz** iSd § 5 angesprochen.[41] Dies ist nicht bereits ein Gebot des Kollisionsrechts (s sogleich Rdn 18). Begründet wird dieses Inlandserfordernis denn auch mit dem Gläubigerschutz; denn „nicht alle ausländischen Gesellschaftsrechte" sicherten die „Vermögenssubstanz [der Gesellschaft] in gleicher Weise [...] wie das deutsche [Aktienr]echt".[42] Mit Blick auf den EU-weit durch die umgesetzte Kapitalrichtlinie[43] erreichten Stand der Rechtsangleichung und im Lichte der Niederlassungsfreiheit (Art 49, 54 AEUV) liegt hier eine teleologische Reduktion des Inlandserfordernisses für Aktiengesellschaften anderer Mitgliedstaaten nahe.[44]

## IV. Eingliederung und die Lehre vom fehlerhaften Verbandsakt

Für die Eingliederung stellt sich ebenso wie für andere Strukturmaßnahmen die Frage **14** nach der Anwendbarkeit der Lehre vom fehlerhaften Verbandsakt. Die Frage ist also, ob die Eingliederung nach erfolgter Eintragung (s § 319 Abs 7) trotz eines im Rahmen des Eingliederungsverfahrens aufgetretenen Rechtsmangels bis zur Geltendmachung dieses Fehlers als wirksam oder aber als von Anfang an unwirksam anzusehen und daher rückabzuwickeln ist. Dies betrifft insbesondere[45] diejenigen Fälle, in denen ein Mangel der erforderlichen Hauptversammlungsbeschlüsse nach Eintragung erfolgreich geltend ge-

---

[38] In diesem Sinne auch *Würdinger* in Vorauflage § 319 Anm 1: „Für die einzugliedernde Gesellschaft ergibt sich dieses Erfordernis [Sitz im Inland] daraus, daß das deutsche Recht nicht zuständig ist, einer ausländischen Gesellschaft die durch die Eingliederung bewirkte Unterwerfung derselben unter die inländische Hauptgesellschaft zu gestatten.“; vgl auch *Hüffer*[10] § 319 Rdn 4. Unter Geltung der Sitztheorie ist hierfür erforderlich, dass sich der tatsächliche Verwaltungssitz in Deutschland befindet; insofern zutr MünchHdb AG/*Krieger*[3] § 73 Rdn 4.

[39] S zu Inhalt und Bedeutung des durch das MoMiG neu gefassten § 5 nur *Hüffer*[10] § 5 Rdn 1, 7.

[40] S auch Emmerich/*Habersack* Aktien- und GmbH-Konzernrecht[6] § 319 Rdn 7; Spindler/Stilz/*Singhof*[2] § 319 Rdn 3; vgl auch in allgemeinerem Zusammenhang Schmidt/Lutter/*Zimmer*[2] § 45 Rdn 27.

[41] AllgM, s etwa Emmerich/*Habersack* Aktien- und GmbH-Konzernrecht[6] § 319 Rdn 7; Spindler/Stilz/*Singhof*[2] § 319 Rdn 3; divergierende Ansichten beziehen sich auf die Rechtslage vor Inkrafttreten des MoMiG.

[42] Deutlich *Würdinger* in Vorauflage § 319 Anm 4; s auch Begr RegE § 319 bei *Kropff* S 422: „Sie muß ferner – wiederum im Interesse des Gläubigerschutzes – ihren Sitz im Inland haben."

[43] Richtlinie 77/91/EWG v 13.12.1976, ABl EG Nr L 26 S 1.

[44] In diese Richtung Emmerich/*Habersack* Aktien- und GmbH-Konzernrecht[6] § 319 Rdn 7; KK-*Koppensteiner*[3] Rdn 10 mit Fn 20; Schmidt/Lutter/*Ziemons*[2] § 319 Rdn 8; Spindler/Stilz/*Singhof*[2] § 319 Rdn 3.

[45] Zur Frage des Unterschreitens der von Gesetzes wegen eingeforderten Quoren nach § 319 Abs 1 Satz 1 und § 320 Abs 1 s noch sogleich in Rdn 16.

Klaus Ulrich Schmolke

macht worden ist.[46] Im Grundsatz wird dabei nach heute ganz hL die Anwendung der Lehre vom fehlerhaften Verbandsakt zutreffenderweise bejaht.[47] Grund für die Annahme einer **fehlerhaften Eingliederung** ist wie auch sonst beim fehlerhaften Verbandsakt die Überzeugung, dass man an dem Fait accompli des Vollzugs der Eingliederung nicht vorbeikommt.[48] Dies soll selbst dann gelten, wenn es an dem erforderlichen Zustimmungsbeschluss der künftigen Hauptgesellschaft gänzlich fehlt, weil diesem Beschluss keine organisationsrechtliche Qualität zukomme (s dazu § 319 Rdn 15). In den Details ist man sich freilich uneins. Es gilt Folgendes:

**15**      Aufgrund der von **§ 319 Abs 6 Satz 11** für Beschlussmängel angeordneten Bestandskraft nach erfolgreich durchgeführtem Freigabeverfahren (s dazu näher § 319 Rdn 69 ff), ist für die Lehre vom fehlerhaften Verbandsakt **im Anwendungsbereich der Vorschrift kein Raum**: Die betreffenden Mängel lassen die Wirksamkeit der Eingliederung auch für die Zukunft unberührt.[49] Dasselbe gilt für solche Beschlussmängel, die nicht im Wege der Anfechtungsklage geltend gemacht werden können (s § 320b Abs 2, näher dazu dort Rdn 26 ff).[50]

**16**      Außerhalb des Anwendungsbereichs von § 319 Abs 6 Satz 11 ist umstritten, ob die Grundsätze der fehlerhaften Gesellschaft auch dann Anwendung finden, wenn die in **§§ 319 Abs 1 Satz 1, 320 Abs 1** vorgeschriebene Kapitalmehrheit (s dazu § 319 Rdn 4 ff, § 320 Rdn 5 ff) nicht erreicht, also das **erforderliche Quorum unterschritten** worden ist. Die wohl hL geht hier von einem unheilbar nichtigen Eingliederungsbeschluss (§ 243 Nr 3) aus und lehnt hierfür die Anwendung der Lehre vom fehlerhaften Verbandsakt ab.[51] Die Gegenansicht hält den unter diesem Mangel leidenden Beschluss bloß für anfechtbar und wendet die Lehre von der fehlerhaften Gesellschaft an.[52] Richtigerweise

---

[46] Vgl etwa KK-*Koppensteiner*[2] § 327 Rdn 20 und ff; Emmerich/*Habersack* Aktien- und GmbH-Konzernrecht[6] § 320b Rdn 22; für einen praktischen Fall OLG Karlsruhe Beschl v 15.2.2011 – 12 W 21/09, AG 2011, 673 = ZIP 2011, 1817.

[47] S *Kort* Bestandsschutz, 1998, S 184 ff; *Krieger* ZHR 158 (1994), 35, 43 f; *C Schäfer* Fehlerhafter Verband, 2002, S 466 ff; ferner etwa Emmerich/*Habersack* Aktien- und GmbH-Konzernrecht[6] § 320b Rdn 22 und öfter; MK-*Grunewald*[3] § 319 Rdn 15 f; Spindler/Stilz/*Singhof*[2] § 320a Rdn 19; Grigoleit/*Grigoleit/Rachlitz* § 319 Rdn 15, 25; unsicher KK-*Koppensteiner*[3] § 327 Rdn 23; aA *Köhler* ZGR 1985, 307, 321 ff: Anwendung der §§ 311 ff sowie der §§ 321, 322, 324 Abs 3 analog; diesem folgend eine Anwendung der Lehre vom fehlerhaften Verbandsakt verneinend auch OLG Karlsruhe Beschl v 15.2.2011 – 12 W 21/09, AG 2011, 673, 674.

[48] Klar MK-*Grunewald*[3] § 319 Rdn 15; s aber auch Begr RegE UmwBerG BR-Drs 75/94 S 179, wonach einer Rückgängigmachung

der Eingliederung wirtschaftlich und rechtlich nichts entgegenstehe. Zur Bedeutung der damit verbundenen *ex nunc*-Abwicklung für die Legitimation der Registersperre nach § 319 Abs 5 s *Baums* DJT-Gutachten, 2002, S 176 ff.

[49] Unstr, s etwa Emmerich/*Habersack* Aktien- und GmbH-Konzernrecht[6] § 320a Rdn 2; Spindler/Stilz/*Singhof*[2] § 320a Rdn 19.

[50] S etwa *Kort* Bestandsschutz, 1998, S 187.

[51] So etwa Emmerich/*Habersack* Aktien- und GmbH-Konzernrecht[6] § 320b Rdn 22; Spindler/Stilz/*Singhof*[2] § 320a Rdn 19; Grigoleit/*Grigoleit/Rachlitz* § 319 Rdn 10; ferner *Kort* Bestandsschutz, 1998, S 190 f.

[52] So namentlich MK-*Grunewald*[3] § 319 Rdn 14 f; für Anwendung der Lehre vom fehlerhaften Verbandsakt auch *C Schäfer* Fehlerhafter Verband, 2002, S 471 f; die Frage der Nichtigkeit oder bloßen Anfechtbarkeit des Übertragungsbeschlusses gem § 327a wegen Unterschreitung des Quorums offenlassend BGH Urt v 22.3.2011 – II ZR 229/09, AG 2011, 518, 521.

ist die Erreichung des Quorums nicht nur ein Beschlussmangel[53], sondern jedenfalls auch eine neben die erforderlichen Beschlüsse tretende, selbständige Wirksamkeitsvoraussetzung der Eingliederung.[54] Hieraus folgt, dass § 319 Abs 6 Satz 11 insofern keinen in die Zukunft reichenden Bestandsschutz gewähren kann.[55] Jedoch ist die **Lehre vom fehlerhaften Verbandsakt anwendbar**, so dass jedenfalls ein Bestandsschutz für die Vergangenheit erreicht wird. Für die Eingliederung nach § 319 müssen die Rechtsfolgen der Lehre von der fehlerhaften Gesellschaft jedoch insofern modifiziert werden, als die Aktien der tatsächlich noch vorhandenen Minderheitsaktionäre nicht nach § 320a (analog) übergehen, weil die Vorschrift auf die Mehrheitseingliederung nach § 320 zugeschnitten ist und bei § 319 entsprechende Schutzvorkehrungen für die (bei Unterschreiten des Quorums tatsächlich vorhandenen) Minderheitsaktionäre fehlen.[56]

Bei der Mehrheitseingliederung nach § 320 hat die Anwendung der Lehre vom fehlerhaften Verbandsakt den Übergang der Mitgliedschaftsrechte nach § 320a zur (Rechts-)Folge, wofür die ausgeschiedenen Aktionäre einen Anspruch auf Abfindung nach § 320b erhalten.[57] Im Rahmen der Abwicklung der Eingliederung nach Geltendmachung des Fehlers haben die ausgeschiedenen Minderheitsaktionäre einen Anspruch auf Rückübertragung ihrer auf die Hauptgesellschaft übergegangen Anteile (s dazu noch § 320 Rdn 19).[58]  **17**

## V. Kollisionsrecht

Nach weithin geteilter Ansicht haben die §§ 319 ff „für grenzüberschreitende Unternehmensverbindungen keine Relevanz", weil sowohl die eingegliederte Gesellschaft als auch die künftige Hauptgesellschaft nach der sachrechtlichen Vorgabe des § 319 Abs 1 Satz 1 eine Aktiengesellschaft deutschen Rechts oder eine SE mit Sitz im Inland sein müsse.[59] Tritt man hingegen mit Blick auf das Gemeinschaftsrecht einer Anwendung der §§ 319 ff auf Aktiengesellschaften anderer Mitgliedstaaten der EU als künftige Hauptgesellschaften näher (s Rdn 13), so stellt sich die Situation wie folgt dar: Nach allgemeinen Grundsätzen des deutschen IPR unterfallen die Konzernbeziehungen dem Gesellschaftsstatut der abhängigen als der mit Blick auf das Schutzanliegen des Konzernrechts regelmäßig hauptbetroffenen Gesellschaft.[60] Ungeachtet der Nationalität der Hauptgesell-  **18**

---

[53] Vgl insofern auch BGH Urt v 22.3.2011 – II ZR 229/09, AG 2011, 518, 521 zum Squeeze out.

[54] So etwa KK-*Koppensteiner*[3] § 319 Rdn 8; Grigoleit/*Grigoleit/Rachlitz* § 319 Rdn 9; *C Schäfer* Fehlerhafter Verband, 2002, S 470 f.

[55] KK-*Koppensteiner*[3] § 319 Rdn 8; **aA** etwa Emmerich/*Habersack* Aktien- und GmbH-Konzernrecht[6] § 319 Rdn 10; Spindler/Stilz/*Singhof*[2] § 320a Rdn 19; unverständlicherweise ebenfalls Grigoleit/*Grigoleit/Rachlitz* § 319 Rdn 11.

[56] So auch *C Schäfer* Fehlerhafter Verband, 2002, S 472; s ferner Emmerich/*Habersack* Aktien- und GmbH-Konzernrecht[6] § 319

Rdn 9; i Erg etwa auch Grigoleit/*Grigoleit/Rachlitz* § 319 Rdn 10.

[57] S etwa *Kort* Bestandsschutz, 1998, S 190; *Krieger* ZHR 158 (1994), 35, 443; unklar insofern *Hüffer*[10] Rdn 5.

[58] *C Schäfer* Fehlerhafter Verband, 2002, S 473; s auch *Kort* Bestandsschutz, 1998, S 190; *Krieger* ZHR 158 (1994), 35, 44; Spindler/Stilz/*Singhof*[2] § 320a Rdn 19.

[59] So MünchHdb IntGesR/*Drinhusen*[4] § 44 Rdn 37.

[60] S nur BGH Urt v 13.12.2004 – II ZR 256/02, NZG 2005, 214, 215; GK-*Windbichler*[4] Vor § 15 Rdn 71 mwN; MünchHdb IntGesR/*Drinhusen*[4] § 44 Rdn 7 ff.

schaft sind danach die §§ 319 ff nur auf eingegliederte Gesellschaften deutschen Rechts anzuwenden.[61] Unterfällt hingegen allein die Hauptgesellschaft deutschem Recht sind die §§ 319 ff schon aus kollisionrechtlicher Sicht nicht anwendbar. Auf die sachrechtlichen Vorgaben in § 319 Abs 1 Satz 1 kommt es insofern nicht mehr an.

## § 319
## Eingliederung

(1) [1]Die Hauptversammlung einer Aktiengesellschaft kann die Eingliederung der Gesellschaft in eine andere Aktiengesellschaft mit Sitz im Inland (Hauptgesellschaft) beschließen, wenn sich alle Aktien der Gesellschaft in der Hand der zukünftigen Hauptgesellschaft befinden. [2]Auf den Beschluß sind die Bestimmungen des Gesetzes und der Satzung über Satzungsänderungen nicht anzuwenden.

(2) [1]Der Beschluß über die Eingliederung wird nur wirksam, wenn die Hauptversammlung der zukünftigen Hauptgesellschaft zustimmt. [2]Der Beschluß über die Zustimmung bedarf einer Mehrheit, die mindestens drei Viertel des bei der Beschlußfassung vertretenen Grundkapitals umfaßt. [3]Die Satzung kann eine größere Kapitalmehrheit und weitere Erfordernisse bestimmen. [4]Absatz 1 Satz 2 ist anzuwenden.

(3) [1]Von der Einberufung der Hauptversammlung der zukünftigen Hauptgesellschaft an, die über die Zustimmung zur Eingliederung beschließen soll, sind in dem Geschäftsraum dieser Gesellschaft zur Einsicht der Aktionäre auszulegen
1. der Entwurf des Eingliederungsbeschlusses;
2. die Jahresabschlüsse und die Lageberichte der beteiligten Gesellschaften für die letzten drei Geschäftsjahre;
3. ein ausführlicher schriftlicher Bericht des Vorstands der zukünftigen Hauptgesellschaft, in dem die Eingliederung rechtlich und wirtschaftlich erläutert und begründet wird (Eingliederungsbericht).

[2]Auf Verlangen ist jedem Aktionär der zukünftigen Hauptgesellschaft unverzüglich und kostenlos eine Abschrift der in Satz 1 bezeichneten Unterlagen zu erteilen. [3]Die Verpflichtungen nach den Sätzen 1 und 2 entfallen, wenn die in Satz 1 bezeichneten Unterlagen für denselben Zeitraum über die Internetseite der zukünftigen Hauptgesellschaft zugänglich sind. [4]In der Hauptversammlung sind diese Unterlagen zugänglich zu machen. [5]Jedem Aktionär ist in der Hauptversammlung auf Verlangen Auskunft auch über alle im Zusammenhang mit der Eingliederung wesentlichen Angelegenheiten der einzugliedernden Gesellschaft zu geben.

(4) [1]Der Vorstand der einzugliedernden Gesellschaft hat die Eingliederung und die Firma der Hauptgesellschaft zur Eintragung in das Handelsregister anzumelden. [2]Der Anmeldung sind die Niederschriften der Hauptversammlungsbeschlüsse und ihre Anlagen in Ausfertigung oder öffentlich beglaubigter Abschrift beizufügen.

(5) [1]Bei der Anmeldung nach Absatz 4 hat der Vorstand zu erklären, daß eine Klage gegen die Wirksamkeit eines Hauptversammlungsbeschlusses nicht oder nicht fristgemäß

---

[61] Für die Bestimmung, wann eine solche vorliegt, stellt das deutsche Kollisionsrecht bekanntlich auf die – durch gemeinschaftsrechtliche Vorgaben überlagerte – Sitztheorie ab. S für Einzelheiten nur MKBGB-*Kindler*[5] IntGesR Rdn 351 ff, 420 ff; auch *Fleischer/Schmolke* JZ 2008, 233, 235 ff; abw MünchHdb IntGesR/*Thölke*[4] § 1 Rdn 63.

erhoben oder eine solche Klage rechtskräftig abgewiesen oder zurückgenommen worden ist; hierüber hat der Vorstand dem Registergericht auch nach der Anmeldung Mitteilung zu machen. [2]Liegt die Erklärung nicht vor, so darf die Eingliederung nicht eingetragen werden, es sei denn, daß die klageberechtigten Aktionäre durch notariell beurkundete Verzichtserklärung auf die Klage gegen die Wirksamkeit des Hauptversammlungsbeschlusses verzichten.

(6) [1]Der Erklärung nach Absatz 5 Satz 1 steht es gleich, wenn nach Erhebung einer Klage gegen die Wirksamkeit eines Hauptversammlungsbeschlusses das Gericht auf Antrag der Gesellschaft, gegen deren Hauptversammlungsbeschluß sich die Klage richtet, durch Beschluß festgestellt hat, daß die Erhebung der Klage der Eintragung nicht entgegensteht. [2]Auf das Verfahren sind § 247, die §§ 82, 83 Abs. 1 und § 84 der Zivilprozessordnung sowie die im ersten Rechtszug für das Verfahren vor den Landgerichten geltenden Vorschriften der Zivilprozessordnung entsprechend anzuwenden, soweit nichts Abweichendes bestimmt ist. [3]Ein Beschluss nach Satz 1 ergeht, wenn

1. die Klage unzulässig oder offensichtlich unbegründet ist,
2. der Kläger nicht binnen einer Woche nach Zustellung des Antrags durch Urkunden nachgewiesen hat, dass er seit Bekanntmachung der Einberufung einen anteiligen Betrag von mindestens 1000 Euro hält oder
3. das alsbaldige Wirksamwerden des Hauptversammlungsbeschlusses vorrangig erscheint, weil die vom Antragsteller dargelegten wesentlichen Nachteile für die Gesellschaft und ihre Aktionäre nach freier Überzeugung des Gerichts die Nachteile für den Antragsgegner überwiegen, es sei denn, es liegt eine besondere Schwere des Rechtsverstoßes vor.

[4]Der Beschluß kann in dringenden Fällen ohne mündliche Verhandlung ergehen. [5]Der Beschluss soll spätestens drei Monate nach Antragstellung ergehen; Verzögerungen der Entscheidung sind durch unanfechtbaren Beschluss zu begründen. [6]Die vorgebrachten Tatsachen, aufgrund derer der Beschluß nach Satz 3 ergehen kann, sind glaubhaft zu machen. [7]Über den Antrag entscheidet ein Senat des Oberlandesgerichts, in dessen Bezirk die Gesellschaft ihren Sitz hat. [8]Eine Übertragung auf den Einzelrichter ist ausgeschlossen; einer Güteverhandlung bedarf es nicht. [9]Der Beschluss ist unanfechtbar. [10]Erweist sich die Klage als begründet, so ist die Gesellschaft, die den Beschluß erwirkt hat, verpflichtet, dem Antragsgegner den Schaden zu ersetzen, der ihm aus einer auf dem Beschluß beruhenden Eintragung der Eingliederung entstanden ist. [11]Nach der Eintragung lassen Mängel des Beschlusses seine Durchführung unberührt; die Beseitigung dieser Wirkung der Eintragung kann auch nicht als Schadenersatz verlangt werden.

(7) Mit der Eintragung der Eingliederung in das Handelsregister des Sitzes der Gesellschaft wird die Gesellschaft in die Hauptgesellschaft eingegliedert.

## Übersicht

Klaus Ulrich Schmolke

## Schrifttum

Arbeitskreis Beschlussmängelrecht: Vorschlag zur Neufassung der Vorschriften des Aktiengesetzes über Beschlussmängel, AG 2008, 617; *Baums* Empfiehlt sich eine Neuregelung des aktienrechtlichen Anfechtungs- und Organhaftungsrechts, insbesondere der Klagemöglichkeiten von Aktionären?, Gutachten F für den 63. Deutschen Juristentag, 2000; *Bayer* Aktienrechtsnovelle 2012 – Kritische Anmerkungen zum Regierungsentwurf, AG 2012, 141; *ders* Das Freigabeverfahren gem. §§ 246a AktG idF des ARUG als Instrument zur Bekämpfung räuberischer Aktionäre, FS Hoffmann-Becking, 2013, S 91; *Bokelmann* Eintragung eines Beschlusses: Prüfungskompetenz des Registerrichters bei Nichtanfechtung, rechtsmißbräuchlicher Anfechtungsklage und bei Verschmelzung, DB 1994, 1341; *Brandner/Bergmann* Anfechtungsklage und Registersperre, FS Bezzenberger, 2000, S 59; *Buchta/Sasse* Freigabeverfahren bei Anfechtungsklagen gegen Squeeze-out-Beschlüsse, DStR 2004, 958; *Büchel* Vom Unbedenklichkeitsverfahren nach §§ 16 Abs. 3 UmwG, 319 Abs. 6 AktG zum Freigabeverfahren nach dem UMAG, Liber amicorum Happ, 2006, S 1; *ders* Voreilige Eintragung von Verschmelzung oder Formwechsel und die Folgen, ZIP 2006, 2289; *Bungert/Wettich* Aktienrechtsnovelle 2012 – der Regierungsentwurf aus Sicht der Praxis, ZIP 2012, 297; *Fuhrmann/Linnerz* Das überwiegende Vollzugsinteresse im aktien- und umwandlungsrechtlichen Freigabeverfahren, ZIP 2004, 2306; *Halfmeier* Sind die Erfolgsaussichten der Anfechtungsklage bei der Interessenabwägung im Freigabeverfahren der §§ 16 Abs. 3 UmwG, 246a AktG zu berücksichtigen?, WM 2006, 1465; Handelsrechtsausschuss des DAV: Stellungnahme zum Regierungsentwurf der Aktienrechtsnovelle 2012, NZG 2012, 380; *Hommelhoff* Die Konzernleitungspflicht, 1982; *Jocksch* Das Freigabeverfahren gem § 246a AktG im System des einstweiligen Rechtsschutzes, 2013; *Keul* Anfechtungsklage und Überwindung der Registersperre im Rahmen eines Squeeze-out, ZIP 2003, 566; *Kösters* Das Unbedenklichkeitsverfahren nach § 16 Abs. 3 UmwG, WM 2000, 1921; *Kort* Bestandsschutz fehlerhafter Strukturänderungen im Kapitalgesellschaftsrecht, 1998; *Land/Hasselbach* „Going Private" und „Squeeze-out" nach deutschem Aktien-, Börsen- und Übernahmerecht, DB 2000, 557; *Mülbert* Aktiengesellschaft, Unternehmensgruppe und Kapitalmarkt, 1995; *Paschos/Johannsen-Roth* Freigabeverfahren bei aktien- und umwandlungsrechtlichen Strukturmaßnahmen, NZG 2006, 327; *Praël* Eingliederung und Beherrschungsvertrag als körperschaftliche Rechtsgeschäfte, 1978; *Rehbinder* Gesellschaftsrechtliche Probleme mehrstufiger Unternehmensverbindungen, ZGR 1977, 581; *Riegger* Aktuelle Fragen des gesellschaftsrechtlichen Freigabeverfahrens, FS Bechtold, 2006, S 375; *C Schäfer* Die „Bestandskraft" fehlerhafter Strukturänderungen im Aktien- und Umwandlungsrecht, FS K Schmidt, 2009, S 1389; *Seibert/Florstedt* Der Regierungsentwurf des ARUG – Inhalt und wesentliche Änderungen gegenüber dem Referentenentwurf, ZIP 2008, 2145; *Sonnenschein* Die Eingliederung im mehrstufigen Konzern, BB 1975, 1088; *Sosnitza* Das Unbedenklichkeitsverfahren nach § 16 III UmwG, NZG 1999, 965; *Stilz* Freigabeverfahren und Beschlussmängelrecht, FS Hommelhoff, 2012, S 1181; *Verse* Das Beschlussmängelrecht nach dem ARUG, NZG 2009, 1127; *J Vetter* Modifikation der aktienrechtlichen Anfechtungsklage, AG 2008, 177; *Volhard* „Siemens/Nold": Die Quittung, AG 1998, 397; *Wilsing/Saß* Die Rechtsprechung zum Freigabeverfahren seit Inkrafttreten des ARUG, DB 2011, 919.

## I. Grundlagen und Allgemeines

### 1. Normgegenstand und -zweck

§ 319 regelt Voraussetzungen und Verfahren für die Eingliederung einer Aktiengesellschaft in die künftige Hauptgesellschaft, die als Alleinaktionärin bereits sämtliche Anteile an der einzugliedernden Gesellschaft hält. Abs 1 fordert hierfür namentlich einen **Eingliederungsbeschluss** der einzugliedernden Gesellschaft.[1] Gem Abs 2 bedarf es auf Seiten der (künftigen) Hauptgesellschaft zudem eines **Zustimmungsbeschlusses** der Hauptversammlung. Mit Blick auf diesen regelt Abs 3 eine Reihe von Informationspflichten der künftigen Hauptgesellschaft gegenüber ihren Aktionären im Vorfeld der Beschlussfassung. Die verbleibenden Abs 4 bis 7 regeln die **Handelsregistereintragung**. Bestimmungen zu Voraussetzungen und Verfahren finden sich in den Abs 4 bis 6. Für das Verfahren kennzeichnend ist die Registersperre (Abs 5 Satz 2) bis zur Vorlage einer sog Negativerklärung (Abs 5 S 1), die durch einen gerichtlichen Freigabebeschluss nach erfolgreich durchgeführtem **Freigabeverfahren** (Abs 6) ersetzt werden kann. Abs 7 handelt – neben Abs 6 Satz 11 – schließlich von den Rechtsfolgen der Eintragung. **1**

### 2. Gesetzesgeschichte

Die Vorschrift des § 319 ist wie der gesamte Regelungsabschnitt zur Eingliederung im Zuge des AktG 1965 als vorbildlose Neuregelung eingeführt worden. Die nachfolgenden Änderungen des Eingliederungsrechts durch Art 6 Nr 10 des UmwBerG von 1994[2], Art 3 Nr 5 des Zweiten Umwandlungsänderungsgesetzes von 2007[3] und Art 1 Nr 45 des ARUG[4] haben zu einer nicht unerheblichen Umgestaltung der Norm geführt. Im Zuge **2**

---

[1] Für Überlegungen zur Streichung des Beschlusserfordernisses *de lege ferenda* MK-*Grunewald*[3] Rdn 1 aE; anders KK-*Koppensteiner*[3] Rdn 2 mwN, der den Eingliederungsbeschluss aufgrund des Grundlagencharakters der Eingliederung für die einzugliedernde Gesellschaft für erforderlich hält.

[2] Gesetz zur Bereinigung des Umwandlungsrechts vom 28.10.1994, BGBl I 3210.
[3] Zweites Gesetz zur Änderung des Umwandlungsgesetzes vom 19.4.2007, BGBl I 542.
[4] Gesetz zur Umsetzung der Aktionärsrechterichtlinie (ARUG) vom 30.7.2009, BGBl I 2479.

Klaus Ulrich Schmolke

dieser Änderungen wurde der Eingliederungsbericht in Abs 3 Satz 1 Nr 3 eingeführt, ferner in Abs 3 Satz 3 und 4 die Möglichkeit geschaffen, zur Aktionärsinformation dienende Unterlagen auf elektronischem Wege zugänglich zu machen, und schließlich das Freigabeverfahren nach Abs 6 wiederholt umgestaltet.[5]

### 3. Erfasste Gesellschaftsformen und vorausgesetzte Mehrheitsverhältnisse

**3**      **a) Erfasste Gesellschaften.** Abs 1 regelt seinem Wortlaut nach nur die **Eingliederung zwischen zwei Aktiengesellschaften**, wobei die künftige Hauptgesellschaft ihren Sitz im Inland haben muss. Richtigerweise kann die einzugliedernde Gesellschaft auch eine SE oder KGaA sein. Letzteres aber nur, wenn sämtliche Komplementäre juristische Personen sind, die nur mit ihrem Verbandsvermögen haften. Ebenso ist eine Eingliederung in eine SE oder KGaA (und zwar ohne die vorgenannte Einschränkung) zulässig (s ausführlicher zum personalen Anwendungsbereich der §§ 319 ff, insbesondere zur möglichen teleologischen Reduktion des Inlandserfordernisses Vor § 319 Rdn 9 ff mN).

**4**      **b) Alleinaktionärsstellung der Hauptgesellschaft.** Abs 1 setzt voraus, dass sich **alle Aktien** der einzugliedernden Gesellschaft **in der Hand der zukünftigen Hauptgesellschaft** befinden (zur Mehrheitseingliederung s die Kommentierung zu § 320). Die Hauptgesellschaft muss mit anderen Worten Inhaberin aller Mitgliedschaftsrechte[6] und damit Eigentümerin sämtlicher Aktien der einzugliedernden Gesellschaft sein.[7] Die abweichende Formulierung („in ihrer Hand befinden" statt „gehören") soll klarstellen, dass eine Zurechnung der von Tochtergesellschaften gehaltenen Aktien nach § 16 Abs 4 nicht erfolgt, so dass die Eingliederung nach § 319 in diesen Fällen ausgeschlossen ist.[8] Auch kommt eine Eingliederung nach § 319 solange nicht in Betracht, wie die einzugliedernde Gesellschaft eigene Aktien hält.[9]

**5**      Die Frage des Aktieneigentums der Hauptgesellschaft ist aus Gründen der Rechtssicherheit formal **nach strikt sachenrechtlichen Grundsätzen** zu beantworten. Dementsprechend lässt die hM treuhänderisch gebundenes Eigentum, insbesondere Sicherungseigentum ebenso genügen, wie Eigentum an Aktien, zu deren Übertragung die Hauptgesellschaft sich bereits verpflichtet hat.[10] Auch schadet es nicht, wenn die einzugliedernde Gesellschaft Optionen zur Beteiligung Dritter im Rahmen einer Kapitalerhöhung be-

---

[5] S ausführlich zu den Gesetzesänderungen Vor § 319 Rdn 3 sowie noch Rdn 21, 32 und 43 f.

[6] Emmerich/*Habersack* Aktien- und GmbH-Konzernrecht[6] § 319 Rdn 8; *Hüffer*[10] Rdn 4; MK-*Grunewald*[3] Rdn 12.

[7] S Begr RegE § 319 bei *Kropff* S 422: „Die Fassung ‚in ihrer Hand' klärt, daß die zukünftige Hauptgesellschaft rechtlich Eigentümerin dieser Anteile sein muß."; Emmerich/*Habersack* Aktien- und GmbH-Konzernrecht[6] § 319 Rdn 8; KK-*Koppensteiner*[3] Vorb § 319 Rdn 14; MünchHdb AG/*Krieger*[3] § 73 Rdn 8a; Spindler/Stilz/*Singhof*[2] Rdn 4.

[8] Unstr, s Begr RegE § 319 bei *Kropff* S 422; die gegenteilige Position wurde im Rechts- und Wirtschaftsausschuss diskutiert, aber letztlich abgelehnt, s wiederum bei *Kropff* S 423;

ferner etwa Emmerich/*Habersack* Aktien- und GmbH-Konzernrecht[6] § 319 Rdn 8; *Hüffer*[10] Rdn 4; KK-*Koppensteiner*[3] Vorb § 319 Rdn 13 f; Spindler/Stilz/*Singhof*[2] Rdn 4; *Würdinger* in Vorauflage Anm 8.

[9] S auch § 320 Abs 1 S 2 für die Mehrheitseingliederung; unstr, s etwa Emmerich/*Habersack* Aktien- und GmbH-Konzernrecht[6] § 319 Rdn 8; *Hüffer*[10] Rdn 4; KK-*Koppensteiner*[3] Vorb § 319 Rdn 16; MK-*Grunewald*[3] Rdn 12; Spindler/Stilz/*Singhof*[2] Rdn 4; *Würdinger* in Vorauflage Anm 7.

[10] S für die hM etwa Emmerich/*Habersack* Aktien- und GmbH-Konzernrecht[6] § 319 Rdn 8; *Hüffer*[10] Rdn 4; MK-*Grunewald*[3] Rdn 13; MünchHdb AG/*Krieger*[3] § 73 Rdn 8a; Spindler/Stilz/*Singhof*[2] Rdn 4.

geben hat.[11] Freilich ist nicht zu leugnen, dass in diesen Fällen die vollzogene Eingliederung nicht selten alsbald wieder rückgängig gemacht werden muss (vgl § 327 Abs 1 Nr 3).[12]

Der **maßgebliche Zeitpunkt, ab** dem die Hauptgesellschaft sämtliche Anteile der ein- **6** zugliedernden Gesellschaft in ihrer Hand vereinigen muss, ist derjenige der **Beschlussfassung**.[13] Dies ergibt sich nicht nur zwanglos aus der Formulierung des Abs 1 Satz 1, wonach der Eingliederungsbeschluss gefasst werden kann, „wenn" (meint: sobald) diese Voraussetzung vorliegt.[14] Vielmehr trägt dieses Verständnis auch dem Umstand Rechnung, dass der Eingliederungsbeschluss der maßgebliche Willensakt der einzugliedernden Gesellschaft über die Eingliederung ist, an den der Vorstand im Weiteren gebunden ist.[15] Freilich muss die Alleineigentümerstellung der Hauptgesellschaft auch **noch im Zeitpunkt der Eintragung** der Eingliederung in das Handelsregister vorliegen[16], da diese Eingliederungsvoraussetzung nicht allein Rechtmäßigkeitsvoraussetzung der erforderlichen Beschlüsse ist, sondern selbständig neben diese tritt.[17] Dies zeigt sich klar in der Regelung des § 327 Abs 1 Nr 3. Das Registergericht würde also eine Eintragung (einstweilen) ablehnen, wenn die Alleineigentümerstellung der Hauptgesellschaft nicht nachgewiesen werden kann.[18]

Wird der Eingliederungsbeschluss zu einem Zeitpunkt gefasst, zu dem der Haupt- **7** gesellschaft (noch) nicht sämtliche Aktien der einzugliedernden Gesellschaft gehören, so ist der Beschluss nach hM gem § 241 Nr 3 **nichtig**.[19] Eine Heilung nach § 242 Abs 2 scheidet jedenfalls insofern aus, als hierdurch kein Bestandsschutz für die Zukunft herbeigeführt werden kann. Dem steht nämlich § 327 Abs 1 Nr 3 entgegen, der bei nachträglichem Verlust der Alleingesellschafterstellung der Hauptgesellschaft die Beendigung der Eingliederung anordnet[20] sowie der Umstand, dass die **Alleineigentümerstellung als Eingliederungsvoraussetzung selbständig** neben die Beschlusserfordernisse tritt.[21] Letzteres verhindert auch einen für die Zukunft wirkenden Bestandsschutz bei durchlaufenem Freigabeverfahren nach Abs 6 S 11 (s dazu Rdn 69).[22]

[11] Emmerich/*Habersack* Aktien- und GmbH-Konzernrecht[6] § 319 Rdn 8; MK-*Grunewald*[3] Rdn 13.

[12] Daher **gegen** die Zulassung der Eingliederung nach § 319 in diesen Fällen KK-*Koppensteiner*[3] Vorb § 319 Rdn 15.

[13] So die hM, s etwa KK-*Koppensteiner*[3] Vorb § 319 Rdn 17; MK-*Grunewald*[3] Rdn 14; Spindler/Stilz/*Singhof*[2] Rdn 4; Schmidt/Lutter/*Ziemons*[2] Rdn 9; so letztlich auch Emmerich/*Habersack* Aktien- und GmbH-Konzernrecht[6] § 319 Rdn 9 und 11, der Nichtigkeit des Eingliederungsbeschlusses annimmt, wenn die Hauptgesellschaft bei Beschlussfassung nicht Alleineigentümerin der einzugliedernden Gesellschaft ist.

[14] S KK-*Koppensteiner*[3] Vorb § 319 Rdn 17.

[15] MK-*Grunewald*[3] Rdn 14.

[16] S auch Schmidt/Lutter/*Ziemons*[2] Rdn 9; Spindler/Stilz/*Singhof*[2] Rdn 4; insofern zutr Emmerich/*Habersack* Aktien- und GmbH-Konzernrecht[6] § 319 Rdn 8.

[17] Emmerich/*Habersack* Aktien- und GmbH-Konzernrecht[6] § 319 Rdn 8; für die Mehrheitseingliederung nach § 320 auch OLG Hamm Beschl v 8.12.1993 – 15 W 291/93, NJW-RR 1994, 548, 549.

[18] Vgl MK-*Grunewald*[3] Rdn 14.

[19] HM, s etwa Emmerich/*Habersack* Aktien- und GmbH-Konzernrecht[6] § 319 Rdn 9; *Hüffer*[10] Rdn 4; C *Schäfer* Fehlerhafter Verband, 2002, S 472; Schmidt/Lutter/*Ziemons*[2] Rdn 15; Spindler/Stilz/*Singhof*[2] Rdn 5; **wohl richtiger** KK-*Koppensteiner*[3] Vorb § 319 Rdn 17 mit § 320 Rdn 8: keine rechtliche Wirkung; aA MK-*Grunewald*[3] Rdn 14 (bloß anfechtbar); für die Mehrheitseingliederung nach § 320 auch OLG Hamm Beschl v 8.12.1993 – 15 W 291/93, NJW-RR 1994, 548, 550.

[20] Zutr Emmerich/*Habersack* Aktien- und GmbH-Konzernrecht[6] § 319 Rdn 9; Schmidt/Lutter/*Ziemons*[2] Rdn 15; Spindler/Stilz/*Singhof*[2] Rdn 5; insofern nicht überzeugend MK-*Grunewald*[3] Rdn 14 mit Fn 22.

[21] Maßgeblich auf letzteres abstellend KK-*Koppensteiner*[3] Vorb § 319 Rdn 17 mit § 320 Rdn 8.

[22] **AA** Emmerich/*Habersack* Aktien- und GmbH-Konzernrecht[6] § 319 Rdn 9; wie hier

Klaus Ulrich Schmolke

**8**     Wird die Eingliederung trotz des fehlerhaften Eingliederungsbeschlusses eingetragen und in Vollzug gesetzt, so gelten die **Regeln über fehlerhafte Organisationsakte**.[23] Danach ist die Eingliederung bis zur Geltendmachung ihrer Unwirksamkeit erst einmal wirksam.[24] Für die Geltung der gläubigerschützenden Vorschriften der §§ 321, 322, 324 Abs 3 bedarf es eines Rückgriffs auf § 15 HGB daher nur für die Zeit zwischen der Geltendmachung des Fehlers und der darauf folgenden Richtigstellung im Handelsregister.[25] Ein Übergang der Aktien der außenstehenden Aktionäre nach § 320a (analog) findet jedoch schon deshalb nicht statt, weil die Vorschrift auf die Mehrheitseingliederung zugeschnitten ist und bei der Eingliederung nach § 319 entsprechende Schutzvorkehrungen für die nicht an dem fehlerhaften Willensakt beteiligten Aktionäre fehlen (s bereits Vor § 319 Rdn 16).[26]

## II. (Eingliederungs-)Beschluss der einzugliedernden Gesellschaft (Abs 1)

### 1. Bedeutung des Beschlusses

**9**     Der Eingliederungsbeschluss bildet gem Abs 1 S 1 – zusammen mit dem Zustimmungsbeschluss nach Abs 2 (s Rdn 13 ff) – die rechtsgeschäftliche Grundlage der Eingliederung[27], genauer: die auf Eingliederung gerichtete, die bisherige Satzung überlagernde Willensbildung der Korporation.[28] Als gesellschaftsinterne Grundlagenänderung fällt sie in die Zuständigkeit der Hauptversammlung.[29] Ein Eingliederungsvertrag ist demgegen-

---

Spindler/Stilz/*Singhof*[2] Rdn 4; nur iErg auch MK-*Grunewald*[3] Rdn 15a.

[23] S MK-*Grunewald*[3] Rdn 15; *C Schäfer* Fehlerhafter Verband, 2002, S 471 f; **aA** für den Fall der fehlenden Alleineigentümerstellung der Hauptgesellschaft „angesichts der Schwere des Mangels" Emmerich/*Habersack* Aktien- und GmbH-Konzernrecht[6] § 319 Rdn 13; s auch Spindler/Stilz/*Singhof*[2] Rdn 5; ebenso *Kort* Bestandsschutz, 1998, S 190 f für den Fall der Unterschreitung des Mehrheitserfordernisses bei der Mehrheitseingliederung nach § 320. Allgemein zur Anwendbarkeit der Lehre von der fehlerhaften Gesellschaft auf die Eingliederung Vor § 319 Rdn 14.

[24] Für Wirksamkeit bis zur Richtigstellung im Handelsregister hingegen MK-*Grunewald*[3] Rdn 15. IErg ebenso *C Schäfer* Fehlerhafter Verband, 2002, S 472: „Auflösung" der Eingliederung nach Feststellung des Fehlers.

[25] S zur Anwendung des § 15 HGB auch Emmerich/*Habersack* Aktien- und GmbH-Konzernrecht[6] § 319 Rdn 9; Spindler/Stilz/*Singhof*[2] Rdn 5; wegen des unterschiedlichen Ausgangspunktes anders MK-*Grunewald*[3] Rdn 15; *C Schäfer* Fehlerhafter Verband, 2002, S 466.

[26] Emmerich/*Habersack* Aktien- und GmbH-

Konzernrecht[6] § 319 Rdn 9; *C Schäfer* Fehlerhafter Verband, 2002, S 472; **aA** offenbar MK-*Grunewald*[3] Rdn 15; s auch Spindler/Stilz/*Singhof*[2] Rdn 5, der von einem Anspruch auf „Wiedereinräumung" der Mitgliedschaft spricht und damit deren Verlust voraussetzt.

[27] S *C Schäfer* Fehlerhafter Verband, 2002, S 468; vgl auch Emmerich/*Habersack*, Aktien- und GmbH-Konzernrecht[6] § 319 Rdn 10; *Hüffer*[10] Rdn 3; für den Zustimmungsbeschluss unklar *Praël* Eingliederung, 1978, S 107 mit 105, wonach der Eingliederungsbeschluss auf die Eingliederung gerichtete rechtsgeschäftliche Erklärung sei, der Beschluss nach Abs 2 die Zustimmung zu einem für die Hauptgesellschaft „körperschaftsexternen" Rechtsgeschäft.

[28] So wörtlich *Hüffer*[10] Rdn 3 unter Verweis auf *Praël* Eingliederung, 1978, S 105 ff; ganz ähnlich formuliert Emmerich/*Habersack* Aktien- und GmbH-Konzernrecht[6] § 319 Rdn 10; Spindler/Stilz/*Singhof*[2] Rdn 6; ferner *Hommelhoff* Konzernleitungspflicht, 1982, S 357: verfassungsänderndes Rechtsgeschäft.

[29] Emmerich/*Habersack* Aktien- und GmbH-Konzernrecht[6] § 319 Rdn 10; KK-*Koppensteiner*[3] Rdn 2; Spindler/Stilz/*Singhof*[2] Rdn 6.

über nicht erforderlich.[30] Er hätte, würde er gleichwohl abgeschlossen, auch keine organisationsrechtlichen Wirkungen.[31] Der Eingliederungsbeschluss kommt dadurch zustande, dass der Vorstand der künftigen Hauptgesellschaft die mit ihrem Aktieneigentum verbundenen Stimmrechte ausübt.[32] Er wird daher auch als „allein ausschlaggebende Willenserklärung der Hauptgesellschaft"[33] oder als bloßer „Formalakt"[34] bezeichnet. Jedenfalls erstere Umschreibung bietet Anlass zu Missverständnissen und erscheint daher nicht glücklich.[35]

## 2. Beschlussanforderungen

**a) Verfahren.** Auf das Beschlussverfahren sind die Bestimmungen des Gesetzes und **10** der Satzung über Satzungsänderungen (vgl §§ 179 ff) ausweislich des Abs 1 Satz 2 nicht anzuwenden. Dies entspricht der Regelung in § 293 Abs 1 Satz 4 über den Zustimmungsbeschluss zu einem Unternehmensvertrag.[36] Es gelten folglich die allgemeinen Bestimmungen über Hauptversammlungsbeschlüsse. Daneben müssen die allgemeinen Eingliederungsvoraussetzungen erfüllt sein, namentlich die Alleinaktionärsstellung der Hauptgesellschaft.[37] Die beschlussfassende Hauptversammlung ist daher zwingend **Vollversammlung.** Mithin gilt § 121 Abs 6; der Beschluss kann ohne Einhaltung der Einberufungsvorschriften der §§ 121 ff gefasst werden.[38] Zudem ist die notarielle Beurkundung des Eingliederungsbeschlusses nach § 130 Abs 1 Satz 3 entbehrlich, weil der Beschluss keine besondere Mehrheit verlangt.[39] Im Ergebnis ist es dann ausreichend, wenn der Vorstand der künftigen Hauptgesellschaft die Eingliederungserklärung zur Niederschrift abgibt und der Aufsichtsratsvorsitzende der einzugliedernden Gesellschaft die Niederschrift unterzeichnet.[40] Die Beurkundung durch notariell aufgenommene Niederschrift

[30] Unstr, s etwa Emmerich/*Habersack* Aktien- und GmbH-Konzernrecht[6] § 319 Rdn 10; *Hüffer*[10] Rdn 3; MünchHdb AG/*Krieger*[3] § 73 Rdn 5; C *Schäfer* Fehlerhafter Verband, 2002, S 468; Spindler/Stilz/*Singhof*[2] Rdn 2 mit 6.

[31] Emmerich/*Habersack* Aktien- und GmbH-Konzernrecht[6] § 319 Rdn 10.

[32] Emmerich/*Habersack* Aktien- und GmbH-Konzernrecht[6] § 319 Rdn 10; *Hüffer*[10] Rdn 3.

[33] So *Praël* Eingliederung, 1978, S 106; zust KK-*Koppensteiner*[3] Rdn 2; kritisch hingegen *Hüffer*[10] Rdn 3.

[34] So Begr RegE § 319 bei *Kropff* S 422; in der Sache zust MK-*Grunewald*[3] Rdn 1; MünchHdb AG/*Krieger*[3] § 73 Rdn 10 („Formalie"); insofern krit etwa Spindler/Stilz/*Singhof*[2] Rdn 6.

[35] Ganz zutr *Hüffer*[10] Rdn 3.

[36] KK-*Koppensteiner*[3] Rdn 3; Spindler/Stilz/*Singhof*[2] Rdn 7; zum dortigen Zustimmungsbeschluss s nur GK-*Mülbert*[4] § 293 Rdn 104.

[37] S oben Rdn 6 f; ferner Emmerich/*Habersack* Aktien- und GmbH-Konzernrecht[6] § 319 Rdn 11.

[38] S etwa Emmerich/*Habersack* Aktien- und GmbH-Konzernrecht[6] § 319 Rdn 11; *Hüffer*[10] Rdn 5; KK-*Koppensteiner*[3] Rdn 3; MK-*Grunewald*[3] Rdn 16; MünchHdb AG/*Krieger*[3] § 73 Rdn 10; Spindler/Stilz/*Singhof*[2] Rdn 7.

[39] Emmerich/*Habersack* Aktien- und GmbH-Konzernrecht[6] § 319 Rdn 11; *Hüffer*[10] Rdn 5; KK-*Koppensteiner*[3] Rdn 3; MK-*Grunewald*[3] Rdn 16; Spindler/Stilz/*Singhof*[2] Rdn 7. Aufgrund des Erfordernisses der Alleinaktionärsstellung der künftigen Hauptgesellschaft ist für die einzugliedernde Gesellschaft auch das Erfordernis der „Nichtbörsennotierung" in § 130 Abs 1 Satz 3 gegeben; vgl etwa *Land/Hasselbach* DB 2000, 557, 560, dort zur Nutzung der Mehrheitseingliederung nach § 320 für ein „Going Private".

[40] Emmerich/*Habersack* Aktien- und GmbH-Konzernrecht[6] § 319 Rdn 11; *Hüffer*[10] Rdn 5; KK-*Koppensteiner*[3] Rdn 3; MK-*Grunewald*[3] Rdn 16; MünchHdb AG/*Krieger*[3] § 73 Rdn 10; Spindler/Stilz/*Singhof*[2] Rdn 7.

Klaus Ulrich Schmolke

(§ 130 Abs 1 Satz 1) ist aber in der Regel gleichwohl zweckmäßig, da für die Anmeldung zur Eintragung der Eingliederung in das Handelsregister die Beschlussniederschrift ohnehin in Ausfertigung oder öffentlich beglaubigter Abschrift erforderlich ist (s Abs 4 Satz 2, dazu Rdn 33).[41] Die Aufstellung eines Teilnehmerverzeichnisses ist hingegen entbehrlich[42], und zwar nicht, weil es sich bei der beschließenden Hauptversammlung um eine Vollversammlung iSd § 121 Abs 6 handelt[43], sondern weil die einzugliedernde Gesellschaft eine Einmann-Gesellschaft ist.[44]

**11**    **b) Inhalt.** Der Beschlussinhalt beschränkt sich auf die Erklärung, dass die Gesellschaft in die mit ihrer Firma zu bezeichnende künftige Hauptgesellschaft eingegliedert wird.[45] Es ist entgegen der Ansicht von *Hommelhoff*[46] insbesondere nicht erforderlich, dass der Beschluss sämtliche organisationsrechtliche Bestimmungen enthält, welche das Zusammenwirken zwischen Hauptgesellschaft und eingegliederter Gesellschaft sowie deren Vorständen regeln.[47] Da eine „Teileingliederung" nicht möglich ist, muss der Beschluss auf die Eingliederung der Gesellschaft als Ganze lauten.[48]

**12**    **c) Rechtsfolgen bei Beschlussmängeln.** Liegt ein Beschlussmangel vor, kommen bei Vorliegen der weiteren Voraussetzungen die Grundsätze über die **fehlerhafte Gesellschaft** zur Anwendung.[49] Nach durchlaufenem Freigabeverfahren und nachfolgender Eintragung der Eingliederung erlangt diese darüber hinaus gem Abs 6 Satz 11 Hs 1 auch **Bestandskraft für die Zukunft** (s unten Rdn 69).[50] In sonstigen Fällen, also wenn weder die Voraussetzungen des fehlerhaften Organisationsaktes noch diejenigen des Abs 6 Satz 11 Hs 1 vorliegen, richten sich die Fehlerfolgen nach den allgemeinen Regeln der §§ 241 ff.[51]

---

[41] Zutr MK-*Grunewald*[3] Rdn 16; Spindler/ Stilz/*Singhof*[2] Rdn 7.

[42] So zutr Emmerich/*Habersack* Aktien- und GmbH-Konzernrecht[6] § 319 Rdn 11; KK-*Koppensteiner*[3] Rdn 3; Spindler/Stilz/ *Singhof*[2] Rdn 7; **aA** *Hüffer*[10] Rdn 5; MK-*Grunewald*[3] Rdn 16.

[43] Insofern zutr *Hüffer*[10] Rdn 5; MK-*Grunewald*[3] Rdn 16.

[44] S für die hM nur MK-*Kubis*[3] § 129 Rdn 15; ferner KK-*Noack/Zetzsche*[3] § 129 Rdn 43 f; **aA** Schmidt/Lutter/*Ziemons*[2] § 129 Rdn 17.

[45] Emmerich/*Habersack* Aktien- und GmbH-Konzernrecht[6] § 319 Rdn 11; *Hüffer*[10] Rdn 5; KK-*Koppensteiner*[3] Rdn 4; MK-*Grunewald*[3] Rdn 16; MünchHdb AG/*Krieger*[3] § 73 Rdn 9; Spindler/Stilz/ *Singhof*[2] Rdn 7.

[46] *Hommelhoff* Konzernleitungspflicht, 1982, S 357.

[47] So die ganz hM, s Emmerich/*Habersack* Aktien- und GmbH-Konzernrecht[6] § 319 Rdn 12; *Hüffer*[10] Rdn 5; KK-*Koppensteiner*[3] Rdn 5 f, 8; MK-*Grunewald*[3] Rdn 17; MünchHdb AG/*Krieger*[3] § 73 Rdn 9; Spindler/Stilz/*Singhof*[2] Rdn 7.

[48] Unstr, s Emmerich/*Habersack* Aktien- und GmbH-Konzernrecht[6] § 319 Rdn 12; KK-*Koppensteiner*[3] Rdn 4; MK-*Grunewald*[3] Rdn 18; MünchHdb AG/*Krieger*[3] § 73 Rdn 9.

[49] S dazu allgemein Vor § 319 Rdn 14 ff; ferner Emmerich/*Habersack* Aktien- und GmbH-Konzernrecht[6] § 319 Rdn 12; MK-*Grunewald*[3] Rdn 15; *C Schäfer* Fehlerhafter Verband, 2002, S 466 ff; vgl auch *ders* FS K Schmidt, 2009, S 1389, 1407.

[50] So die hM, etwa Emmerich/*Habersack*, Aktien- und GmbH-Konzernrecht[6] § 319 Rdn 12; *Hüffer*[10] Rdn 17; **anders** MK-*Grunewald*[3] Rdn 15a; ferner *C Schäfer* FS K Schmidt, 2009, S 1389 ff, 1407. De lege ferenda ließe sich freilich überlegen, den vollen Bestandsschutz nach Abs 6 Satz 11 Hs 1 auf minder schwere Beschlussmängel zu beschränken; dafür *C Schäfer* FS K Schmidt, 2009, S 1389, 1407 ff.

[51] Emmerich/*Habersack* Aktien- und GmbH-Konzernrecht[6] § 319 Rdn 12.

## III. Zustimmungsbeschluss der Hauptgesellschaft (Abs 2)

### 1. Begründung des Beschlusserfordernisses (Normzweck)

Der Beschluss der einzugliedernden Gesellschaft über die Eingliederung wird nur **13** wirksam, wenn die Hauptversammlung der zukünftigen Hauptgesellschaft zustimmt (Abs 2 S 1). Dieses Beschlusserfordernis findet seinen Grund in der **gesamtschuldnerischen Mithaftung**, welche die Hauptgesellschaft mit der Eingliederung für sämtliche Alt- und Neuverbindlichkeiten der eingegliederten Gesellschaft gegenüber deren Gläubigern übernimmt (§ 322), sowie der **Pflicht zur Verlustübernahme** (§ 324 Abs 3).[52] Bei der Eingliederung durch Mehrheitsbeschluss nach § 320 tritt als weiterer Grund die **Abfindungspflicht** der Hauptgesellschaft nach § 320b hinzu.[53] Die Gesetzesmaterialien verweisen zur Begründung zudem darauf, dass die Eingliederung „rechtlich die Mitte zwischen dem Abschluß eines Beherrschungs- oder Gewinnabführungsvertrags mit einer Aktiengesellschaft und einer Verschmelzung hält".[54] Dieses formale Argument findet sein materielles Fundament in der Erwägung, dass es angesichts der beschriebenen Rechtsfolgen, die in ihrer belastenden Wirkung für die Hauptgesellschaft den in den §§ 302 ff geregelten Verpflichtungen der Obergesellschaft jedenfalls nicht nachstehen, „nicht allein Sache der Verwaltung" sein soll, über die Eingliederung zu entscheiden.[55]

Im Lichte dieses Normzwecks spielt es keine Rolle, ob der Zustimmungsbeschluss vor **14** oder nach dem Eingliederungsbeschluss gefasst wird. Die Zustimmung ist also sowohl in Form des „Einwilligungsbeschlusses" wie des „Genehmigungsbeschlusses" möglich und zulässig.[56]

### 2. Rechtsnatur

In der Literatur wird der Zustimmungsbeschluss nach Abs 2 teils als (bloße) Wirk- **15** samkeitsvoraussetzung für den Eingliederungsbeschluss ohne eigenständige organisationsrechtliche Dimension angesehen.[57] In der Folge soll eine **Anwendung der Lehre vom fehlerhaften Verbandsakt** auf die Strukturmaßnahme „Eingliederung" auch dann in Frage kommen, wenn es an einem Zustimmungsbeschluss der Hauptgesellschaft – und

[52] Begr RegE § 319 bei *Kropff* S 422; *Hüffer*[10] Rdn 6; MK-*Grunewald*[3] Rdn 19; KK-*Koppensteiner*[3] Rdn 5 f; bereits *Sonnenschein* BB 1975, 1088, 1089.

[53] S Emmerich/*Habersack* Aktien- und GmbH-Konzernrecht[6] § 319 Rdn 13; **aA** *Hommelhoff* Konzernleitungspflicht, 1982, S 346 ff; unerwähnt bleibt dieser Aspekt etwa auch bei *Sonnenschein* BB 1975, 1088, 1089.

[54] Begr RegE § 319 bei *Kropff* S 422.

[55] Vgl. Begr RegE § 293 bei *Kropff* S 381 zu § 293 Abs 2; klar Emmerich/*Habersack* Aktien- und GmbH-Konzernrecht[6] § 319 Rdn 13; *Hüffer*[10] Rdn 6; Spindler/Stilz/*Singhof*[2] Rdn 8.

[56] Unstr, s etwa OLG München Urt v 17.3.1993 – 7 U 5382/92, AG 1993, 430 = ZIP 1993, 1001; bereits *Würdinger* in Vorauflage Anm 12; ferner *Hüffer*[10] Rdn 6; MK-*Grune-*

*wald*[3] Rdn 19; MünchHdb AG/*Krieger*[3] § 73 Rdn 11; KK-*Koppensteiner*[3] Rdn 8; Spindler/Stilz/*Singhof*[2] Rdn 8.

[57] Weitergehend noch *Praël* Eingliederung S 113 f, wonach der Zustimmungsbeschluss „zwar äußerlich im Gesetz als Wirksamkeitsvoraussetzung der Eingliederung geregelt [sei, ...] aber keine körperschaftsrechtlichen Beziehungen der einzugliedernden Gesellschaft her[stelle], sondern [...] den Beschlüssen über Fragen der Geschäftsführung nach § 119 Abs 2 AktG vergleichbar [sei]." (hiergegen *Kort* Bestandsschutz, 1998, S 185 f). **AA wohl** *Kort* Bestandsschutz, 1998, S 186: Die Eingliederung begründe eine Veränderung, „die weitgehend auch für die Hauptgesellschaft organisationsrechtlichen Charakter hat."

Klaus Ulrich Schmolke

damit an einer zurechenbaren natürlichen (wenn auch fehlerhaften) Willensbetätigung[58] – gänzlich fehlt.[59/60]

### 3. Analoge Anwendung bei mehrstufiger Eingliederung?

**16**  Ob bei Errichtung eines mehrstufigen Eingliederungskonzerns auch die Hauptversammlung der Mutter- und Hauptgesellschaft in Analogie zu Abs 2 zustimmen muss, wenn die Enkelin ihrerseits in die bereits eingegliederte Tochter eingegliedert wird, ist streitig.[61] Dies wird teils generell verneint[62], teils allgemein bejaht[63]. Eine dritte, differenzierende Ansicht befürwortet eine Analogie bzw ein entsprechendes Beschlusserfordernis in Anlehnung an die *Holzmüller*-Rspr des BGH[64] nur in solchen Fällen, in denen die Eingliederung der Enkelin für die Muttergesellschaft bzw den Gesamtkonzern von wesentlicher Bedeutung ist.[65] Begründet wird das Zustimmungserfordernis damit, dass die Mutter aufgrund ihrer Verpflichtungen aus §§ 322, 324 Abs 3 gegenüber der Tochter letztlich auch für die Schulden der Enkelgesellschaft haftet.[66] Betont man das hiermit für die Mutter verbundene „unbegrenzte, potentiell bestandsgefährdende Risiko aufgrund fremder unternehmerischer Tätigkeit"[67] und ruft sich den Normzweck des Zustimmungserfordernisses vor Augen (Rdn 13), so spricht in der Tat einiges für einen **Zustimmungsdurchgriff analog Abs 2**. Wer das Zustimmungserfordernis hingegen als Anwendungsfall der *Holzmüller*-Doktrin begreift,[68] muss deren Anwendungsvoraussetzungen

---

[58] Zur Notwendigkeit einer solchen zurechenbaren Willensbekundung für die Anwendung der Lehre von der fehlerhaften Gesellschaft vgl in anderem Zusammenhang etwa BGH Urt v 1.6.2010 – XI ZR 389/09, NJW 2011, 66 Tz 20 f.

[59] So Bürgers/Körber/*Fett*[2] Rdn 6; Emmerich/*Habersack* Aktien- und GmbH-Konzernrecht[6] § 319 Rdn 13; Spindler/Stilz/*Singhof*[2] Rdn 8; Grigoleit/*Grigoleit/Rachlitz* Rdn 25; C *Schäfer* Fehlerhafter Verband, 2002, S 468 f; vgl. auch *Prael* Eingliederung S 113, der unter Hinweis auf das Erfordernis des Negativattests ( § 319 Abs 5 S 1 = § 319 Abs 3 S 2 aF) eine Anfechtbarkeit des Zustimmungsbeschlusses nach Eintragung für ausgeschlossen hält (hiergegen *Kort* Bestandsschutz, 1998, S 187). **AA wohl** *Kort* Bestandsschutz, 1998, S 168 mit 186 und 188.

[60] Eine Anwendung der Lehre vom fehlerhaften Verbandsakt auf die Eingliederung überhaupt – zu Unrecht – ablehnend *Köhler*, ZGR 1985, 307, 321 f unter Verweis auf den abschließenden Charakter des § 327 Abs 1. Hiergegen zutreffend *Kort* Bestandsschutz, 1998, S 188 f.

[61] Hingegen wird eine solche Analogie einhellig abgelehnt, wenn man die Tochter bei Eingliederung der Enkelin selbst (noch) nicht in die Mutter eingegliedert ist; s etwa Emmerich/*Habersack* Aktien- und GmbH-Konzern-

recht[6] § 319 Rdn 16; MünchHdb AG-*Krieger*[3] § 73 Rdn 15.

[62] S MK-*Grunewald*[3] Rdn 21; MünchHdb AG-*Krieger*[3] § 73 Rdn 15; Schmidt/Lutter/*Ziemons*[2] Rdn 28.

[63] KK-*Koppensteiner*[3] Rdn 7; *Mülbert* Aktiengesellschaft, 1995, S 447; *Rehbinder* ZGR 1977, 581, 617 f; *Sonnenschein* BB 1975, 1088, 1091 f.

[64] BGH Urt v 25.2.1982 – II ZR 174/80, BGHZ 83, 122 = BGH NJW 1982, 1703.

[65] So namentlich *Hüffer*[10] Rdn 6; ferner Spindler/Stilz/*Singhof*[2] Rdn 10; der Sache nach auch Emmerich/*Habersack* Aktien- und GmbH-Konzernrecht[6] § 319 Rdn 16: „nennenswerte Bedeutung für den Gesamtkonzern".

[66] S etwa Emmerich/*Habersack* Aktien- und GmbH-Konzernrecht[6] § 319 Rdn 16; KK-*Koppensteiner*[3] Rdn 7.

[67] So GK-*Mülbert*[4] § 293 Rdn 201 für den Zustimmungdurchgriff analog § 293 Abs 2; **anders** etwa MünchHdb AG-*Krieger*[3] § 73 Rdn 15 mit § 70 Rdn 23; Bürgers/Körber/*Schenk*[2] § 293 Rdn 24, welche diese Risiken bereits durch den vorgängigen Zustimmungsbeschluss der Ober- bzw Hauptgesellschaft übernommen sehen.

[68] So ausdrücklich Emmerich/*Habersack*, Aktien- und GmbH-Konzernrecht[6] § 319 Rdn 16.

darlegen, die ungeachtet der konkretisierenden Folgerechtsprechung des BGH[69] noch nicht abschließend geklärt sind[70].[71]

Bejaht man das Zustimmungserfordernis, hängt es von der gewählten Begründung ab, **17** ob der Zustimmungsbeschluss der Mutter Wirksamkeitsvoraussetzung der Eingliederung mit Außenwirkung ist[72] oder lediglich nach innen wirkt, indem es dem Vorstand der Muttergesellschaft die Pflicht auferlegt, die Stimmrechte der Mutter nur dann für einen positiven Zustimmungsbeschluss der Tochter auszuüben, wenn die Zustimmung der eigenen Hauptversammlung bereits vorliegt.[73] Der Zustimmungsdurchgriff analog Abs 2 hat Außenwirkung, beschränkt also die Vertretungsmacht des Vorstands der eingegliederten Tochtergesellschaft.[74] Die Verletzung der ungeschriebenen Hauptversammlungskompetenz nach Maßgabe der *Holzmüller*-Doktrin, die der BGH bekanntlich als Ermessensreduktion im Rahmen des § 119 Abs 2 konstruiert, wirkt hingegen nur im Innenverhältnis und lässt die Vertretungsmacht des Vorstands unberührt.[75]

### 4. Beschlussanforderungen (Abs 2 Satz 2–4)

Die konkreten Anforderungen an den Zustimmungsbeschluss sind in Abs 2 Satz 2 **18** bis 4 geregelt. Danach bedarf der Beschluss einer Mehrheit von mindestens drei Vierteln des bei Beschlussfassung vertretenen Grundkapitals (Abs 2 Satz 2). Die Satzung kann jedoch eine größere Kapitalmehrheit und weitere Erfordernisse vorsehen (Abs 2 Satz 3). Die Regelung in Abs 2 Satz 2 und 3 entspricht damit derjenigen für den Zustimmungsbeschluss des „anderen Vertragsteils" bei Abschluss eines Beherrschungs- oder Gewinnabführungsvertrags (s § 293 Abs 2 mit Abs 1 Satz 2–4).[76] Die Anwendung der gesetzlichen und statutarischen Bestimmungen über Satzungsänderungen ist hingegen ausdrücklich ausgeschlossen (Abs 2 Satz 4 mit Abs 1 Satz 2). Dies soll nach dem Willen des Gesetzgebers vermeiden, dass „die Eingliederung durch ihre Behandlung als Satzungsänderung technisch erschwert wird".[77]

**Notwendiger Inhalt** des Beschlusses ist allein die Zustimmungsentscheidung, die sich **19** im Falle des § 320 auch auf das Abfindungsangebot erstrecken muss.[78] Weitergehende

---

[69] S BGH Urt v 26.4.2004 – II ZR 155/02, BGHZ 159, 30 – Gelatine I; Urt v 26.4.2004 – II ZR 154/02, NZG 2004, 575 – Gelatine II; Beschl v 20.11.2006 – II ZR 226/05, ZIP 2007, 24.

[70] S bspw OLG Frankfurt Urt v 7.12.2010 – 5 U 29/10, ZIP 2011, 75 = AG 2011, 173 gegen LG Frankfurt Urt v 15.12.2009 – 3–5 O 208/09, AG 2010, 416; zur allgemeinen Diskussion ausführlich GK-*Mülbert*[4] § 293 Rdn 210 ff m zahlr N.

[71] Die Voraussetzungen für einen *Holzmüller*-Beschluss im hier diskutierten Fall generell verneinend etwa MK-*Grunewald*[3] Rdn 21; Schmidt/Lutter/*Ziemons*[2] Rdn 28; vgl auch Spindler/Stilz/*Singhof*[2] Rdn 10: „nur in ganz seltenen Fällen".

[72] So *Mülbert* Aktiengesellschaft, 1995, S 449; *Sonnenschein*, BB 1975, 1088, 1091 f.

[73] So die hL, etwa Bürgers/Körber/*Fett*[2] Rdn 8;

*Hüffer*[10] Rdn 6; KK-*Koppensteiner*[3] Rdn 7; *Rehbinder* ZGR 1977, 581, 617 f; Spindler/Stilz/*Singhof*[2] Rdn 10; tendenziell auch Emmerich/*Habersack* Aktien- und GmbH-Konzernrecht[6] § 319 Rdn 16.

[74] Zutr *Mülbert* Aktiengesellschaft, 1995, S 449; vgl auch GK-*Mülbert*[4] § 293 Rdn 202 für den Zustimmungdurchgriff analog § 293 Abs 2; aA KK-*Koppensteiner*[3] Rdn 7.

[75] S BGHZ 82, 122, 131 f; insofern konsequent *Hüffer*[10] Rdn 6; Spindler/Stilz/*Singhof*[2] Rdn 10; vgl auch MünchHdb AG/*Krieger*[3] § 73 Rdn 15; offen Emmerich/*Habersack* Aktien- und GmbH-Konzernrecht[6] § 319 Rdn 16.

[76] S Begr RegE § 293 bei *Kropff* S 422.

[77] Begr RegE § 293 bei *Kropff* S 422.

[78] S nur Emmerich/*Habersack* Aktien- und GmbH-Konzernrecht[6] § 319 Rdn 14; Spindler/Stilz/*Singhof*[2] Rdn 9.

Klaus Ulrich Schmolke

inhaltliche Beschlussanforderungen bestehen für den Zustimmungsbeschluss nach Abs 2 hingegen nicht.[79]

### 5. Rechtsfolgen bei Beschlussmängeln

**20**      Für die Folgen eines Beschlussmangels gilt hier dasselbe wie beim Eingliederungsbeschluss (s Rdn 12).[80] Insbesondere bedarf der Zustimmungsbeschluss keiner sachlichen Rechtfertigung.[81] Ein Mangel des Eingliederungsbeschlusses lässt die Rechtmäßigkeit des Zustimmungsbeschlusses unberührt.[82] Zu den Rechtsfolgen von Informationsmängeln s noch Rdn 31, bei gänzlichem Fehlen des Beschlusses s oben Rdn 15.

## IV. Vorgängige Information der Aktionäre der Hauptgesellschaft (Abs 3)

### 1. Allgemeiner Überblick

**21**      § 319 Abs 3 statuiert eine Reihe von Informationspflichten der künftigen Hauptgesellschaft gegenüber ihren Aktionären in Bezug auf den zu fassenden Zustimmungsbeschluss nach Abs 2. Die Vorschrift hat im Wesentlichen durch das Gesetz zur Bereinigung des Umwandlungsrechts (UmwBerG) vom 28.10.1994[83] ihr heutiges Gesicht erhalten.[84] Die Ergänzungen durch das Gesetz zur Umsetzung der Aktionärsrechterichtlinie (ARUG) vom 30.7.2009[85] beschränkten sich darauf, die Möglichkeit zur alternativen Nutzung elektronischer Informationskanäle zu eröffnen (s Abs 3 Satz 3). Mit der seinerzeitigen Neufassung des Abs 3 sollte der Schutz der Aktionäre durch Information für die Eingliederung einer 100-prozentigen Tochtergesellschaft an die Neuregelung des Verschmelzungsrechts angepasst werden (vgl §§ 63, 64 UmwG). Dies beruhte wiederum auf der Erwägung, dass die Eingliederung wirtschaftlich der Verschmelzung entspricht und „die Interessenlage der beteiligten Personengruppen […] deshalb bei einer Eingliederung derjenigen bei einer Verschmelzung vergleichbar" ist.[86] Die Verbesserung der Aktionärsinformation wurde namentlich deshalb für erforderlich erachtet, weil durch die an die Eingliederung anknüpfende Haftung nach § 322 der Beteiligungswert an der Hauptgesellschaft gefährdet werden könne.[87] Mit ganz ähnlicher Argumentation hat der Gesetzgeber zugleich die Informationspflichten bei Abschluss eines Unternehmensvertrages durch die Einführung der §§ 293f und 293g an das neue Verschmelzungsrecht angeglichen.[88]

---

[79] S für die ganz hM etwa Emmerich/*Habersack* Aktien- und GmbH-Konzernrecht[6] § 319 Rdn 14; *Hüffer*[10] Rdn 8; KK-*Koppensteiner*[3] Rdn 8; MK-*Grunewald*[3] Rdn 19; Schmidt/Lutter/*Ziemons*[2] Rdn 25; Spindler/Stilz/*Singhof*[2] Rdn 9; auch *Hommelhoff* Konzernleitungspflicht, 1982, S 358 fordert insofern nur, dass sich der Zustimmungsbeschluss auf einen „inhaltlich ausgestalteten Eingliederungsbeschluß [!] mit organisationsrechtlichen Bestimmungen über die konzerninterne Struktur" bezieht.

[80] S hier nur Spindler/Stilz/*Singhof*[2] Rdn 9.

[81] S nur Emmerich/*Habersack* Aktien- und GmbH-Konzernrecht[6] § 319 Rdn 15; Spindler/Stilz/*Singhof*[2] Rdn 9.

[82] OLG München Urt v 17.3.1993 –

7 U 5382/92, AG 1993, 430; Emmerich/*Habersack* Aktien- und GmbH-Konzernrecht[6] § 319 Rdn 15; Spindler/Stilz/*Singhof*[2] Rdn 9; aA C *Schäfer* Fehlerhafter Verband, 2002, S 469.

[83] BGBl I 3210.

[84] Allein die Regelung in Abs 3 S 5 fand sich bereits in Abs 2 S 5 aF; s dazu auch *Hüffer*[10] Rdn 9.

[85] BGBl I 2479.

[86] Begr RegE UmwBerG, BRDrucks 75/94 S 179.

[87] Wiederum Begr RegE UmwBerG, BRDrucks 75/94 S 179; zust *Hüffer*[10] Rdn 9: „sinnvoll".

[88] Begr RegE UmwBerG, BRDrucks 75/94 S 178 f.

Die Regelung in Abs 3 entspricht daher weitgehend derjenigen in §§ 293f und 293g.[89] Für Einzelheiten kann insofern ergänzend auf die dortige Kommentierung verwiesen werden.

Die Informationspflichten nach Abs 3 lassen sich in drei Kategorien einteilen: *Erstens* **22** ist den Aktionären *vor* der beschlussfassenden Hauptversammlung Zugang zu dem Entwurf des Eingliederungsbeschlusses (Abs 3 Satz 1 Nr 1), den Jahresabschlüssen und Lageberichten der beteiligten Gesellschaften für die letzten drei Jahre (Abs 3 Satz 1 Nr 2) und dem Eingliederungsbericht (Abs 3 Satz 1 Nr 3) zu gewähren (s u Rdn 23 ff). Dieser Zugang ist ihnen *zweitens* auch *während* der Hauptversammlung zu eröffnen (Abs 3 Satz 4; s u Rdn 27). Schließlich trifft die Gesellschaft *drittens* eine Erläuterungspflicht in der Hauptversammlung gem § 293g Abs 2 Satz 1 analog und darüber hinaus, sofern und soweit die Aktionäre ihr korrespondierendes Auskunftsrecht in Anspruch nehmen (Abs 3 Satz 5; s u Rdn 28 ff).

### 2. Unterrichtung der Aktionäre vor der Hauptversammlung (Satz 1–3)

**a) Dem Aktionär zugänglich zu machende Unterlagen.** Vor der beschlussfassenden **23** Hauptversammlung sind den Aktionären nach Abs 3 Satz 1 Nr 1 bis 3 der Entwurf des Eingliederungsbeschlusses (Nr 1), die Jahresabschlüsse und die Lageberichte der beteiligten Gesellschaften für die letzten drei Geschäftsjahre (Nr 2) sowie ein ausführlicher schriftlicher Bericht des Vorstands der zukünftigen Hauptgesellschaft, in dem die Eingliederung rechtlich und wirtschaftlich erläutert und begründet wird (Eingliederungsbericht, Nr 3), zugänglich zu machen.

**b) Insbesondere: Der Eingliederungsbericht.** Die Pflicht der künftigen Hauptgesell- **24** schaft, den Eingliederungsbericht gem Abs 3 Satz 1 Nr 3 zugänglich zu machen, setzt eine entsprechende Berichtpflicht voraus.[90] Die Regelung nimmt insofern an § 8 UmwG sowie § 293a Maß, wo entsprechende Berichtpflichten für die Verschmelzung bzw bei Abschluss eines Unternehmensvertrages vorgesehen sind.[91] Die Berichterstattung erfolgt durch den Vorstand der künftigen Hauptgesellschaft. Für weitere Einzelheiten s die Kommentierung zu § 293a Rdn 20 ff. Die Berichtpflicht zielt hier wie dort auf die Unterrichtung der Aktionäre.[92] Da der Eingliederungsbericht folglich **allein den Interessen der Aktionäre dient**[93], ist er dann nicht erforderlich, wenn alle Aktionäre der Hauptgesellschaft auf seine Erstattung **verzichten** (§§ 8 Abs 3 UmwG, 293a Abs 3 AktG analog).[94] Dass Abs 3 anders als § 320 Abs 3 S 3 (s dazu dort Rdn 31) keine ausdrückliche Regelung des Verzichts beinhaltet, ist als Redaktionsversehen zu werten und taugt daher nicht als Basis für einen Umkehrschluss.[95] Da § 320 Abs 3 Satz 3 für die Eingliederungsprüfung auf § 293a Abs 3 verweist, dürfte auch in den Fällen des § 319 für die Wirksamkeit des Verzichts auf den Eingliederungsbericht die Form der öffentlichen Beglaubigung ausreichen (§ 293a Abs 3

---

[89] S etwa auch *Hüffer*[10] Rdn 9; MünchHdb AG/*Krieger*[3] § 73 Rdn 12.

[90] S etwa *Hüffer*[10] Rdn 10.

[91] S dazu etwa MK-*Grunewald*[3] Rdn 22.

[92] Vgl Begr RegE UmwBerG, BRDrucks 75/94, S 179 mit 83 f, 178; zu § 293a auch GK-*Mülbert*[4] § 293a Rdn 6 f.

[93] Vgl Begr RegE UmwBerG, BRDrucks 75/94, S 84 zum Verschmelzungsbericht.

[94] So auch Emmerich/*Habersack* Aktien- und GmbH-Konzernrecht[6] § 319 Rdn 20; MK-*Grunewald*[3] Rdn 23; MünchHdb AG/*Krieger*[3] § 73 Rdn 13; Spindler/Stilz/ *Singhof*[2] Rdn 12; aA Schmidt/Lutter/*Ziemons*[2] Rdn 20.

[95] S Emmerich/*Habersack* Aktien- und GmbH-Konzernrecht[6] § 319 Rdn 20; Spindler/Stilz/ *Singhof*[2] Rdn 12.

analog).[96] Eine Eingliederungsprüfung ist anders als in den Fällen des § 320 (s dort Rdn 31 ff) für die Fälle des § 319 schon von vorneherein nicht vorgeschrieben.[97]

**25**      Was den **Berichtsinhalt** anbetrifft, so spricht Abs 3 Satz 1 Nr 3 zwar ebenso wie § 8 Abs 1 Satz 1 UmwG und § 293a Abs 1 von einem „ausführlichen schriftlichen Bericht". Jedoch geben bereits die Gesetzesmaterialien zu verstehen, dass der Eingliederungs- bericht schon deshalb „kürzer sein kann als ein Verschmelzungsbericht, weil es in diesen Fällen nicht zu einem Aktientausch kommt."[98] Anders gewendet: Mangels außenstehen- der Aktionäre ist allein die Eingliederung selbst Gegenstand des Berichts.[99] Ähnlich wie bei § 293a (s dort Rdn 26 f) sind daher der Zweck der Eingliederung zu benennen sowie deren Vor- und Nachteile im Vergleich zu möglichen Alternativmaßnahmen aufzuzeigen und zu bewerten.[100] Darüber hinaus ist für das Erreichen des mit dem Berichtserforder- nis verfolgten Schutzanliegens (s Rdn 21) wesentlich, dass die mit der Haftung nach § 322 sowie der Verlustausgleichspflicht nach § 324 Abs 3 verbundene Gefährdung des Beteiligungswertes klar beschrieben und die für ihre Eintrittswahrscheinlichkeit und ihren Umfang maßgeblichen Faktoren benannt werden.[101] Den Aktionären muss auf- grund der unterbreiteten Information eine **Plausibilitätskontrolle** möglich sein.[102] Tat- sachen, deren Bekanntwerden geeignet ist, einer der beteiligten Gesellschaften oder einem verbundenen Unternehmen einen nicht unerheblichen Nachteil zuzufügen, brau- chen hingegen nicht in den Bericht aufgenommen zu werden. Es reicht dann aus, wenn die Gründe für die Nichtaufnahme dieser Tatsachen dargelegt werden. Die **Schutzklausel** in §§ 8 Abs 2 UmwG, 293a Abs 2 ist mit anderen Worten entsprechend anzuwenden.[103]

---

[96] Wie hier Emmerich/*Habersack* Aktien- und GmbH-Konzernrecht[6] § 319 Rdn 20; MK-*Grunewald*[3] Rdn 23; Spindler/Stilz/ *Singhof*[2] Rdn 12. Die Gegenansicht fordert in Analogie zu § 8 Abs 3 Satz 2 UmwG, der für den Verzicht auf die Verschmelzungsprü- fung in § 9 Abs 3 UmwG in Bezug genom- men wird, hingegen die notarielle Beurkun- dung der Verzichtserklärung. Hierfür scheinen die Materialien auf den ersten Blick einen gewissen Anhaltspunkt zu bieten [vgl Begr RegE UmwBerG, BRDrucks 75/94, S 178 f: „Die Interessenlage der beteiligten Personengruppen ist [...] bei der Eingliede- rung derjenigen bei einer Verschmelzung ver- gleichbar. Dementsprechend sollen auch die Schutzvorschriften dem Verschmelzungsrecht angepaßt werden."]. Jedoch gelten die dor- tigen Erwägungen in gleicher Weise für die Fälle des § 320, für welche die Form des § 293a Abs 3 als ausreichend erachtet wird. Mithin erscheint das systematische Argu- ment e § 320 Abs 3 S 3 schlagend.

[97] S etwa Emmerich/*Habersack* Aktien- und GmbH-Konzernrecht[6] § 319 Rdn 18; *Hüffer*[10] Rdn 10; MK-*Grunewald*[3] Rdn 22.

[98] Begr RegE UmwBerG, BRDrucks 75/94, S 179.

[99] S etwa Emmerich/*Habersack* Aktien- und GmbH-Konzernrecht[6] § 319 Rdn 20;

*Hüffer*[10] Rdn 11; Spindler/Stilz/*Singhof*[2] Rdn 12.

[100] S *Hüffer*[10] Rdn 11 mit § 293a Rdn 11; ferner etwa MünchHdb AG/*Krieger*[3] § 73 Rdn 13; KK-*Koppensteiner*[3] Rdn 12; Spind- ler/Stilz/*Singhof*[2] Rdn 12; vgl auch Emme- rich/*Habersack* Aktien- und GmbH-Kon- zernrecht[6] § 319 Rdn 20; MK-*Grunewald*[3] Rdn 22.

[101] S auch *Hüffer*[10] Rdn 11: „[Die] Aktionäre müssen sich [...] ein Bild davon machen können, ob und in welchem Umfang ihre Aktien von Verwässerung bedroht sind."; gleichsinnig Emmerich/*Habersack* Aktien- und GmbH-Konzernrecht[6] § 319 Rdn 20; MK-*Grunewald*[3] Rdn 22; MünchHdb AG/*Krieger*[3] § 73 Rdn 13; KK-*Koppen- steiner*[3] Rdn 12; Spindler/Stilz/*Singhof*[2] Rdn 12.

[102] S *Hüffer*[10] Rdn 11; MK-*Grunewald*[3] Rdn 22; Spindler/Stilz/*Singhof*[2] Rdn 12.

[103] So auch Emmerich/*Habersack* Aktien- und GmbH-Konzernrecht[6] § 319 Rdn 20; KK-*Koppensteiner*[3] Rdn 13; MK-*Grune- wald*[3] Rdn 24; MünchHdb AG/*Krieger*[3] § 73 Rdn 13; Spindler/Stilz/*Singhof*[2] Rdn 12; i Erg auch Schmidt/Lutter/ *Ziemons*[2] Rdn 19; vorsichtig zustimmend auch *Hüffer*[10] Rdn 11.

Freilich kann diese analoge Anwendung nur soweit reichen, wie sie den Berichtszweck nicht gefährdet: Ohne dass sensible Details benannt werden müssten, muss der Aktionär in der Lage bleiben, die Gefährdung seines Beteiligungswertes durch die Eingliederung zutreffend einzuschätzen.[104]

**c) Wege der Informationsdarbietung.** Die in Abs 3 Satz 1 Nr 1 bis 3 aufgeführten **26** Unterlagen sind in den Geschäftsräumen der künftigen Hauptgesellschaft zur Einsicht der Aktionäre auszulegen. Nach Abs 3 Satz 2 ist jedem Aktionär auf Verlangen überdies unverzüglich und kostenlos eine Abschrift der genannten Unterlagen zu erteilen. Der durch das ARUG neu eingefügte Abs 3 Satz 3 entbindet die künftige Hauptgesellschaft von den Pflichten nach Satz 1 und 2, wenn sie stattdessen die bezeichneten Unterlagen für denselben Zeitraum über ihre Internetseite zugänglich macht. Diese alternative Form der Informationsdarbietung dient zum einen der Reduzierung des Bürokratieaufwands für die Gesellschaft, zum anderen soll sie – dem Anliegen der Aktionärsrechterichtlinie[105] folgend[106] – den „Zugang zu der Information vor allem für ortsfremde oder sogar im Ausland ansässige Aktionäre vereinfachen".[107]

**3. Zugang zu Unterlagen während der Hauptversammlung (Satz 4)**

Die bezeichneten Unterlagen sind gem Abs 3 Satz 4 zudem während der Hauptver- **27** sammlung „zugänglich zu machen". Dies kann, wie nach altem Recht allein zulässig, durch ein Auslegen der Unterlagen in Papierform geschehen. Die Gesellschaft kann aber auch auf die Papierform verzichten und die Information stattdessen elektronisch bereitstellen, etwa über aufgestellte Terminals.[108]

**4. Erläuterungspflicht und Auskunftsrecht in der Hauptversammlung (Satz 5)**

**a) Erläuterungspflicht des Eingliederungsberichts entsprechend § 293g Abs 2 Satz 1.** **28** § 319 sieht zwar in Abs 3 Satz 5 ein Auskunftsrecht der Aktionäre in der Hauptversammlung vor, schweigt sich aber zu einer Pflicht des Vorstands zur Erläuterung der Eingliederung aus. Eine solche Erläuterungspflicht wird in entsprechender Anwendung des § 293g Abs 2 Satz 1 heute gleichwohl allgemein angenommen.[109] Dabei sind die Angaben im Eingliederungsbericht ggf auf den aktuellen Stand zu bringen.[110] Ein Verstoß gegen die Erläuterungspflicht führt grundsätzlich zur Anfechtbarkeit des Zustimmungsbeschlusses.[111]

---

[104] Vgl etwa auch Emmerich/*Habersack*, Aktien- und GmbH-Konzernrecht[6] § 293a Rdn 33 zur Anwendung der Schutzklausel des § 293a Abs 2. S zur Verweigerung der dem Aktionär nach Abs 3 Satz 5 gewährten Auskunft unter Berufung auf § 131 Abs 3 Satz 1 Nr 1 noch unten Rdn 30.

[105] Richtlinie 2007/36 EG vom 11.7.2007, ABl EU Nr L 184 S 17.

[106] S insb Erwägungsgründe 5 und 6 der Richtlinie.

[107] S Begr RegE ARUG, BRDrucks 847/08, S 66 mit 34 f.

[108] S Begr RegE ARUG, BRDrucks 847/08, S 66 mit 35 (zu Doppelbuchstabe bb).

[109] S etwa Emmerich/*Habersack* Aktien- und GmbH-Konzernrecht[6] § 319 Rdn 21; *Hommelhoff* Konzernleitungspflicht, 1982, S 361 f; *Hüffer*[10] Rdn 12; KK-*Koppensteiner*[3] Rdn 14; MK-*Grunewald*[3] Rdn 30; MünchHdb AG/*Krieger*[3] § 73 Rdn 14; Schmidt/Lutter/*Ziemons*[2] Rdn 22; Spindler/Stilz/*Singhof*[2] Rdn 14; anders noch *Würdinger* in Vorauflage Anm 14.

[110] Emmerich/*Habersack* Aktien- und GmbH-Konzernrecht[6] § 319 Rdn 21; Spindler/Stilz/*Singhof*[2] Rdn 14.

[111] Wohl allg M, s Emmerich/*Habersack*, Aktien- und GmbH-Konzernrecht[6] § 319 Rdn 21; MK-*Grunewald*[3] Rdn 31; Spindler/Stilz/*Singhof*[2] Rdn 14; Bürgers/Körber/*Fett*[2] Rdn 14.

**29**     **b) Auskunftsrecht der Aktionäre.** Die Aktionäre der künftigen Hauptgesellschaft haben gem Abs 3 Satz 5 in der über die Zustimmung zur Eingliederung beschließenden Hauptversammlung einen Anspruch auf Auskunft über alle im Zusammenhang mit der Eingliederung wesentlichen Angelegenheiten, und zwar auch in Bezug auf die einzugliedernde Gesellschaft. Die Vorschrift erweitert also das allgemeine Auskunftsrecht nach § 131 in ganz ähnlicher Weise wie § 293g Abs 3. Für Einzelheiten kann insofern auf die Kommentierung zu § 293g verwiesen werden (dort Rdn 20 ff). Auch[112] die Frage, wann eine „wesentliche Angelegenheit" iS der Vorschrift angesprochen ist, ist vor allem mit Blick auf die in §§ 322, 324 Abs 3 statuierten Rechtsfolgen und die damit einhergehende Gefährdung des Beteiligungswertes zu beantworten. Daher gehören hierher alle Angelegenheiten der einzugliedernden Gesellschaft, die „Rückschlüsse auf [ihre ...] Vermögens-, Ertrags- und Liquiditätslage" zulassen.[113]

**30**     Der Vorstand kann das nach Abs 3 Satz 5 berechtigte Auskunftsbegehren aus den in § 131 Abs 3 genannten Gründen **verweigern**.[114] Eine Ausnahme soll jedoch nach verbreiteter Ansicht für den Auskunftsverweigerungsgrund des § 131 Abs 3 Satz 1 Nr 1 gelten.[115] Hieran ist zutreffend, dass dem Aktionär solche Auskünfte nicht verweigert werden dürfen, die er zur Einschätzung der ihn mit Blick auf die Rechtsfolgen der §§ 322, 324 Abs 3 treffenden Gefahren benötigt.[116] Hierfür nicht erforderliche sensible Details über die Vermögens- und Ertragslage der einzugliedernden Gesellschaft müssen daher nicht preisgegeben werden.[117] Insbesondere wird die Benennung sämtlicher bis zur Eingliederung begründeter Verbindlichkeiten nach Art und Höhe nicht immer nötig sein, um dem Schutzzweck des Abs 3 gerecht zu werden.[118]

### 5. Rechtsfolgen und -schutz bei Informationsmängeln

**31**     Bei Verletzung der Informationspflichten aus Abs 3 leidet der Zustimmungsbeschluss unter einem Mangel. Der Beschluss ist daher nach allgemeinen Grundsätzen **anfechtbar**.[119] Dabei sind insbesondere die Einschränkungen der Anfechtbarkeit nach § 243 Abs 4 Satz 1 zu beachten.[120] § 243 Abs 4 Satz 2 findet bei der Eingliederung nach § 319

---

[112] S in Bezug auf den Eingliederungbericht bereits oben Rdn 25.

[113] So wörtlich Emmerich/*Habersack* Aktien- und GmbH-Konzernrecht[6] § 319 Rdn 22; nahezu wortgleich MünchHdb AG/*Krieger*[3] § 73 Rdn 14; Spindler/Stilz/*Singhof*[2] Rdn 15; gleichsinnig auch KK-*Koppensteiner*[3] Rdn 15; MK-*Grunewald*[3] Rdn 32; *Würdinger* in Vorauflage Anm 14; *Ebenroth* AG 1970, 104, 109.

[114] So im Grundsatz auch Emmerich/*Habersack* Aktien- und GmbH-Konzernrecht[6] § 319 Rdn 23; *Hüffer*[10] Rdn 12; MK-*Grunewald*[3] Rdn 33; KK-*Koppensteiner*[3] Rdn 16; Spindler/Stilz/*Singhof*[2] Rdn 15.

[115] So etwa *Würdinger* in Vorauflage Anm 14; ferner Emmerich/*Habersack* Aktien- und GmbH-Konzernrecht[6] § 319 Rdn 23; KK-*Koppensteiner*[3] Rdn 16.

[116] Insoweit wohl allg. M. S die N in den vorstehenden Fn. Im Hinblick auf die Einschränkung der Berichtspflicht s bereits oben Rdn 25.

[117] So auch Emmerich/*Habersack* Aktien- und GmbH-Konzernrecht[6] § 319 Rdn 23; MK-*Grunewald*[3] Rdn 33; Spindler/Stilz/*Singhof*[2] Rdn 15; vgl. ferner *Hüffer*[10] Rdn 12; KK-*Koppensteiner*[3] Rdn 16.

[118] **Anders** *Hüffer*[10] Rdn 12; wie hier etwa Emmerich/*Habersack* Aktien- und GmbH-Konzernrecht[6] § 319 Rdn 23 mit Fn 58; MK-*Grunewald*[3] Rdn 33.

[119] S etwa Emmerich/*Habersack* Aktien- und GmbH-Konzernrecht[6] § 319 Rdn 17; MünchHdb AG/*Krieger*[3] § 73 Rdn 14; Spindler/Stilz/*Singhof*[2] Rdn 11, 15.

[120] S nur MünchHdb AG/*Krieger*[3] § 73 Rdn 14.

hingegen keine Anwendung (s für den Eingliederungsbeschluss bei der Mehrheitseingliederung ausführlich § 320b Rdn 31 f).[121]

## V. Eintragung in das Handelsregister (Abs 4–7)

Die Eingliederung bedarf zu ihrer Wirksamkeit der Eintragung in das Handelsregister **32** der einzugliedernden Gesellschaft (Abs 7). Bei der Anmeldung zur Eintragung durch den Vorstand der einzugliedernden Gesellschaft (Abs 4) hat dieser eine sog Negativverklärung des Inhalts abzugeben, dass die Wirksamkeit eines der beiden Hauptversammlungsbeschlüsse durch eine hiergegen erhobene Klage nicht in Frage gestellt ist (Abs 5). Eine entsprechende Regelung fand sich bereits im ursprünglichen Abs 3. Sie wurde im Zuge des UmwBerG an die für den Fall einer Umwandlung vorgesehenen Regeln in § 16 Abs 2 und 3 UmwG angepasst.[122] Dabei wurde auch die Regelung des Abs 6 eingefügt: Die fehlende Negativverklärung kann durch die per Gerichtsbeschluss ergangene Feststellung ersetzt werden, dass die gegen die Wirksamkeit des Hauptversammlungsbeschlusses nach Abs 1 oder Abs 2 erhobene Klage der Eintragung nicht entgegensteht.[123] Hierdurch wird die ansonsten geltende *Registersperre* (Abs 5 S 2) aufgehoben. Zweck der Regelung ist es „vor allem[,] die Eintragung und damit das Wirksamwerden der Eingliederung trotz einer anhängigen Klage gegen die Wirksamkeit eines Hauptversammlungsbeschlusses [... zu] ermöglich[en]".[124] Das sog. *Unbedenklichkeitsverfahren*[125] nach Abs 6 ist durch das ARUG an die Neuregelung des Freigabeverfahrens in § 246a angeglichen worden, um einen „Gleichlauf sämtlicher Freigabeverfahren" herzustellen.[126]

### 1. Anmeldung zum Handelsregister

a) **Anmeldung (Abs 4).** Gem Abs 4 S 1 hat der Vorstand der einzugliedernden Gesell- **33** schaft die Eingliederung und die Firma der Hauptgesellschaft zur Eintragung in das Handelsregister anzumelden. Die Anmeldung erfolgt also allein zum Handelsregister der einzugliedernden Gesellschaft, nicht auch zu demjenigen der künftigen Hauptgesellschaft.[127] Sie wird nicht durch Festsetzung von Zwangsgeld erzwungen (§ 407 Abs 2).[128] Der Anmeldung sind gem Abs 4 Satz 2 die Niederschriften der Hauptversammlungsbeschlüsse nach Abs 1 und nach Abs 2 nebst Anlagen beizufügen. Dies kann in Ausfertigung oder öffentlich beglaubigter Abschrift geschehen.

---

[121] S für Einzelheiten die Kommentierungen zu § 243, etwa Schmidt/Lutter/*Schwab*[2] § 243 Rdn 30 ff.

[122] S auch Begr RegE UmwBerG, BRDrucks 75/94, S 179; kritisch zu dieser Regelung *Kort* Bestandsschutz, 1998, S 186.

[123] S hier nur *Hüffer*[10] Rdn 17.

[124] Begr RegE UmwBerG, BRDrucks 75/94, S 179.

[125] S nur Emmerich/*Habersack* Aktien- und GmbH-Konzernrecht[6] § 319 Rdn 24; Spindler/Stilz/*Singhof*[2] Rdn 21.

[126] S Begr RegE ARUG, BRDrucks 847/08, S 66; dazu auch Emmerich/*Habersack*, Aktien- und GmbH-Konzernrecht[6] § 319

Rdn 24; die damit einhergehende Vereinheitlichung begrüßend ferner *Hüffer*[10] Rdn 17.

[127] Nahezu allg M, s etwa Emmerich/*Habersack* Aktien- und GmbH-Konzernrecht[6] § 319 Rdn 25; *Hüffer*[10] Rdn 13; KK-*Koppensteiner*[3] Rdn 20; MK-*Grunewald*[3] Rdn 35; MünchHdb AG/*Krieger*[3] § 73 Rdn 16; Spindler/Stilz/*Singhof*[2] Rdn 16; **anders** wohl nur *Hommelhoff* Konzernleitungspflicht, 1982, S 359.

[128] S auch *Hüffer*[10] Rdn 13; KK-*Koppensteiner*[3] Rdn 19; MünchHdb AG/*Krieger*[3] § 73 Rdn 16; Spindler/Stilz/*Singhof*[2] Rdn 16.

Klaus Ulrich Schmolke

### b) Negativerklärung und Registersperre (Abs 5)

**34**　　aa) **Normzweck.** Nach Abs 5 Satz 1 Hs 1 hat der Vorstand der einzugliedernden Gesellschaft bei der Registeranmeldung zu erklären, dass eine Klage gegen die Wirksamkeit eines Hauptversammlungsbeschlusses nicht oder nicht fristgemäß erhoben oder bereits rechtskräftig abgewiesen oder zurückgenommen worden ist. Diese Pflicht zur Negativerklärung dient im Verein mit der bei fehlender Erklärung eingreifenden Registersperre (Abs 5 Satz 2) dazu, die praktisch bedeutsamste Quelle für einen Rechtsmangel der Eingliederung, nämlich die Fehlerhaftigkeit von Eingliederungs- (Abs 1) oder Zustimmungsbeschluss (Abs 2), vor Eintragung der Eingliederung möglichst auszuschalten.[129] So soll verhindert werden, dass nach Eintritt der Eingliederungswirkungen diese nach erfolgreicher Klage gegen die Wirksamkeit eines der für die Eingliederung erforderlichen Beschlüsse wieder rückgängig gemacht werden muss.[130] Für das vorbildgebende Verschmelzungsrecht war insofern die Erwägung leitend, dass eine solche Rückabwicklung nur unter großen Schwierigkeiten zu bewerkstelligen sei.[131] Es ist freilich zu Recht bezweifelt worden, ob die Eingliederung in dieser Hinsicht tatsächlich der Verschmelzung vergleichbar ist[132] oder nicht doch eher der vertraglichen Konzernierung ähnelt, die ihrerseits kein Erfordernis der Negativerklärung kennt.[133] Angesichts der weitreichenden Anwendung der Grundsätze über die fehlerhafte Gesellschaft sowie des gesetzlichen Ausschlusses der Rückabwicklung in den Fällen des Abs 6 Satz 11 wird die Funktion von Negativattest und Registersperre nunmehr gerade umgekehrt darin gesehen, die Gefährdung des Rechts zur Geltendmachung von Beschlussmängeln durch die mittels Eintragung geschaffenen Tatsachen zu verhindern.[134] Ob diese Überlegung eine überzeugende Differenzierung gegenüber unternehmensvertraglichen Strukturänderungen erlaubt, steht freilich auf einem anderen Blatt.

**35**　　bb) **Negativerklärung (Satz 1).** Die Negativerklärung ist durch den „Vorstand" abzugeben, also durch ein oder mehrere hierzu vertretungsberechtigte Vorstandsmitglieder[135], und zwar „bei" der Anmeldung, also grundsätzlich zugleich mit dieser[136]. Jedoch kann die Negativerklärung auch nach erfolgter Anmeldung nachgereicht werden.[137] Für die **Form** gilt § 12 Abs 1 HGB.

---

[129] Vgl Begr RegE § 319 und § 294 bei *Kropff* S 423 mit 383; ferner KK-*Koppensteiner*³ Rdn 22; Spindler/Stilz/*Singhof*² Rdn 17.

[130] Vgl Begr RegE § 345 bei *Kropff* S 459 mit Begr RegE UmwBerG, BRDrucks 75/94 S 88 und 179. S auch *Kort* Bestandsschutz, 1998, S 78: Verhinderung der Eintragung fehlerhafter Strukturänderungen.

[131] S Begr RegE § 345 bei *Kropff* S 459; BGH Beschl v 2.7.1990 – II ZB 1/90, BGHZ 112, 9, 17.

[132] Vgl aber BGH Beschl v 2.7.1990 – II ZB 1/90, BGHZ 112, 9, 17.

[133] So *Kort* Bestandsschutz, 1998, S 79.

[134] So Emmerich/*Habersack* Aktien- und GmbH-Konzernrecht⁶ § 319 Rdn 26 unter Verweis auf *Bork* ZGR 1993, 343, 359 f; *Hirte* DB 1993, 77. In diese Richtung weist auch die Übertragung dieses Erfordernisses über die Verweisungsnorm des § 327e Abs 2 auf das Ausschlussverfahren nach den

§§ 327a ff (Squeeze out), das keine übermäßigen Rückabwicklungsschwierigkeiten erkennen lässt; s dazu nur GK-*Fleischer*⁴ § 327e Rdn 6 ff.

[135] S für den Squeeze out etwa GK-*Fleischer*⁴ § 327e Rdn 7.

[136] MK-*Grunewald*³ Rdn 37; KK-*Koppensteiner*³ Rdn 21; MünchHdb AG/*Krieger*³ § 73 Rdn 20. Wird die Anmeldung bereits vor Ablauf der Monatsfrist des § 246 Abs 1 vorgenommen, so fallen der Zeitpunkt der Anmeldung und der (wirksamen) Negativerklärung freilich auseinander; vgl dazu etwa *Büchel* ZIP 2006, 2289, 2290; s im Zusammenhang mit Abs 5 S 1 Hs 2 noch unten Rdn 38.

[137] MK-*Grunewald*³ Rdn 37; KK-*Koppensteiner*³ Rdn 21; MünchHdb AG/*Krieger*³ § 73 Rdn 20; Spindler/Stilz/*Singhof*² Rdn 18.

Über welche **Klagetypen** die Negativerklärung Auskunft geben muss, ist streitig. **36** Einigkeit besteht allerdings dahin, dass Anfechtungs- (§§ 243, 246) und Nichtigkeitsklage (§ 249) von Abs 5 Satz 1 erfasst werden.[138] Teils wird dies auch für Klagen auf Feststellung der Unwirksamkeit der Beschlüsse (§ 256 ZPO) bejaht.[139] Hierfür spricht neben dem Umstand, dass der Gesetzgeber mit der vorbildgebenden Formulierung in § 16 Abs 2 S 1 UmwG ausweislich der Gesetzesmaterialien „alle Klagetypen, mit denen Mängel eines Verschmelzungsbeschlusses geltend gemacht werden können", erfassen wollte[140], auch der Normzweck[141]. Die Gegenansicht verweist zum einen auf den Wortlaut der Vorschrift[142], der freilich nicht eindeutig ist.[143] Zum anderen wird – insoweit zutreffend – darauf verwiesen, dass die Registersperre ausweislich der Verzichtsmöglichkeit nach Abs 5 Satz 2 allein den Belangen der Aktionäre dient. An der Erhebung einer Feststellungsklage nach § 256 ZPO sei der Aktionär jedoch wegen des exklusiven Vorrangs der Nichtigkeitsklage nach § 249 gehindert.[144] Hieran ist richtig, dass Abs 5 Satz 1 jedenfalls nur allgemeine Feststellungsklagen erfasst, die von Aktionären erhoben worden sind (arg e Abs 5 Satz 2). Unterscheidet man jedoch mit der hM zwischen Unwirksamkeit und Nichtigkeit des Hauptversammlungsbeschlusses[145], so steht § 249 einer Feststellungsklage auf Unwirksamkeit (im engeren Sinne), die auch nicht von Gesetzes wegen als Fall der Nichtigkeit behandelt wird[146], nicht entgegen.[147] In diesen Fällen sprechen daher die besseren Gründe für eine Anwendung des Abs 5.[148]

Die **nicht fristgemäße Klageerhebung** betrifft bislang nur die Anfechtungsklage; maß- **37** geblich ist insofern der Ablauf der Monatsfrist nach § 246 Abs 1. Nicht von Abs 5 Satz 1 angesprochen ist insofern die Nichtigkeitsklage. Denn die hier allein in Betracht kommende Dreijahresfrist des § 242 Abs 2 beginnt erst mit der Handelsregistereintragung zu laufen.[149] Der Regierungsentwurf der Aktienrechtsnovelle 2012 sieht jedoch in einem neuen § 249 Abs 3 vor, dass eine (weitere) Nichtigkeitsklage nach Bekanntmachung einer bereits erhobenen Beschlussmängelklage nach § 246 Abs 4 Satz 1 nur noch innerhalb eines Monats erhoben werden kann.[150] Die in diesem Fall eintretende Verfristung

[138] S etwa Emmerich/*Habersack* Aktien- und GmbH-Konzernrecht[6] § 319 Rdn 27; *Hüffer*[10] Rdn 14; MK-*Grunewald*[3] Rdn 37; KK-*Koppensteiner*[3] § 319 Rdn 23; Münch-Hdb AG/*Krieger*[3] § 73 Rdn 18; Spindler/Stilz/*Singhof*[2] Rdn 18.

[139] So etwa Emmerich/*Habersack* Aktien- und GmbH-Konzernrecht[6] § 319 Rdn 27 unter Aufgabe der zuvor vertretenen Gegenansicht; sowie *Hüffer*[10] Rdn 14; MK-*Grunewald*[3] Rdn 37; KK-*Koppensteiner*[3] § 319 Rdn 23; Spindler/Stilz/*Singhof*[2] Rdn 18.

[140] S Begr RegE UmwBerG, BRDrucks 75/94 S 88.

[141] S etwa KK-*Koppensteiner*[3] Rdn 23; s zur Funktion von Negativerklärung und Registersperre soeben unter Rdn 34).

[142] S etwa GK-*Fleischer*[4] § 327e Rdn 8: Die allgemeine Feststellungsklage richte sich nicht „gegen die Wirksamkeit des Hauptversammlungsbeschlusses"; ebenso GK-*K Schmidt*[4] § 249 Rdn 34.

[143] S etwa Emmerich/*Habersack* Aktien- und GmbH-Konzernrecht[6] § 319 Rdn 27.

[144] So KK-*Koppensteiner*[3] Rdn 23; MünchHdb AG/*Krieger*[3] § 73 Rdn 18; s ferner GK-*Fleischer*[4] § 327e Rdn 8.

[145] S dazu nur GK-*K Schmidt*[4] § 241 Rdn 14 ff, 23; *Hüffer*[10] § 241 Rdn 4 ff jew mwN.

[146] Dazu nur *Hüffer*[10] § 249 Rdn 3.

[147] S wiederum nur *Hüffer*[10] § 249 Rdn 21.

[148] S auch das bei Emmerich/*Habersack*, Aktien- und GmbH-Konzernrecht[6] § 319 Rdn 27 gegebene Beispiel.

[149] Zutr Emmerich/*Habersack* Aktien- und GmbH-Konzernrecht[6] § 319 Rdn 27; GK-*Fleischer*[4] § 327e Rdn 9; Spindler/Stilz/*Singhof*[2] Rdn 18; **aA** hingegen *Hüffer*[10] Rdn 14.

[150] S Art 1 Nr 20 des RegE eines Gesetzes zur Änderung des Aktiengesetzes (Aktienrechtsnovelle 2012), BTDrucks 17/8989; s dazu etwa Stellungnahme des Handelsrechtsausschusses des DAV NZG 2012, 380, 382 f; ferner *Bayer* AG 2012, 141, 147 ff mwN; *Bungert/Wettich* ZIP 2012, 297, 300 f.

Klaus Ulrich Schmolke

unterfiele dann ebenfalls Abs 5 Satz 1 Hs 1 Var 2. Der im Gesetzestext genannten **Klagerücknahme** (§ 269 ZPO) sind nicht nur die übereinstimmende Erledigterklärung nach § 91a ZPO[151], sondern auch der Prozessvergleich gem § 794 Abs 1 Nr 1 ZPO sowie der Klageverzicht nach § 306 ZPO[152] gleichzustellen.[153]

**38**　　　Nach Abs 5 Satz 1 Hs 2 hat der Vorstand dem Registergericht zudem **nach erfolgter Anmeldung mitzuteilen**, falls noch vor der Eintragung[154] fristgemäß Klage gegen die Wirksamkeit der Hauptversammlungsbeschlüsse erhoben worden ist.[155] Diese zusätzliche Pflicht dient dazu die Stellung allfälliger Kläger zu stärken.[156] Die nachträgliche Mitteilung setzt daher die vorgängige Negativerklärung außer Kraft, so dass die Registersperre (wieder) eintritt.[157] Der Anwendungsbereich des Abs 5 Satz 1 Hs 2 ist freilich recht schmal, wenn man bedenkt, dass die **Negativerklärung ohnehin erst nach Ablauf der Anfechtungsfrist** (§ 246 Abs 1) **wirksam abgegeben werden kann**.[158] Noch schmaler wird er, wenn man mit Blick auf bereits anhängige, aber noch nicht zugestellte Anfechtungsklagen wegen der Regelung des § 167 ZPO die Registergerichte für verpflichtet hält, nach Ablauf der Monatsfrist noch eine weitere, angemessene Frist zuzuwarten, bevor sie die Eintragung vornehmen dürfen.[159]

**39**　　　**cc) Registersperre (Satz 2).** Liegt die Negativerklärung zum maßgeblichen Zeitpunkt (s soeben Rdn 38) nicht vor, so darf die Eingliederung grundsätzlich nicht eingetragen werden (Abs 5 Satz 2 Hs 1).[160] Dem Registergericht kommt hierbei kein Beurteilungsspielraum zu.[161] Das Eintragungshindernis besteht jedenfalls bis zum Ablauf der Anfechtungsfrist nach § 246 Abs 1, nach teilweise geäußerter Ansicht mit Blick auf § 167 ZPO

---

[151] S etwa *Hüffer*[10] Rdn 14; Spindler/Stilz/*Singhof*[2] Rdn 18.

[152] Heidel/*Jaursch*[3] Rdn 17.

[153] Heidel/*Jaursch*[3] Rdn 17; vgl auch GK-*Fleischer*[4] § 327e Rdn 9.

[154] S insofern KK-*Koppensteiner*[3] Rdn 24: Nach Eintragung kann Mitteilung für das Registergericht nicht mehr „handlungsanleitend" sein.

[155] S *Hüffer*[10] Rdn 14; KK-*Koppensteiner*[3] Rdn 24.

[156] Vgl Begr RegE UmwBerG, BRDrucks 75/94 S 88 zu § 16 Abs 2 UmwG.

[157] S Emmerich/*Habersack* Aktien- und GmbH-Konzernrecht[6] § 319 Rdn 28; KK-*Koppensteiner*[3] Rdn 24; Spindler/Stilz/*Singhof*[2] Rdn 18.

[158] So zu § 16 Abs 2 UmwG BGH Urt v 5.10.2006 – III ZR 283/05, NJW 2007, 224 Tz 17; bereits zuvor für die Eingliederung OLG Karlsruhe Beschl v 10.4.2001 – 11 Wx 12/01, NJW-RR 2001, 1326, 1327; aus der Lit etwa Emmerich/*Habersack*, Aktien- und GmbH-Konzernrecht[6] § 319 Rdn 28; *Hüffer*[10] Rdn 14; MK-*Grunewald*[3] Rdn 43.

[159] So für § 16 Abs 2 UmwG OLG Hamburg

[ ] Beschl v 20.8.2003 – 11 W 39/03, NZG 2003, 981: Die Frist könne „vielleicht zwei weitere Wochen betragen"; ausführlich *Büchel* ZIP 2006, 2289, 2290 f; ferner Lutter/*Bork*[4] UmwG § 16 Rdn 11; offengelassen in BGH Urt v 5.10.2006 – III ZR 283/05, NJW 2007, 224 Tz 18.

[160] Dies war bereits anerkannt, als der Gesetzgeber die Regelung des Abs 5 S 2 im Zuge des UmwBerG einfügte [vgl BGH Beschl v 2.7.1990 – II ZB 1/90, BGHZ 112, 9, 12 f; ferner die N bei *Hüffer*[10] Rdn 15]. Die ausdrückliche gesetzliche Anordnung sollte dazu dienen, „um auch in der Zukunft grundsätzlich eine Eintragung [...] trotz anhängiger Klage gegen die Wirksamkeit [... eines Hauptversammlungsb]eschlusses [...] zu verhindern", s Begr RegE UmwBerG, BRDrucks 75/94 S 88 für § 16 Abs 2 S 2 UmwG.

[161] S unter Verweis auf die Regelungen in §§ 21 Abs 1, 381 FamFG Emmerich/*Habersack* Aktien- und GmbH-Konzernrecht[6] § 319 Rdn 29; *Hüffer*[10] Rdn 15; Spindler/Stilz/*Singhof*[2] Rdn 19; in diesem Sinne auch MK-*Grunewald*[3] Rdn 39; vgl ferner GK-*Fleischer*[4] § 327e Rdn 11.

auch noch eine angemessene Frist darüber hinaus (s soeben Rdn 38). Eine zu Unrecht erfolgte Eintragung rechtfertigt jedoch keine Amtslöschung nach § 398 FamFG.[162]

Die fehlende Negativerklärung führt gem Abs 5 Satz 2 Hs 2 auch ohne Freigabe- **40** beschluss (Abs 6 Satz 1) ausnahmsweise dann nicht zur Registersperre, die Eingliederung darf also eingetragen werden, wenn sämtliche klageberechtigten Aktionäre durch notariell beurkundete **Verzichtserklärung** auf die Klage gegen die Wirksamkeit des Hauptversammlungsbeschlusses verzichten. Gemeint ist die materiellrechtliche Erklärung, auf das Recht zur Klage gegen etwaige Beschlussmängel zu verzichten, nicht hingegen die Prozesshandlung nach § 306 ZPO.[163] Die Regelung soll die Beschleunigung des Eingliederungsverfahrens insbesondere bei kleinem Aktionärskreis ermöglichen.[164] So ließe ein entsprechender Verzicht der Aktionäre etwa eine Eintragung bereits vor Ablauf der Monatsfrist nach § 246 Abs 1 (s dazu soeben Rdn 39) zu.[165]

Es bedarf eines Verzichts **sämtlicher klageberechtigter Aktionäre** sowohl hinsichtlich **41** des Eingliederungs- (Abs 1) als auch des Zustimmungsbeschlusses (Abs 2). Den Verzicht müssen im Falle des § 319 also sowohl die künftige Hauptgesellschaft als auch deren Aktionäre erklären.[166] Nach einer Literaturansicht soll der (jeweils) einstimmige Hauptversammlungsbeschluss der Verzichtserklärung gleichstehen.[167] Nicht erforderlich ist hingegen der Verzicht der anderen nach § 245 Nr 4 und 5 Anfechtungsberechtigten.[168] Da der Verzicht nach Abs 5 S 2 Hs 2 jedoch allein die fehlende Negativerklärung ersetzt, die gerichtliche Prüfungspflicht aber ansonsten nicht aufhebt[169], hat das Gericht allfällige Anfechtungsklagen von Vorstand oder Organwaltern in seine (weitere) Prüfung einzubeziehen.[170]

### c) Freigabeverfahren (Abs 6)

**aa) Allgemeines.** Für den Fall, dass eine Klage gegen die Wirksamkeit des Eingliede- **42** rungs- oder des Zustimmungsbeschlusses bereits erhoben ist, kann die fehlende Negativerklärung nach Abs 5 Satz 1 durch einen sog **Freigabebeschluss** ersetzt werden, in dem das zuständige Gericht feststellt, dass die Erhebung der Klage der Eintragung nicht ent-

---

[162] OLG Karlsruhe Beschl v 10.4.2001 – 11 Wx 12/01, NJW-RR 2001, 1326, 1327 zu § 144 Abs 2 FGG (aF); aus der Lit etwa Emmerich/*Habersack* Aktien- und GmbH-Konzernrecht[6] § 319 Rdn 29; *Hüffer*[10] Rdn 15; Spindler/Stilz/*Singhof*[2] Rdn 19.

[163] Unstr, s etwa Emmerich/*Habersack* Aktien- und GmbH-Konzernrecht[6] § 319 Rdn 30; *Hüffer*[10] Rdn 16; MünchHdb AG/*Krieger*[3] § 73 Rdn 21; Spindler/Stilz/*Singhof*[2] Rdn 20; vgl auch GK-*Fleischer*[4] § 327e Rdn 12. Eine gleichwohl erhobene Klage wäre jedenfalls wegen Rechtsmissbrauchs unbegründet, s *Hüffer*[10] Rdn 16.

[164] Vgl Begr RegE UmwBerG, BRDrucks 75/94 S 88 zu § 16 Abs 2 S 2 UmwG.

[165] **Anders** MK-*Grunewald*[3] Rdn 43 unter Verweis auf mögliche Klagen nach § 245 Nr 4, 5.

[166] Vgl Emmerich/*Habersack* Aktien- und GmbH-Konzernrecht[6] § 319 Rdn 31.

[167] So etwa MünchHdb AG/*Krieger*[3] § 73 Rdn 21 mwN; Spindler/Stilz/*Singhof*[2] Rdn 20; zurückhaltend KK-*Koppensteiner*[3] Rdn 25.

[168] Emmerich/*Habersack* Aktien- und GmbH-Konzernrecht[6] § 319 Rdn 31; MK-*Grunewald*[3] Rdn 38; KK-*Koppensteiner*[3] Rdn 25; Spindler/Stilz/*Singhof*[2] Rdn 20; vgl auch GK-*Fleischer*[4] § 327e Rdn 13.

[169] Emmerich/*Habersack* Aktien- und GmbH-Konzernrecht[6] § 319 Rdn 31; MK-*Grunewald*[3] Rdn 38; vgl auch GK-*Fleischer*[4] § 327e Rdn 13; ausführlich zur Prüfungskompetenz des Registerrichters *Bokelmann* DB 1994, 1341 ff.

[170] S MK-*Grunewald*[3] Rdn 38; MünchHdb AG/*Krieger*[3] § 73 Rdn 21; Spindler/Stilz/*Singhof*[2] Rdn 20; vgl auch GK-*Fleischer*[4] § 327e Rdn 13 zu § 327e Abs 2 S 2.

gegensteht (Abs 6 Satz 1). Diese Möglichkeit zur Überwindung der Registersperre bezweckt einen **sachgerechten Ausgleich zwischen dem Vollzugsinteresse** der beteiligten Gesellschaften **und dem Rechtsschutzinteresse** des klagenden Aktionärs: In den in Abs 6 Satz 3 Nr 1 bis 3 genannten Fällen überwiegt nach der gesetzlichen Wertung das Vollzugsinteresse, so dass die Aufrechterhaltung der Registersperre zu unangemessenen Ergebnissen führen würde.[171]

**43**      Zwar hielt es die höchstrichterliche Rechtsprechung bereits vor Einführung des Abs 6 für möglich, dass das Registergericht die Eintragung trotz anhängiger Klage vornimmt, wenn die Klage offensichtlich keine Aussicht auf Erfolg hat.[172] Die Zuständigkeit des Registergerichts begründete aber die Gefahr abweichender Entscheidungen von Register- und Prozessgericht. Der Gesetzgeber entschied sich daher für die Einführung eines eigenständigen Rechtsbehelfs, um die mit einer Entscheidungsdivergenz verbundenen Nachteile zu vermeiden.[173] In Abweichung von besagter Rspr sieht das Gesetz auch eine weitere Möglichkeit der Freigabe für den Fall vor, dass unabhängig von den Erfolgsaussichten der Klage das alsbaldige Wirksamwerden der Eingliederung vorrangig erscheint (s nunmehr Abs 6 Satz 3 Nr 3).[174]

**44**      Die bislang letzte **Reform durch das ARUG** stand ganz im Zeichen der Abwehr missbräuchlicher Aktionärsklagen.[175] Die hierfür in § 246a vorgenommenen Änderungen sind auf die Regelung in Abs 6 übertragen worden, um einen Gleichlauf der Freigabeverfahren herzustellen.[176] Zu den wesentlichen Neuerungen gehört neben weiterer Maßnahmen zur Verfahrensbeschleunigung insbesondere die Beschränkung auf eine Instanz (Abs 6 Satz 7).[177] Hinzu kommt die Absenkung der materiellen Freigabevoraussetzungen durch die Einführung des Bagatellquorums in Abs 6 Satz 3 Nr 2 (dazu Rdn 52 f) sowie die Änderung des Abwägungsprogramms in Abs 6 Satz 3 Nr 3 (dazu Rdn 54 ff).[178] „En passant"[179] wurde der eingetragenen Eingliederung Bestandsschutz gewährt und Schadensersatz des erfolgreich klagenden Aktionärs in Form der Naturalrestitution ausgeschlossen (Abs 6 Satz 11).[180]

**45**      **bb) Formelle Beschlussvoraussetzungen (Satz 1).** Der Freigabebeschluss setzt zunächst die „Erhebung einer Klage" und einen entsprechenden Antrag „der Gesellschaft" voraus (formelle Beschlussvoraussetzungen)[181]. „Erhebung der Klage" meint **Rechtshän-**

---

[171] S bereits zur Fassung des § 319 Abs 6 nach dem UmwBerG Begr RegE UmwBerG, BRDrucks 75/94 S 179 mit S 88: „wirtschaftlich unvertretbar".

[172] S BGH Beschl v 2.7.1990 – II ZB 1/90, BGHZ 112, 9, 23 f zu § 345 Abs 2 Satz 1 aF; in Bezug genommen in Begr RegE UmwBerG, BRDrucks 75/94 S 88.

[173] Begr RegE UmwBerG, BRDrucks 75/94 S 89.

[174] Dazu wiederum Begr RegE UmwBerG, BRDrucks 75/94 S 89; s ferner etwa Emmerich/*Habersack* Aktien- und GmbH-Konzernrecht[6] § 319 Rdn 32 m zahlr N zur seinerzeitigen Reformdiskussion.

[175] S Begr RegE ARUG, BRDrucks 847/08 S 66 mit S 62; ausführlich *Bayer* FS Hoffmann-Becking, 2013, S 91 ff; zur Erreichung dieses Ziels s das Zahlenmaterial bei *Bayer/Hoffmann*, AG 2012, R 107 f.

[176] Für einen Überblick über die Änderungen s nur *Seibert/Florstedt* ZIP 2008, 2145, 2153; *Verse* NZG 2009, 1127 ff; diese Vereinheitlichung begrüßend etwa *J Vetter* AG 2008, 177, 190; *Hüffer*[10] Rdn 17.

[177] Dazu etwa *Verse* NZG 2009, 1127, 1128.

[178] S *Seibert/Florstedt* ZIP 2008, 2145, 2153; *Verse* NZG 2009, 1127, 1128 ff. S dazu auch die Kritik bei *Nietsch* ZvglRWiss 112 (2013), 45, 68 f: Die Gemeinschaftsrechtswidrigkeit dieses neuen Abwägungsansatzes sei kaum mehr zweifelhaft.

[179] *Seibert/Florstedt* ZIP 2008, 2145, 2153.

[180] S auch *Hüffer*[10] Rdn 17: „voller Bestandsschutz".

[181] S nur Spindler/Stilz/*Singhof*[2] Rdn 22; vgl ferner GK-*Fleischer*[4] § 327e Rdn 15.

**gigkeit;** die Klage muss also bereits zugestellt worden sein.[182] Hingegen wird nicht vorausgesetzt, dass der streitbefangene Beschluss bereits zur Eintragung angemeldet worden ist.[183]

Den Antrag hat die jeweils betroffene Gesellschaft zu stellen. Die **Antragsbefugnis ist** **46** also davon abhängig, ob gegen den Eingliederungs-, den Zustimmungsbeschluss oder gegen beide Beschlüsse Klage erhoben worden ist.[184] Den Antrag stellt der Vorstand für seine Gesellschaft (s § 51 Abs 1 ZPO iVm § 78 Abs 1).[185] § 246 Abs 2 Satz 2 ist hingegen nicht analog anwendbar.[186] Eine entsprechende Gefahr für einen Interessenkonflikt in den Reihen des Vorstands besteht hier nicht.[187] **Antragsgegner** sind sämtliche gegen die Wirksamkeit der Beschlüsse klagenden Aktionäre.[188] Es gibt keine **Antragsfrist.**[189] Der Freigabeantrag kann daher auch dann noch gestellt werden, wenn das Klageverfahren bereits in der Berufungsinstanz anhängig ist.[190]

cc) **Die Unbedenklichkeitstatbestände nach Abs 6 Satz 3 Nr 1–3.** Neben den formel- **47** len Erfordernissen (s Rdn 45) setzt der Freigabebeschluss in materieller Hinsicht das Vorliegen eines sog Unbedenklichkeitstatbestands voraus. Diese Tatbestände sind abschließend in Abs 6 Satz 3 Nr 1 bis 3 aufgeführt.[191] Demnach darf ein Freigabebeschluss nur ergehen, wenn die Klage unzulässig oder offensichtlich unbegründet ist (Nr 1), der Kläger nicht binnen einer Woche nach Zustellung des Antrags durch Urkunden nachgewiesen hat, dass er seit Bekanntmachung der Einberufung einen anteiligen Betrag von mindestens € 1.000 hält (Nr 2) oder das alsbaldige Wirksamwerden des Hauptversamm-

---

[182] S Emmerich/*Habersack* Aktien- und GmbH-Konzernrecht[6] § 319 Rdn 33; MünchHdb AG/*Krieger*[3] § 73 Rdn 23; Spindler/Stilz/ *Singhof*[2] Rdn 22; *Keul* ZIP 2003, 566; vgl auch GK-*Fleischer*[4] § 327e Rdn 19 zu § 327e Abs 2.

[183] Vgl OLG Stuttgart Beschl v 17.12.1996 – 12 W 44/96, AG 1997, 138 zu § 16 Abs 3 UmwG; zust *Buchta*/*Sasse* DStR 2004, 958, 959; *Keul* ZIP 2003, 566; ferner GK-*Fleischer*[4] § 327e Rdn 19 jew für § 327e Abs 2.

[184] LG Frankfurt aM Beschl v 10.5.2005 – 3–5 O 53/05, AG 2005, 740, 741; Emmerich/*Habersack* Aktien- und GmbH-Konzernrecht[6] § 319 Rdn 33; MünchHdb AG/*Krieger*[3] § 73 Rdn 23; KK-*Koppensteiner*[3] Rdn 33; vgl auch GK-*Fleischer*[4] § 327e Rdn 16 für § 327e Abs 2; zumindest missverständlich MK-*Grunewald*[3] Rdn 39.

[185] OLG Karlsruhe Beschl v 7.12.2006 – 7 W 78/06, ZIP 2007, 270, 271; LG Dresden Beschl v 16.3.2007 – 43 OH 0354/06, Der Konzern 2007, 461; Emmerich/*Habersack* Aktien- und GmbH-Konzernrecht[6] § 319 Rdn 33; GK-*Fleischer*[4] § 327e Rdn 16.

[186] OLG Karlsruhe Beschl v 7.12.2006 – 7 W 78/06, ZIP 2007, 270, 271 zu § 246a; **so aber** OLG Düsseldorf Beschl v 16.1.2004 – I-16 W 63/03, NZG 2004, 328 für ein Verfahren nach § 327e Abs 2 iVm § 319 Abs 6.

[187] Zutr OLG Hamm Beschl v 17.3.2005 – 27 W 3/05, DB 2005, 1263 = ZIP 2005, 1457; LG Frankfurt aM Beschl v 10.5.2005 – 3–5 O 53/05, AG 2005, 740, 741; GK-*Fleischer*[4] § 327e Rdn 16.

[188] Zur Möglichkeit der Verfahrensverbindung s *Buchta*/*Sasse* DStR 2004, 958; GK-*Fleischer*[4] § 327e Rdn 19.

[189] S OLG München Urt v 17.3.1993 – 7 U 5382/92, AG 1993, 430; vgl auch OLG Frankfurt Beschl v 30.3.2010 – 5 Sch 3/09, AG 2010, 508, 510; ferner *Stilz* FS Hommelhoff, 2012, S 1181, 1185; alle **gegen** OLG München Beschl v 4.11.2009 – 7 A 2/09, AG 2010, 170, 172 f, wonach ein Abwarten von mehr als drei Monaten ein hinreichendes Interesse an alsbaldiger Eintragung ausschließe.

[190] *Buchta*/*Sasse* DStR 2004, 958, 958 f; Emmerich/*Habersack* Aktien- und GmbH-Konzernrecht[6] § 319 Rdn 33; KK-*Koppensteiner*[3] Rdn 33.

[191] S bereits Begr RegE UmwBerG BRDrucks 75/94 S 179 mit S 89; für die aktuelle Fassung des Abs 6 Emmerich/*Habersack*, Aktien- und GmbH-Konzernrecht[6] § 319 Rdn 33; vgl auch GK-*Fleischer*[4] § 327e Rdn 20.

lungsbeschlusses vorrangig erscheint, weil die vom Antragsteller dargelegten wesentlichen Nachteile für die Gesellschaft und ihre Aktionäre nach freier Überzeugung des Gerichts die Nachteile für den Antragsgegner überwiegen, sofern nicht eine besondere Schwere des Rechtsverstoßes vorliegt (Nr 3).

**48**     **aaa) Unzulässigkeit der Klage (Nr 1 Alt 1).** Die Prüfung der Unzulässigkeit der Klage erfolgt im Freigabeverfahren nicht nur summarisch und auf offensichtliche Mängel beschränkt, sondern nach allgemeinen prozessualen Grundsätzen in vollem Umfang.[192] Bestehen danach Zulässigkeitsmängel, so ist zu unterscheiden: Sind die Mängel behebbar, hat das Prozessgericht den Antragsgegner gem § 139 ZPO zunächst auf eine mögliche Behebung der Mängel hinzuweisen.[193] Sind die Mängel unbehebbar, kann das Gericht sogleich zur Beschlussfassung schreiten. In diesen Fällen ist zwar regelmäßig auch das Klageverfahren entscheidungsreif, der Freigabebeschluss behält seine eigenständige Bedeutung jedoch mit Blick auf mögliche Rechtsmittel gegen das klageabweisende Urteil.[194]

**49**     Unzulässig ist die Klage etwa bei Anrufung eines unzuständigen Gerichts und fehlendem Verweisungsantrag sowie bei Fehlen der Parteifähigkeit des Klägers (§ 50 ZPO) oder zwingender Inhalte der Klageschrift (§ 253 Abs 2 ZPO).[195] Die Zulässigkeit der Klage ist hingegen nicht betroffen, wenn es an der Anfechtungsbefugnis fehlt, die Anfechtungsfrist verstrichen oder die Ausübung des Anfechtungsrechts missbräuchlich ist.[196]

**50**     **bbb) Offensichtliche Unbegründetheit der Klage (Nr 1 Alt 2).** Der Freigabebeschluss ergeht auch dann, wenn die Klage offensichtlich unbegründet ist. Dabei ist es unerheblich, worauf die Unbegründetheit zurückzuführen ist. Der Gesetzgeber hatte bei Einführung der Regelung insbesondere die missbräuchliche Ausübung des Anfechtungsrechts vor Augen.[197] Wann die Unbegründetheit der Klage offensichtlich ist, regelt das Gesetz nicht.[198] Rspr und Lit haben sich bislang nicht auf einheitliche Bewertungsmaßstäbe verständigen können. Teilweise setzt man bei der **Prüfungsdichte** an und bejaht die Offensichtlichkeit immer dann, wenn die Unbegründetheit ohne schwierige rechtliche Überlegungen oder gar jegliche vorausgehende Klärung streitiger Rechtsfragen[199] zweifelsfrei

---

[192] LG Darmstadt Beschl v 29.11.2005 – 12 O 491/05, AG 2006, 127, 128; Emmerich/*Habersack* Aktien- und GmbH-Konzernrecht[6] § 319 Rdn 34; MünchHdb AG/*Krieger*[3] § 73 Rdn 24; KK-*Koppensteiner*[3] Rdn 29; Spindler/Stilz/*Singhof*[2] Rdn 23; GK-*Fleischer*[4] § 327e Rdn 21; s auch *Rieger* FS Bechtold, 2006, S 375, 378 f.

[193] MK-*Grunewald*[2] Rdn 34; Heidel/*Jaursch*[3] Rdn 21; vgl auch *Büchel* Liber Amicorum Happ, 2006, S 1, 9; GK-*Fleischer*[4] § 327e Rdn 21; s auch Emmerich/*Habersack*, Aktien- und GmbH-Konzernrecht[6] § 319 Rdn 34; aA *Kösters* WM 2000, 1921, 1925.

[194] Emmerich/*Habersack* Aktien- und GmbH-Konzernrecht[6] § 319 Rdn 34; GK-*Fleischer*[4] § 327e Rdn 23.

[195] S zum Ganzen nur GK-*Fleischer*[4] § 327e Rdn 22; *Fuhrmann/Linnerz* ZIP 2004, 2306; *Hüffer*[10] § 246a Rdn 16; insb zur

fehlenden Parteifähigkeit *Rieger* FS Bechtold, 2006, S 375, 377 ff.

[196] S nur GK-*Fleischer*[4] § 327e Rdn 22; zum Missbrauch des Anfechtungsrechts BGH Urt v 15.6.1992 – II ZR 173/91, AG 1992, 448.

[197] Begr RegE UmwBerG BRDrucks 75/94 S 179 mit 89 unter Verweis auf BGH Urt v 22.5.1989 – II ZR 206/88, BGHZ 107, 296; Urt v 18.12.1989 – II ZR 254/88, NJW-RR 1990, 350; Urt v 29.10.1990 – II ZR 146/89, NJW-RR 1991, 358 = ZIP 1990, 1560.

[198] Begr RegE UmwBerG BRDrucks 75/94 S 179 mit 89: „soll der weiteren Rechtsprechung überlassen bleiben".

[199] So oder ähnlich OLG München Beschl v 17.2.2005 – 23 W 2406/04, NZG 2005, 1017, 1018 = ZIP 2005, 615; OLG Stuttgart Beschl v 17.12.1996 – 12 W 44/96, AG 1997, 138, 139; LG Hamburg Beschl

festgestellt werden kann. Die inzwischen hM verlangt demgegenüber auch im Rahmen des Abs 6 Satz 3 Nr 1 Alt 2 eine vollumfängliche rechtliche Prüfung. Die offensichtliche Unbegründetheit ergebe sich dann aus dem **Ergebnis dieser Prüfung**, und zwar dann, wenn die Unbegründetheit eindeutig oder umgekehrt die Annahme der Begründetheit unvertretbar ist.[200] Der hM ist zuzustimmen. Ihre Sichtweise liegt ganz auf der Linie des UMAG-Reformgesetzgebers, der sich in der Kontroverse eindeutig positioniert. Danach ist eine Anfechtungsklage „[o]ffensichtlich unbegründet [...], wenn sich mit hoher Sicherheit die Unbegründetheit der Klage vorhersagen lässt, der für diese Prognose erforderliche Prüfungsaufwand des Prozessgerichts ist nicht entscheidend".[201] Dies schließt selbstredend gerade nicht aus, dass eine offensichtliche Unbegründetheit auch bei geringem Prüfungsaufwand feststellbar ist.[202] Den Antragsteller trifft hierfür in jedem Fall die Darlegungslast.[203]

Aus dem Gesagten folgt, dass die offensichtliche Unbegründetheit nicht schon allein deshalb zu verneinen ist, weil über die streiterhebliche(n) Rechtsfrage(n) noch nicht höchstrichterlich entschieden worden ist.[204] Hingegen ist es für die Verneinung der offensichtlichen Unbegründetheit ausreichend, dass im Klageverfahren eine umfangreiche Beweisaufnahme notwendig wird.[205] Die Anforderungen an die Feststellung der offen- **51**

---

v 13.1.2003 – 415 O 140/02, ZIP 2003, 951 f; LG Freiburg Beschl v 26.11.1997 – 11 T 1/96, AG 1998, 536, 537; LG Hanau Beschl v 5.10.1995 – 5 O 183/95, AG 1996, 90, 91; LG Regensburg Beschl v 16.1.2004 – 2 HK O 2124/03 (1), Der Konzern 2004, 811, 813; LG Wuppertal Beschl v 6.11.2003 – 12 O 119/03, AG 2004, 161, 162; s aus der Lit etwa *Halfmeier* WM 2006, 1465, 1466; Schmidt/Lutter/*Schwab*[2] § 246a Rdn 3; so auch die frühere, nunmehr aufgegebene Ansicht von Lutter/*Bork*[4] UmwG § 16 Rdn 22.

[200] S für die hM KG Beschl v 9.6.2008 – 2 W 101/07, ZIP 2009, 1223, 1226; OLG Düsseldorf Beschl v 19.12.2008 – I-17 W 63/08, AG 2009, 535, 536; OLG Frankfurt Beschl v 13.3.2008 – 5 W 4/08, AG 2008, 667, 670; OLG Hamburg Urt v 11.4.2003 – 11 U 215/02, AG 2003, 441, 444; Beschl v 29.9.2004 – 11 W 78/04, NZG 2005, 86; OLG Jena Beschl v 12.10.2006 – 6 W 452/06, AG 2007, 31, 32; OLG Karlsruhe Beschl v 7.12.2006 – 7 W 78/06, ZIP 2007, 270, 271; OLG Köln Beschl v 6.10.2003 – 18 W 35/03, AG 2004, 39; OLG München Beschl v 14.11.2012 – 7 AktG 2/12, AG 2013, 173 = ZIP 2012, 2439; Beschl v 6.7.2011 – 7 AktG 1/11, AG 2012, 45; Beschl v 4.11.2009 – 7 A 2/09, AG 2010, 170; OLG Stuttgart Beschl v 1.12.2008 – 20 W 12/08, AG 2009, 204, 205; aus der Lit etwa *Bayer* FS Hoffmann-Becking, 2013, S 91, 101 f; *Brandner/Bergmann* FS Bezzen-

berger, 2000, S 59, 66 ff; *Büchel* Liber Amicorum Happ, 2006, 1, 10; Emmerich/*Habersack* Aktien- und GmbH-Konzernrecht[6] § 319 Rdn 35; GK-*Fleischer*[4] § 327e Rdn 25; *Hüffer*[10] § 246a Rdn 17; KK-*Koppensteiner*[3] Rdn 30; Spindler/Stilz/*Singhof*[2] Rdn 23; s auch MünchHdb AG/*Krieger*[3] § 73 Rdn 25a.

[201] Begr RegE UMAG BTDrucks 15/5092 S 29; aufgegriffen in BGH Beschl v 29.5.2006 – II ZB 5/06, BGHZ 168, 49 Tz 13; s zum Ganzen auch GK-*Fleischer*[4] § 327e Rdn 25.

[202] In diesem Sinne BGH Beschl v 29.5.2006 – II ZB 5/06, BGHZ 168, 49 Tz 13 mit BGH Beschl v 2.7.1990 – II ZB 1/90, BGHZ 112, 9, 23 f; klar auch *Hüffer*[10] § 246a Rdn 17 aE: „Leichte Erkennbarkeit des Fehlens hinreichender Klagegründe ist danach nur bes[onders] deutlicher, aber nicht einziger Anwendungsfall des § 246a II Nr. 1".

[203] Emmerich/*Habersack* Aktien- und GmbH-Konzernrecht[6] § 319 Rdn 35; KK-*Koppensteiner*[3] Rdn 30; für Beweislastumkehr de lege ferenda *Baums* DJT-Gutachten, 2000, S 178 f.

[204] Zutr OLG Karlsruhe Beschl v 7.12.2006 – 7 W 78/06, ZIP 2007, 270, 271 f; *Hüffer*[10] § 246a Rdn 18; *Riegger* FS Bechtold, 2006, S 375, 381; **aA** Schmidt/Lutter/*Schwab*[2] § 246a Rdn 3; *Halfmeier* WM 2006, 1465, 1466; *Sosnitza* NZG 1999, 965, 970.

[205] LG Köln Beschl v 5.12.2008 – 82 O 91/08, AG 2009, 449, 450; *Brandner/Bergmann* FS Bezzenberger, 2000, S 59, 67 f; Emme-

---

Klaus Ulrich Schmolke

sichtlichen Unbegründetheit werden schließlich nicht durch den Vorwurf rechtsmiss-
bräuchlicher Klageerhebung verringert.[206] Vielmehr muss auch die Rechtsmissbräuch-
lichkeit der Klage im dargelegten Sinne offensichtlich sein.[207] Weist das Gericht einen
Freigabeantrag zurück, weil die Beschlussmängelklage nicht offensichtlich unbegründet
ist, so kann ein erneuter Antrag nach erfolgtem **Bestätigungsbeschluss** nur Erfolg haben,
wenn der Bestätigungsbeschluss auch geeignet ist, die geltend gemachten Beschlussmängel zu heilen.[208]

**52**    ccc) **Bagatellquorum (Nr 2).** Nach Abs 6 Satz 3 Nr 2 ergeht der Freigabebeschluss
auch dann, wenn der Antragsgegner nicht binnen einer Woche nach Zustellung des
Antrags durch Urkunden nachgewiesen hat, dass er seit Bekanntmachung der Einberufung[209] einen anteiligen Betrag von mindestens € 1.000 hält. Dieser Unbedenklichkeits-
tatbestand ist im Zuge des ARUG nicht nur in § 319, sondern in sämtliche Freigabeverfahren (§§ 246a und – über die Inbezugnahme des § 319 – in § 327e sowie § 16 Abs 3
UmwG) aufgenommen worden. Das damit eingeführte Bagatellquorum dient dazu, missbräuchliche Aktionärsklagen zumindest zu erschweren, indem das Vorhalten eines den
Zwecken des Geschäftsmodells entsprechenden Aktienportfolios für Berufskläger ver-
teuert und das „Trittbrettfahren" von Kleinstaktionären bei anhängigen Klageverfahren
verhindert wird.[210] Zwar bleibt auch nach der ARUG-Novelle der Besitzer einer einzigen
Aktie klagebefugt. Er ist aber nur noch dann in der Lage, die Freigabe zu verhindern,
wenn er das in Abs 6 Satz 3 Nr 2 bestimmte Bagatellquorum erreicht (sog **Nachteils-
quorum**).[211] Dieses ist im Gesetzgebungsverfahren von € 100 auf € 1.000 erhöht worden,
was nach Ansicht des Gesetzgebers bei normalen Börsenwerten im Mittelmaß und ohne
Berücksichtigung von Extremfällen einem Anlagevolumen von etwa € 10.000 bis 20.000
entspreche und sich damit im Bereich „eines aus sich heraus ökonomisch sinnvollen
Investments" in eine börsennotierte Gesellschaft befinde.[212] Eine Zusammenrechnung
der Anteile auch notwendiger Streitgenossen findet nicht statt.[213] Verfassungsrechtliche
Bedenken gegen die Regelung bestehen nicht.[214]

---

rich/*Habersack* Aktien- und GmbH-Konzernrecht[6] § 319 Rdn 35; Spindler/Stilz/
*Singhof*[2] Rdn 23.
[206] Vgl zu § 327e Abs 2 OLG Köln Beschl
v 6.10.2003 – 18 W 35/03, ZIP 2004, 760,
761; GK-*Fleischer*[4] § 327e Rdn 26; *Fuhrmann* Der Konzern 2004, 1, 5.
[207] S bereits BGH Beschl v 2.7.1990 – II ZB
1/90, BGHZ 112, 9, 24; dazu auch *Hüffer*[10]
§ 246a Rdn 19; unklar Spindler/Stilz/
*Singhof*[2] Rdn 23.
[208] S OLG München Beschl v 14.11.2012 –
7 AktG 2/12 – AG 2013, 173 = ZIP 2012,
2439 für einen verbotene Sondervorteile
gewährenden Beschluss (§ 243 Abs 2
Satz 1).
[209] Krit zu diesem Zeitpunkt Spindler/Stilz/*Singhof*[2] Rdn 22a.
[210] S Begr RegE ARUG BRDrucks 847/08
S 64 f; *Verse* NZG 2009, 1127, 1129 mwN.
[211] S *Seibert/Florstedt* ZIP 2008, 2145, 2152;
s zur Diskussion um ein Quorenerfordernis

für Aktionärsklagen nur *Baums/Drinhausen*
ZIP 2008, 145, 148 ff mwN.
[212] S dazu Begr RegE ARUG BRDrucks 847/08
S 65 sowie Beschlussempfehlung und
Bericht des Rechtsausschusses ARUG
BTDrucks 16/13098 S 41; zur Berechnung
s OLG Stuttgart Beschl v 19.10.2009 –
20 AR (Freig) 1/09, AG 2010, 89, 90; zur
Unerheblichkeit des Börsenwertes OLG
Hamburg Beschl v 11.12.2009 – 11 AR
1/09, Der Konzern 2010, 515 f und Beschl
v 11.12.2009 – 11 AR 2/09, Der Konzern
2010, 517, 518; aus der Lit etwa *Hüffer*[10]
§ 246a Rdn 20; *Wilsing/Saß* DB 2011, 919 f.
[213] OLG Frankfurt Beschl v 23.2.2010 – 5 Sch
2/09, AG 2010, 596, 597 = ZIP 2010, 2500;
OLG Hamburg Beschl v 11.12.2009 – 11
AR 1/09, Der Konzern 2010, 515; zust *Stilz*
FS Hommelhoff, 2012, S 1181, 1186.
[214] S OLG Frankfurt Beschl v 23.2.2010 –
5 Sch 2/09, AG 2010, 596, 597; OLG Hamburg Beschl v 11.12.2009 – 11 AR 1/09,

Der **Nachweis** des Quorums ist durch Urkunden zu führen, etwa durch eine Depot- **53** bescheinigung.[215] Hierbei handelt es sich um eine materiellrechtliche Voraussetzung und nicht lediglich um eine entbehrliche Verfahrensregelung.[216] Ist der Nachweis geführt, schadet eine spätere Absenkung des Anteilsbesitzes unter die Schwelle des Abs 6 Satz 3 Nr 2 nicht mehr.[217] Für weitere Einzelheiten s die Kommentierungen zu § 246a.[218]

### ddd) Vorrangiges Vollzugsinteresse (Nr 3)

**(1) Struktur der Interessenabwägungsklausel.** Ein Freigabebeschluss hat gem Abs 6 **54** Satz 3 Nr 3 schließlich dann zu ergehen, wenn das alsbaldige Wirksamwerden des Hauptversammlungsbeschlusses vorrangig erscheint, weil die vom Antragsteller darge- legten wesentlichen Nachteile für die Gesellschaft und ihre Aktionäre nach freier Über- zeugung des Gerichts die Nachteile für den Antragsgegner überwiegen, es sei denn, es liegt eine besondere Schwere des Rechtsverstoßes vor. Diese Interessenabwägungsklausel ist im Zuge des ARUG neu gefasst worden, um bestehende Unsicherheiten über die Aus- legung der Vorgängerregelung auszuräumen.[219] Dabei hat man insbesondere dem Vor- wurf der Inkommensurabilität von wirtschaftlichen Interessen einerseits und der Schwere des geltend gemachten Rechtsverstoßes andererseits Rechnung getragen.[220] Der Tatbe- stand ist nunmehr klar in zwei Stufen unterteilt, wobei nur die erste eine (echte) Abwä- gung der ökonomischen Interessen enthält[221], während auf der zweiten Stufe – und damit außerhalb der Interessenabwägung – die Schwere des Rechtsverstoßes zu berück- sichtigen ist.[222]

---

Der Konzern 2010, 515, 516; Beschl v 11.12.2009 – 11 AR 2/09, Der Konzern 2010, 517, 518 f; OLG Nürnberg Beschl v 27.9.2010 – 12 AktG 1218/10, AG 2011, 179; OLG Stuttgart Beschl v 19.10.2009 – 20 AR (Freig) 1/09, AG 2010, 89, 90; *Bayer* FS Hoffmann-Becking, 2013, S 104; *Hüffer*[10] § 246a Rdn 20; *Wilsing/Saß* DB 2011, 919, 920.

[215] S OLG Hamm Beschl v 6.7.2011 – I-8 AktG 2/11, AG 2011, 826 ff: Zeichnungsschein ist für Nachweis hingegen ebenso ungeeignet wie die Ablichtung des Teilnehmerverzeich- nisses; zust *Hüffer*[10] § 246a Rdn 20.

[216] S etwa KG Beschl v 6.12.2010 – 23 AktG 1/10, AG 2011, 170, 171 = ZIP 2011, 172; OLG Hamm Beschl v 6.7.2011 – I-8 AktG 2/11, AG 2011, 826, 827; OLG Nürnberg Beschl v 25.7.2012 – 12 AktG 778/12, AG 2012, 758, 759 ff = ZIP 2012, 2052; ferner *Bayer* FS Hoffmann-Becking, 2013, S 91, 104; *Stilz* FS Hommelhoff, 2012, S 1181, 1187; aA OLG Frankfurt Beschl v 20.3.2012 – 5 AktG 4/11, AG 2012, 414 f zu § 16 Abs 3 Satz 3 Nr 2 UmwG; ferner OLG Nürnberg Beschl v 27.9.2010 – 12 AktG 1218/10, AG 2011, 179, 180.

[217] OLG Saarbrücken Beschl v 7.12.2010 – 4 AktG 476/10, AG 2011, 343 f = ZIP 2011, 469; zust *Hüffer*[10] § 246a Rdn 20.

[218] Etwa *Hüffer*[10] § 246a Rdn 20; ferner *Bayer* FS Hoffmann-Becking, 2013, S 91, 106 ff.

[219] Begr RegE ARUG BRDrucks 847/08 S 64.

[220] S zu diesem Vorwurf nur Arbeitskreis Beschlussmängelrecht: Vorschlag zur Neu- fassung der Vorschriften des Aktiengesetzes über Beschlussmängel, AG 2008, 617, 619; auch jetzt noch andeutungsweise bei *Emme- rich/Habersack* Aktien- und GmbH-Kon- zernrecht[6] § 319 Rdn 37.

[221] Für die Bestimmung der besonderen Schwere des Rechtsverstoßes auf der zweiten Stufe können die wirtschaftlichen Konsequenzen des Rechtsverstoßes für den Antragsgegner noch eine gewisse Bedeutung erlangen, s Begr RegE ARUG BRDrucks 847/08 S 64.

[222] S Begr RegE ARUG BRDrucks 847/08 S 64 sowie Beschlussempfehlung und Bericht des Rechtsausschusses ARUG BTDrucks 16/13098 S 42; näher *Bayer* FS Hoffmann- Becking, 2013, S 91, 99 f, 108 ff; ferner die Bewertung bei *Verse* NZG 2009, 1127, 1129 f.

**55**     (2) **Erste Stufe: Abwägung der wirtschaftlichen Nachteile.** Auf einer ersten Stufe setzt der Freigabetatbestand des Abs 6 Satz 3 Nr 3 also voraus, dass die vom Antragsteller dargelegten wesentlichen Nachteile für die Gesellschaft und ihre Aktionäre die Nachteile für den Antragsgegner überwiegen. Abzuwägen sind also allein die betroffenen **wirtschaftlichen Interessen** der Gesellschaft und ihrer Aktionäre am alsbaldigen Vollzug der Eingliederung einerseits und diejenigen des klagenden Antragsgegners am Aufschub der Eintragung bis zum endgültigen Abschluss des Klageverfahrens andererseits.[223] Die Erfolgsaussichten der Klage spielen hier hingegen keine Rolle, sondern sind allein im Rahmen von Abs 6 Satz 3 Nr 1 zu berücksichtigen.[224]

**56**     Auf Seiten der Gesellschaft und ihrer nicht klagenden Aktionäre sind allein **wesentliche Nachteile** aus dem Ausschub des Vollzugs in die Interessenabwägung einzustellen. Die Anforderungen sind freilich nicht allzu hoch. Vielmehr dient das Merkmal der Wesentlichkeit allein als Bagatellschwelle. Ausweislich der Gesetzesmaterialien sind nämlich alle wirtschaftlichen Nachteile bereits dann wesentlich, wenn sie „nicht vernachlässigbar" sind.[225] Wesentliche Nachteile für die Gesellschaft liegen damit nicht nur bei Insolvenzgefahr oder in ähnlich schwerwiegenden Fällen vor.[226] Auch die Kosten der Wiederholung der Hauptversammlung[227] oder Zinseffekte gehören hierher.[228]

**57**     Die wesentlichen Nachteile auf Seiten der Gesellschaft und ihrer nicht klagenden Aktionäre sind sodann mit den wirtschaftlichen Nachteilen des klagenden Antragsgegners[229] abzuwägen. Hierbei erscheint es – entsprechend der gesetzlichen Intention – praktisch ausgeschlossen, dass diese Abwägung einmal zugunsten eines klagenden Aktionärs mit nur geringer Beteiligung ausgeht.[230] Die hierin liegende Beschränkung der „Polizeifunktion" der Beschlussmängelklage ist unverkennbar[231], aber gewollt.[232]

---

[223] S auch Begr RegE ARUG BRDrucks 847/08 S 64 sowie Beschlussempfehlung und Bericht des Rechtsausschusses ARUG BTDrucks 16/13098 S 42.

[224] S etwa OLG Hamm Beschl v 22.9.2010 – I-8-AktG 1/10, AG 2011, 136, 138 = Der Konzern 2011, 41; ferner MK-*Grunewald*³ Rdn 42; sowie Emmerich/*Habersack*, Aktien- und GmbH-Konzernrecht⁶ § 319 Rdn 37 mit N über den diesbzgl Streitstand vor Inkrafttreten des ARUG.

[225] Beschlussempfehlung und Bericht des Rechtsausschusses ARUG BTDrucks 16/13098 S 42.

[226] Vgl zum Fall der Eingliederung zur Vermeidung einer Insolvenz auch MK-*Grunewald*³ Rdn 42.

[227] Dazu auch OLG Hamm Beschl v 22.9.2010 – I-8-AktG 1/10, AG 2011, 136, 138; s zur Frage, ob diese Kosten auch als „Nichteintragungsnachteil" für den Fall der erfolgreichen Anfechtungsklage in die Abwägung einzustellen sind, ausführlich *Bayer* FS Hoffmann-Becking, 2013, S 91, 110 ff (i Erg verneinend).

[228] Beschlussempfehlung und Bericht des

Rechtsausschusses ARUG BTDrucks 16/13098 S 42; weitere Fallbeispiele bei *Bayer* FS Hoffmann-Becking, 2013, S 91, 110.

[229] Also **nicht** der Aktionärsgesamtheit; s Beschlussempfehlung und Bericht des Rechtsausschusses ARUG BTDrucks 16/13098 S 42; *Seibert/Florstedt* ZIP 2008, 2145, 2152; Spindler/Stilz/*Singhof*² Rdn 24; dies übersieht MK-*Grunewald*³ Rdn 42 bei Fn 84.

[230] S auch Begr RegE ARUG BRDrucks 847/08 S 64 sowie Beschlussempfehlung und Bericht des Rechtsausschusses ARUG BTDrucks 16/13098 S 42.

[231] Kritisch Emmerich/*Habersack* Aktien- und GmbH-Konzernrecht⁶ § 319 Rdn 37; zuvor bereits Arbeitskreis Beschlussmängelrecht: Vorschlag zur Neufassung der Vorschriften des Aktiengesetzes über Beschlussmängel, AG 2008, 617, 619.

[232] S Begr RegE ARUG BRDrucks 847/08 S 64 sowie Beschlussempfehlung und Bericht des Rechtsausschusses ARUG BTDrucks 16/13098 S 42; ferner *Verse* NZG 2009, 1127, 1130.

**(3) Zweite Stufe: Besondere Schwere des Rechtsverstoßes.** Fällt die Nachteilsabwä- **58** gung zugunsten der Gesellschaft aus, hat ein Freigabebeschluss dennoch zu unterbleiben, wenn der mit der Beschlussmängelklage geltend gemachte Rechtsverstoß eine **besondere Schwere** aufweist.[233] Die besondere Schwere ist anhand der **Bedeutung der verletzten Norm** sowie des **Ausmaßes der Rechtsverletzung** zu ermitteln. Dabei muss es sich aber jedenfalls um einen „ganz gravierenden Rechtsverstoß" handeln; nur solche Fälle weisen die erforderliche besondere Schwere auf, in denen es für die Rechtsordnung „unerträglich" wäre, den Beschluss ohne vertiefte Prüfung im Klageverfahren eintragen und umsetzen zu lassen.[234]

Demnach stellt nicht bereits jeder Nichtigkeitsgrund nach § 241, insbesondere jeder **59** zur Nichtigkeit führende Einberufungsmangel einen besonders schweren Rechtsverstoß dar. Dies gilt insbesondere für **bloß formale Fehler**, die möglicherweise von professionellen Klägern provoziert worden sind.[235]

Als Beispiele für besonders schwere Rechtsverstöße nennen die Gesetzesmaterialien **60** insbesondere die **Verletzung elementarer Aktionärsrechte**, die durch Schadensersatzansprüche nicht angemessen kompensiert werden können.[236] Dies betrifft etwa die Beschlussfassung in einer „Geheimversammlung", die bewusst zu diesem Zweck nicht ordnungsgemäß einberufen wurde, ferner absichtliche Verstöße gegen das Gleichbehandlungsgebot oder die Treuepflicht mit schweren Folgen.[237]

**dd) Zuständigkeit und Verfahrensgrundsätze. Zuständiges Gericht** ist ein Senat des **61** OLG, in dessen Bezirk die betroffene Gesellschaft ihren Sitz hat (Abs 6 Satz 7).[238] Eine Übertragung auf den Einzelrichter ist ausgeschlossen (Abs 6 Satz 8 Hs 1). In dieser Zuständigkeitsregelung liegt kein Entzug des gesetzlichen Richters gem Art 101 Abs 1 Satz 2 GG.[239]

Das Freigabeverfahren ist ein **besonderes Eilverfahren**, an dessen Ende eine auf die **62** Schaffung endgültiger Rechtsfolgen gerichtete Entscheidung steht (vgl Abs 6 Satz 11).[240]

---

[233] S Begr RegE ARUG BRDrucks 847/08 S 64.

[234] So wörtlich Beschlussempfehlung und Bericht des Rechtsausschusses ARUG BTDrucks 16/13098 S 42; s auch *Seibert/ Florstedt* ZIP 2008, 2145, 2152; *Verse* NZG 2009, 1127, 1130; etwas großzügiger noch Begr RegE ARUG BRDrucks 847/08 S 64.

[235] Beschlussempfehlung und Bericht des Rechtsausschusses ARUG BTDrucks 16/13098 S 42; s auch Begr RegE ARUG BRDrucks 847/08 S 64; s auch Spindler/ Stilz/*Singhof*[2] Rdn 24. Fehlt es freilich auf der ersten Stufe bereits an einem wesentlichen Nachteil für die Gesellschaft und ihre Aktionäre, so verhindert auch der bloß formale Fehler den Erlass des Freigabebeschlusses; s Emmerich/*Habersack* Aktien- und GmbH-Konzernrecht[6] § 319 Rdn 38.

[236] S – auch zum Folgenden – Beschlussempfehlung und Bericht des Rechtsausschusses ARUG BTDrucks 16/13098 S 42.

[237] Für weitere Einzelheiten s wiederum die Kommentierungen zu § 246a.

[238] Die Zuweisung des Verfahrens an das OLG ist erst auf Empfehlung des Rechtsausschusses erfolgt; s BTDrucks 16/13098 S 21 f; dazu Emmerich/*Habersack* Aktien- und GmbH-Konzernrecht[6] § 319 Rdn 39; Spindler/Stilz/*Singhof*[2] Rdn 25.

[239] KG Beschl v 10.12.2009 – 23 AktG 1/09, NZG 2010, 224; zust *Hüffer*[10] Rdn 17; s aber auch Spindler/Stilz/*Singhof*[2] Rdn 25: „nicht ganz unbedenklich".

[240] Insofern weist der Charakter des Verfahren nach Abs 6 seit seiner Neufassung durch das ARUG deutliche Unterschiede zum Verfahren nach § 916 ff ZPO auf; s etwa Emmerich/*Habersack* Aktien- und GmbH-Konzernrecht[6] § 319 Rdn 32; ferner Spindler/ Stilz/*Singhof*[2] Rdn 21; s aber auch *Jocksch* Das Freigabeverfahren, 2013, S 73 ff, 214, der ungeachtetdessen die „strukturelle Verwandtschaft" zwischen § 246a und §§ 935 ff ZPO betont; zu der vor den Änderung durch das ARUG konstatierten Verwandtschaft beider Verfahren s etwa BGH

Klaus Ulrich Schmolke

Es hat einen gegenüber dem Beschlussmängelklageverfahren eigenständigen Streitgegenstand[241], weshalb Nebenintervenienten des Klageverfahrens am Freigabeverfahren nicht zu beteiligen sind.[242] Für die Bestimmung des Streitwerts gilt § 247 entsprechend (Abs 6 Satz 2).

**63**　Soweit nichts Abweichendes bestimmt ist, richtet sich das Freigabeverfahren nach den für das Verfahren vor den Landgerichten geltenden **Vorschriften der ZPO** (Abs 6 Satz 2), nicht also nach dem FamFG.[243] Zur Vermeidung mutwilliger Verfahrensverzögerungen durch Klagevehikel mit Sitz im Ausland, die keinen deutschen Prozessbevollmächtigten haben, wird ferner die entsprechende Anwendung der §§ 82, 83 Abs 1 und 84 ZPO in Abs 6 Satz 2 angeordnet. Der Prozessbevollmächtigte des Beschlussmängelklageverfahrens hat demgemäß kraft gesetzlicher Anordnung (Abs 6 Satz 2 mit § 82 ZPO) auch Prozessvollmacht für das Freigabeverfahren, so dass an diesen zugestellt werden kann.[244] Die entsprechende Anwendung der §§ 83 Abs 1, 84 ZPO soll darüber hinaus dafür sorgen, dass § 82 ZPO auch für das Freigabeverfahren zwingend und die Zustellung an einen von mehreren Prozessbevollmächtigten ausreichend ist.[245]

**64**　Der weiteren **Verfahrensbeschleunigung** dient auch der Verzicht auf die nach § 278 Abs 2 ZPO obligatorische Güteverhandlung (Abs 6 Satz 8 Hs 2).[246] In dringenden Fällen kann auch auf eine mündliche Verhandlung verzichtet werden (Abs 6 Satz 4).[247] Freilich wird der hiermit bezweckte Beschleunigungseffekt regelmäßig deshalb nicht erreicht, weil dem Antragsgegner jedenfalls rechtliches Gehör zu gewähren ist.[248] Schließlich soll

Beschl v 29.5.2006 – II ZB 5/06, BGHZ 168, 49 Tz 8; *Buchta/Sasse* DStR 2004, 958; GK-*Fleischer*[4] § 327e Rdn 19; *Keul* ZIP 2003, 566.

[241] S Begr RegE UmwBerG BRDrucks 75/94 S 90 zu § 16 Abs 3 UmwG: „Streitgegenstand [... ist] nur das Bestehen oder Nichtbestehen einer registerverfahrensrechtlichen Voraussetzung [...], nämlich die Frage, ob die anhängige Klage der Eintragung entgegensteht"; ferner OLG Jena Beschl v 12.10.2006 – 6 W 452/06, AG 2007, 31, 32; OLG Düsseldorf Beschl v 29.6.2005 – I-15 W 38/05, AG 2005, 654; OLG Stuttgart Beschl v 13.5.2005 – 20 W 9/05, AG 2005, 662, 663; *Buchta/Sasse* DStR 2004, 958; GK-*Fleischer*[4] § 327e Rdn 33; *Keul* ZIP 2003, 566.

[242] OLG Jena Beschl v 12.10.2006 – 6 W 452/06, AG 2007, 31, 32; OLG Düsseldorf Beschl v 29.6.2005 – I-15 W 38/05, AG 2005, 654; OLG Stuttgart Beschl v 13.5.2005 – 20 W 9/05, AG 2005, 662, 663; Emmerich/*Habersack* Aktien- und GmbH-Konzernrecht[6] § 319 Rdn 33; GK-*Fleischer*[4] § 327e Rdn 33.

[243] S bereits Begr RegE UmwBerG BRDrucks 75/94 S 90: ZPO nicht FGG; ferner Emmerich/*Habersack* Aktien- und GmbH-Konzernrecht[6] § 319 Rdn 40; MünchHdb

AG/*Krieger*[3] § 73 Rdn 27b; KK-*Koppensteiner*[3] Rdn 33; Spindler/Stilz/*Singhof*[2] Rdn 25a; GK-*Fleischer*[4] § 327e Rdn 33.

[244] S dazu Begr RegE ARUG BRDrucks 847/08 S 63; ferner *Verse* NZG 2009, 1127, 1128. Die analoge Anwendung des § 82 ZPO wurde bereits zuvor von einigen Gerichten praktiziert, s etwa LG Münster Beschl v 27.6.2006 – 21 O 57/06, NZG 2006, 833.

[245] Wiederum Begr RegE ARUG BRDrucks 847/08 S 63; ferner *Verse* NZG 2009, 1127, 1128.

[246] S Beschlussempfehlung und Bericht des Rechtsausschusses ARUG BTDrucks 16/13098 S 41 (zu § 246a Abs 3) unter Verweis auf den „vorläufigen und summarischen Charakter des Verfahrens"; Emmerich/*Habersack* Aktien- und GmbH-Konzernrecht[6] § 319 Rdn 39; Spindler/Stilz/ *Singhof*[2] Rdn 25.

[247] Zur Annahme eines dringenden Falles s etwa OLG Frankfurt Beschl 10.2.2003 – 5 W 33/02, ZIP 2003, 1654, 1655; OLG München Beschl v 4.12.2003 – 7 W 2518/03, ZIP 2004, 237, 238; LG Münster Beschl v 27.6.2006 – 21 O 57/06, NZG 2006, 833.

[248] Emmerich/*Habersack* Aktien- und GmbH-Konzernrecht[6] § 319 Rdn 40; KK-*Koppensteiner*[3] Rdn 33; Heidel/*Jaursch*[3] Rdn 29.

der Beschluss binnen drei Monaten nach Antragstellung ergehen (Abs 6 Satz 5 Hs 1). Die Frist ist für das Gericht zwar nicht strikt verbindlich. Eine Fristüberschreitung ist jedoch unmittelbar nach Fristablauf durch einen an die Parteien zu richtenden Beschluss konkret zu begründen (Abs 6 Satz 5 Hs 2).[249]

Die **Tatsachen**, aus denen sich die Unbedenklichkeit der Eintragung iSd Abs 6 Satz 3 **65** ergibt, sind **glaubhaft zu machen** (Abs 6 Satz 6). Das Gesetz verweist damit auf § 294 ZPO: Die antragstellende Gesellschaft kann sich aller Beweismittel bedienen, auch der Versicherung an Eides statt. Eine Beweisaufnahme, die nicht sofort erfolgen kann, ist unstatthaft.[250]

ee) **Unanfechtbare Entscheidung.** Liegen die Voraussetzungen vor, ist das Gericht **66** verpflichtet, die Freigabe zu beschließen (s Abs 6 Satz 3: „ergeht").[251] Der Beschluss ist **unanfechtbar** (Abs 6 Satz 9).[252] Diese gesetzliche Beschränkung des Freigabeverfahrens auf eine Instanz begegnet unter dem Aspekt der Gewährung effektiven Rechtsschutzes keinen verfassungsrechtlichen Bedenken.[253]

#### ff) Rechtsfolgen

aaa) **Ersetzung der Negativerklärung (Satz 1).** Der unanfechtbare Freigabebeschluss **67** ersetzt gem Abs 6 S 1 die fehlende Negativerklärung des Vorstands der einzugliedernden Gesellschaft. Dies gilt freilich nur insofern, als nicht sowohl gegen den Eingliederungs- als auch den Zustimmungsbeschluss nach Abs 2 Klage erhoben worden ist. In diesem Falle[254] muss für beide Hauptversammlungsbeschlüsse jeweils ein Freigabebeschluss vorliegen, um die Negativerklärung zu ersetzen und so die Registersperre des Abs 5 Satz 2 Hs 1 zu überwinden.[255]

Die Entscheidung im Freigabeverfahren bindet das Registergericht insofern, als trotz **68** eines Beschlussmangels das Vollzugsinteresse der Gesellschaft als vorrangig eingestuft wurde.[256] Eine entsprechende Bindung besteht darüber hinaus auch insoweit, als im Frei-

---

[249] S Begr RegE UMAG BTDrucks 15/5092 S 28 zur entsprechenden Regelung in § 246a. Die Regelung des Abs 6 Satz 5 ist durch das Zweite Gesetz zur Änderung des Umwandlungsgesetzes vom 19.4.2007, BGBl I 542 eingefügt worden. Sie vollzieht die entsprechende Änderungen des § 246a durch das UMAG nach, s Begr RegE BRDrucks 548/06 S 47 mit S 24.

[250] S auch Emmerich/*Habersack* Aktien- und GmbH-Konzernrecht[6] § 319 Rdn 40; MünchHdb AG/*Krieger*[3] § 73 Rdn 27b; KK-*Koppensteiner*[3] Rdn 33; GK-*Fleischer*[4] § 327e Rdn 33; Spindler/Stilz/*Singhof*[2] Rdn 25a; ferner *Bayer* FS Hoffmann-Becking, 2013, S 91, 102 f, dort auch zu denjenigen Stimmen, die für den Fall der „offensichtlichen Unbegründetheit" (Abs 6 Satz 3 Nr 1 Alt 2) einen Strengbeweis fordern.

[251] Emmerich/*Habersack* Aktien- und GmbH-Konzernrecht[6] § 319 Rdn 32; s zu § 246a Abs 2 auch *Seibert/Florstedt* ZIP 2008, 2145, 2152.

[252] S dazu Beschlussempfehlung und Bericht des Rechtsausschusses ARUG BTDrucks 16/13098 S 41 (zu § 246a Abs 3): erforderlich, um den Lästigkeitswert missbräuchlicher Aktionärsklagen weiter zu senken.

[253] KG Beschl v 10.12.2009 – 23 AktG 1/09, NZG 2010, 224 unter Verweis auf BVerfG Beschl v 30.4.2003 – 1 PBvU 1/02, NJW 2003, 1924.

[254] Dieser wird freilich nur bei einer Mehrheitseingliederung nach § 320 praktisch; ganz zutr Emmerich/*Habersack* Aktien- und GmbH-Konzernrecht[6] § 319 Rdn 33 mit Fn 85; KK-*Koppensteiner*[3] Rdn 33; Spindler/Stilz/*Singhof*[2] Rdn 25a.

[255] Emmerich/*Habersack* Aktien- und GmbH-Konzernrecht[6] § 319 Rdn 33; KK-*Koppensteiner*[3] Rdn 33; Spindler/Stilz/*Singhof*[2] Rdn 25a.

[256] Emmerich/*Habersack* Aktien- und GmbH-Konzernrecht[6] § 319 Rdn 42; MünchHdb AG/*Krieger*[3] § 73 Rdn 28; KK-*Koppensteiner*[3] Rdn 35; GK-*Fleischer*[4] § 327e

Klaus Ulrich Schmolke

gabeverfahren die geltend gemachten Beschlussmängel geprüft und ein Rechtsverstoß verneint worden ist.[257] Für **alle sonstigen Eintragungsvoraussetzungen**, die nicht Gegenstand des Freigabeverfahrens sind oder dort nicht geprüft wurden, bleibt das Registergericht hingegen zur Prüfung berechtigt und auch verpflichtet.[258]

**69**      **bbb) Bestandsschutz nach Eintragung (Satz 11 Hs 1).** Nach Eintragung der Eingliederung hat der Freigabebeschluss ferner zur Konsequenz, dass Mängel des streitbefangenen Hauptversammlungsbeschlusses keinerlei Bedeutung mehr für die Wirksamkeit der Eingliederung entfalten (Satz 11 Hs 1). Im Falle des erfolgreich durchgeführten Freigabeverfahrens gewährt die Eintragung also **Bestandsschutz**: Ungeachtet der später durch das Prozessgericht erklärten oder festgestellten Nichtigkeit des Hauptversammlungsbeschlusses hat die Eingliederung (auch für die Zukunft) Bestand.[259]

**70**      **ccc) Schadensersatz (Satz 10 und 11 Hs 2).** Erweist sich die Klage gegen die Wirksamkeit des Hauptversammlungsbeschlusses als begründet, so ist die antragstellende Gesellschaft verpflichtet, dem Antragsgegner denjenigen Schaden zu ersetzen, der ihm aus einer auf dem Freigabebeschluss beruhenden Eintragung der Eingliederung entstanden ist (Abs 6 Satz 10). Der Anspruch ist demjenigen aus § 945 ZPO nachempfunden.[260] Wie dieser setzt er **kein Verschulden** auf Seiten der Gesellschaft voraus.[261] Sein Inhalt bestimmt sich grundsätzlich nach den §§ 249 ff BGB.[262] Er ist nicht nur auf den Ersatz des durch die Beschlussmängelklage verfolgten Individualinteresses des Antragsgegners gerichtet[263], sondern erfasst auch die im Zuge des Freigabeverfahrens entstandenen Anwalts- und Prozesskosten sowie sonstige durch die Eintragung der Eingliederung entstandene Vermögensschäden.[264]

**71**      Was den Ersatz desjenigen Schadens betrifft, welcher dem Antragsgegner aufgrund der Eintragung und des Vollzugs der Eingliederung entstanden ist, so kann eine **Beseitigung der Eintragungswirkungen** gem Abs 6 Satz 11 Hs 2 und in Konsequenz der Bestandskraft nach Abs 6 Satz 11 Hs 1 **nicht** verlangt werden. Diese zunächst für § 16 Abs 3 UmwG eingeführte Regelung hatte man seinerzeit damit begründet, dass „die Herstellung eines

---

Rdn 37; für § 246a vgl auch Begr RegE UMAG BTDrucks 15/5092 S 28.

[257] Ganz hM, s etwa *Brander/Bergmann* FS Bezzenberger, 2000, S 59, 61 f; Emmerich/*Habersack* Aktien- und GmbH-Konzernrecht[6] § 319 Rdn 42; GK-*Fleischer*[4] § 327e Rdn 37; für § 246a vgl auch Begr RegE UMAG BTDrucks 15/5092 S 27 f; **aA** *Volhard* AG 1998, 397, 401.

[258] Emmerich/*Habersack* Aktien- und GmbH-Konzernrecht[6] § 319 Rdn 42; MünchHdb AG/*Krieger*[3] § 73 Rdn 28; KK-*Koppensteiner*[3] Rdn 35; vgl auch GK-*Fleischer*[4] § 327e Rdn 37; für § 246a vgl auch Begr RegE UMAG BTDrucks 15/5092 S 27.

[259] Vgl zu § 246a Begr RegE UMAG BTDrucks 15/5092 S 28; s ferner Emmerich/*Habersack* Aktien- und GmbH-Konzernrecht[6] § 319 Rdn 43; über die Kritik von *C Schäfer* FS K Schmidt, 2009, S 1389, 1407 ist der ARUG-Reformgesetzgeber hinweggegangen.

[260] MK-*Grunewald*[3] Rdn 46; vgl auch GK-*Fleischer*[4] § 327e Rdn 39.

[261] Emmerich/*Habersack* Aktien- und GmbH-Konzernrecht[6] § 319 Rdn 43; GK-*Fleischer*[4] § 327e Rdn 39; MK-*Grunewald*[3] Rdn 46; Spindler/Stilz/*Singhof*[2] Rdn 26; KK-*Koppensteiner*[3] Rdn 36: Haftungsgrund ist objektive Risikoerhöhung zu Lasten des Klägers.

[262] Emmerich/*Habersack* Aktien- und GmbH-Konzernrecht[6] § 319 Rdn 43; Spindler/Stilz/*Singhof*[2] Rdn 26; GK-*Fleischer*[4] § 327e Rdn 40.

[263] Vgl aber für § 16 Abs 3 UmwG Begr RegE UmwBerG BRDrucks 75/94 S 90.

[264] Wohl unstr, s etwa Emmerich/*Habersack* Aktien- und GmbH-Konzernrecht[6] § 319 Rdn 43; GK-*Fleischer*[4] § 327e Rdn 42 mwN.

---

status quo ante schon tatsächlich nicht möglich [... sei] und eine Spaltung zwar grundsätzlich denkbar wäre, jedoch dem Interesse der übrigen Anteilsinhaber regelmäßig zuwiderlaufen dürfte."[265] Für § 319 hatte man von einer entsprechenden Regelung hingegen abgesehen, weil der Rückgängigmachung der Eingliederung wirtschaftlich wie rechtlich nichts entgegenstehe.[266] Der spätere Gesetzgeber des ARUG hat die Vorteile eines auch in dieser Hinsicht bestehenden Gleichlaufs sämtlicher Freigabeverfahren hingegen höher bewertet.[267] Der schadensersatzberechtigte Antragsgegner ist nunmehr auf Ersatz in Geld verwiesen.[268]

## 2. Eintragung und Bekanntmachung (Abs 7)

**a) Eintragung in das Handelsregister.** Mit Eintragung der Eingliederung (nebst Firma **72** der Hauptgesellschaft) in das Handelsregister der einzugliedernden Gesellschaft (s oben Rdn 33) wird die Gesellschaft in die Hauptgesellschaft eingegliedert. Die Eintragung ist also Wirksamkeitsvoraussetzung der Eingliederung (**konstitutive Eintragung**). Etwaige Mängel des Eingliederungs- oder Zustimmungsbeschlusses haben fortan keine Bedeutung mehr für die Wirksamkeit der Eingliederung, sofern ein Freigabeverfahren durchgeführt worden ist (Abs 6 Satz 11 Hs 1, s soeben Rdn 69).[269] Ist kein Freigabeverfahren vorausgegangen, so geltend die **Grundsätze des fehlerhaften Verbandsaktes**; die Eingliederung ist also mit Wirkung für die Zukunft (ex nunc) zu beenden (s dazu noch § 320 Rdn 19).[270] Die Eintragung kann in diesen Fällen sowie bei anderweitiger Verletzung zwingender gesetzlicher Vorschriften im Wege der Amtslöschung beseitigt werden, wenn dies im öffentlichen Interesse erforderlich erscheint (§ 398 FamFG).[271]

**b) Bekanntmachung der Eintragung.** Für die Bekanntmachung der Eintragung gilt **73** § 10 HGB. Sie ist folglich ihrem ganzen Inhalt nach in dem von der Landesjustizverwaltung bestimmten elektronischen Informations- und Kommunikationssystem zu veröffentlichen. Gem § 321 Abs 1 Satz 2 sind die Gläubiger in der Bekanntmachung zudem auf ihr Recht auf Sicherheitsleistung hinzuweisen.[272]

---

[265] Begr RegE UmwBerG BRDrucks 75/94 S 90.

[266] Begr RegE UmwBerG BRDrucks 75/94 S 179.

[267] Begr RegE ARUG BRDrucks 847/08 S 66; zu den praktischen Vorteilen eines solchen Gleichlaufs bereits *Paschos/Johannsen-Roth* NZG 2006, 327, 333; ferner *C Schäfer* FS K Schmidt, 2009, S 1389, 1407.

[268] Insofern kritisch *C Schäfer* FS K Schmidt, 2009, S 1389, 1404 ff.

[269] Emmerich/*Habersack* Aktien- und GmbH-Konzernrecht[6] § 319 Rdn 44; Spindler/Stilz/ *Singhof*[2] Rdn 26 f.

[270] Emmerich/*Habersack* Aktien- und GmbH-Konzernrecht[6] § 319 Rdn 43; MünchHdb AG/*Krieger*[3] § 73 Rdn 17; vgl auch *C Schäfer* FS K Schmidt, 2009, S 1389, 1407; s aber auch Begr RegE UmwBerG BRDrucks 75/94 S 179, wonach einer Rückgängigmachung der Eingliederung wirtschaftlich und rechtlich nichts entgegenstehe.

[271] *Hüffer*[10] Rdn 18.

[272] *Hüffer*[10] Rdn 18; Emmerich/*Habersack* Aktien- und GmbH-Konzernrecht[6] § 319 Rdn 44; MünchHdb AG/*Krieger*[3] § 73 Rdn 17; KK-*Koppensteiner*[3] Rdn 38.

Klaus Ulrich Schmolke

# § 320
## Eingliederung durch Mehrheitsbeschluß

(1) [1]Die Hauptversammlung einer Aktiengesellschaft kann die Eingliederung der Gesellschaft in eine andere Aktiengesellschaft mit Sitz im Inland auch dann beschließen, wenn sich Aktien der Gesellschaft, auf die zusammen fünfundneunzig vom Hundert des Grundkapitals entfallen, in der Hand der zukünftigen Hauptgesellschaft befinden. [2]Eigene Aktien und Aktien, die einem anderen für Rechnung der Gesellschaft gehören, sind vom Grundkapital abzusetzen. [3]Für die Eingliederung gelten außer § 319 Abs. 1 Satz 2, Abs. 2 bis 7 die Absätze 2 bis 4.

(2) [1]Die Bekanntmachung der Eingliederung als Gegenstand der Tagesordnung ist nur ordnungsgemäß, wenn
1. sie die Firma und den Sitz der zukünftigen Hauptgesellschaft enthält,
2. ihr eine Erklärung der zukünftigen Hauptgesellschaft beigefügt ist, in der diese den ausscheidenden Aktionären als Abfindung für ihre Aktien eigene Aktien, im Falle des § 320b Abs. 1 Satz 3 außerdem eine Barabfindung anbietet.
[2]Satz 1 Nr. 2 gilt auch für die Bekanntmachung der zukünftigen Hauptgesellschaft.

(3) [1]Die Eingliederung ist durch einen oder mehrere sachverständige Prüfer (Eingliederungsprüfer) zu prüfen. [2]Diese werden auf Antrag des Vorstands der zukünftigen Hauptgesellschaft vom Gericht ausgewählt und bestellt. § 293a Abs. 3, §§ 293c bis 293e sind sinngemäß anzuwenden.

(4) [1]Die in § 319 Abs. 3 Satz 1 bezeichneten Unterlagen sowie der Prüfungsbericht nach Absatz 3 sind jeweils von der Einberufung der Hauptversammlung an, die über die Zustimmung zur Eingliederung beschließen soll, in dem Geschäftsraum der einzugliedernden Gesellschaft und der Hauptgesellschaft zur Einsicht der Aktionäre auszulegen. [2]In dem Eingliederungsbericht sind auch Art und Höhe der Abfindung nach § 320b rechtlich und wirtschaftlich zu erläutern und zu begründen; auf besondere Schwierigkeiten bei der Bewertung der beteiligten Gesellschaften sowie auf die Folgen für die Beteiligungen der Aktionäre ist hinzuweisen. [3]§ 319 Abs. 3 Satz 2 bis 5 gilt sinngemäß für die Aktionäre beider Gesellschaften.

(5) bis (7) (aufgehoben)

### Übersicht

## Schrifttum

S die Literaturhinweise bei § 319, ferner *Fleischer* Das neue Recht des Squeeze out, ZGR 2002, 757; *Göthel* Der verschmelzungsrechtliche Squeeze out, ZIP 2011, 1541; *Hirte* Bezugsrechtsausschluß und Konzernbildung, 1986; *Hoffmann-Becking* Das neue Verschmelzungsrecht in der Praxis, FS Fleck, 1988, S 105; *Kiefner/Brügel* Der umwandlungsrechtliche Squeeze-out AG 2011, 525, 534; *Köhler* Rückabwicklung fehlerhafter Unternehmenszusammenschlüsse (Unternehmensvertrag, Eingliederung, Verschmelzung, Gemeinschaftsunternehmen), ZGR 1985, 307; *Krieger* Fehlerhafte Satzungsänderungen: Fallgruppen und Bestandskraft, ZHR 158 (1994), 35; *Rodloff* Ungeschriebene sachliche Voraussetzungen der aktienrechtlichen Mehrheitseingliederung, 1991; *Rühland* Die Zukunft der übertragenden Auflösung (§ 179a AktG), WM 2002, 1957; *C Schäfer* Die Lehre vom fehlerhaften Verband, 2002; *Schockenhoff/Lumpp* Der verschmelzungsrechtliche Squeeze out in der Praxis, ZIP 2013, 749; *Weißhaupt* Kompensationsbezogene Informationsmängel in der Aktiengesellschaft, 2003.

## I. Grundlagen

### 1. Regelungszweck

Der Eingliederung nach § 319 stellt § 320 die Eingliederung durch Mehrheitsbeschluss (**Mehrheitseingliederung**) zur Seite. Der Gesetzgeber wollte die Eingliederung einer Aktiengesellschaft nämlich nicht daran scheitern lassen, „daß sich noch eine kleine Minderheit von Aktien in den Händen bekannter oder unbekannter anderer Aktionäre befindet".[1] § 320 lässt daher die Eingliederung auch dann zu, wenn die künftige Hauptgesellschaft zwar nicht Alleinaktionärin der einzugliedernden Gesellschaft ist, aber über eine Kapitalmehrheit von mindestens 95 % verfügt (s zu den Einzelheiten Rdn 5 ff). Im Zuge der Mehrheitseingliederung verlieren die Minderheitsgesellschafter der einzugliedernden Gesellschaft ihre Anteile an dieser (§ 320a). Als Kompensation erhalten sie eine angemessene Abfindung (§ 320b).[2] Mit Blick auf das gem Art 14 Abs 1 GG geschützte Aktieneigentum der Minderheitsaktionäre begegnet diese Regelung keinen verfassungsrechtlichen Bedenken.[3]

**1**

---

[1] Begr RegE § 320 bei *Kropff* S 424.
[2] Vgl auch *Hüffer*[10] Rdn 1; Spindler/Stilz/*Singhof*[2] Rdn 1.
[3] S BVerfG Beschl v 27.4.1999 – 1 BvR 1613–94, BVerfGE 100, 289, 302 ff = NJW

1999, 3769; BVerfG Beschl v 23.8.2000 – 1 BvR 68/95 und 1 BvR 147/97, NJW 2001, 279, 280 f – Moto Meter; BVerfG Beschl v 30.5.2007 – 1 BvR 1267, 1280/06, ZIP 2007, 1600, 1601; BGH Urt v 27.5.1974 –

Klaus Ulrich Schmolke

## 2. Entstehungs- und Reformgeschichte

**2**　　Die im Zuge der Aktienrechtsreform 1965 eingefügte Regelung ist durch Art 6 Nr 11 und 12 UmwBerG von 24.10.1994[4] erheblich umgestaltet worden: So wurden die aktuellen Abs 3 (Eingliederungsprüfung) und 4 (zugehörige Informationspflichten) eingefügt. § 320 Abs 3 aF wurde hingegen gestrichen und durch § 320 Abs 4 Satz 3 iVm § 319 Abs 3 Satz 4 ersetzt. Der ursprüngliche § 320 Abs 4 (Wirkungen der Eingliederung) wurde in den neuen § 320a verschoben. Die Regelung der Abfindung in den Abs 5 bis 7 aF findet sich mit geringfügigen Änderungen im Detail nunmehr im neu eingefügten § 320b wieder. Eine Änderung des Abs 1 Satz 1 brachte Art 1 Nr 38 des StückAG vom 25.3.1998[5]. Durch Art 1 Nr 32 des KonTraG[6] wurde kurze Zeit später mit der Änderung des Abs 3 Satz 1 lediglich klargestellt, dass ein Prüfer für die Eingliederungsprüfung ausreicht.[7] Art 2 Nr 5 des Spruchverfahrensneuordnungsgesetzes vom 12.6.2003[8] hat Abs 3 Satz 2 dahingehend geändert, dass die Eingliederungsprüfer nicht mehr vom Vorstand der künftigen Hauptgesellschaft, sondern auf dessen Antrag hin vom Gericht ausgewählt und bestellt werden.[9] Den bisherigen Schlusspunkt in der Reformgeschichte des § 320 setzte Art 1 Nr 46 des ARUG[10], der die Verweisung in Abs 4 Satz 3 an die zugleich vorgenommene Änderung des § 319 Abs 3[11] angepasst hat.

## 3. Überblick über den Regelungsinhalt

**3**　　Abs 1 Satz 1 bestimmt, dass die Hauptversammlung einer Aktiengesellschaft deren Eingliederung auch dann beschließen kann, wenn sich deren Aktien nicht sämtlich, aber zumindest zu einem Anteil von 95 % des Grundkapitals in der Hand der künftigen Hauptgesellschaft befinden. Abs 1 Satz 2 bestimmt dann Näheres zur Berechnungsgrundlage dieses Anteilsquorums (näher zu den Beteiligungserfordernissen unter Rdn 5 ff), bevor Abs 1 Satz 3 in einem umfassenden Verweis auf das Eingliederungsverfahren nach § 319 dessen Abs 1 Satz 2 und Abs 2 bis 7 in Bezug nimmt. Diese Verweisung sowie die Verwendung des Wortes „auch" in Abs 1 Satz 1 zeigen, dass die Mehrheitseingliederung des § 320 als **Abwandlung des in § 319 geregelten Grundtatbestands** der Eingliederung konzipiert ist.[12] Der **personale Anwendungsbereich** beider Vorschriften ist daher iden-

---

II ZR 109/72, WM 1974, 713, 716; OLG Celle Urt v 28.6.1972 – 9 U 155/71, WM 1972, 1004, 1010 f; so bereits die Einschätzung in Begr RegE § 320 bei *Kropff* S 424 („Ausscheiden [der Minderheitsaktionäre] verstößt [... nicht] gegen rechtsstaatliche Grundsätze") vor dem Hintergrund der kurz zuvor ergangenen Entscheidung BVerfG Urt v 7.8.1962 – 1 BvL 16/60, BVerfGE 14, 263, 276 ff – Feldmühle (zur übertragenden Mehrheitsumwandlung); aus der Kommentarliteratur etwa Emmerich/*Habersack* Aktien- und GmbH-Konzernrecht[6] § 320 Rdn 1; *Hüffer*[10] Rdn 1; KK-*Koppensteiner*[3] Rdn 1 sowie Vorb § 319 Rdn 12; MK-*Grunewald*[3] Rdn 2; ferner MünchHdb AG/*Krieger*[3] § 73 Rdn 30.
[4] BGBl I 3210.
[5] Gesetz über die Zulassung von Stückaktien (StückAG), BGBl I 590.

[6] Gesetz zur Kontrolle und Transparenz im Unternehmensbereich (KonTraG) vom 27.4.1998, BGBl I 786.
[7] Es wurden hinter das Wort „durch" die Wörter „einen oder mehrere" eingefügt.
[8] Gesetz zur Neuordnung des gesellschaftsrechtlichen Spruchverfahrens (Spruchverfahrensneuordnungsgesetz), BGBl I 838.
[9] S dazu auch Emmerich/*Habersack* Aktien- und GmbH-Konzernrecht[6] § 320 Rdn 2.
[10] Gesetz zur Umsetzung der Aktionärsrechterichtlinie (ARUG) vom 30.7.2009, BGBl I 2479.
[11] S dazu die Kommentierung zu § 319 Rdn 21.
[12] S auch *Hüffer*[10] Rdn 2; ferner Emmerich/*Habersack* Aktien- und GmbH-Konzernrecht[6] § 320 Rdn 3; Bürgers/Körber/*Fett*[2] Rdn 2; MK-*Grunewald*[3] Rdn 3; Spindler/Stilz/*Singhof*[2] Rdn 4.

tisch (s Vor § 319 Rdn 9 ff).[13] Ferner folgt aus der parallelen Ausgestaltung beider **Eingliederungsverfahren**, dass auch die Mehrheitseingliederung einen Eingliederungsbeschluss der einzugliedernden Gesellschaft, einen Zustimmungsbeschluss der künftigen Hauptgesellschaft sowie die Eintragung der Eingliederung in das Handelsregister der einzugliedernden Gesellschaft erfordert (s näher Rdn 14 ff)[14]; ein Eingliederungsvertrag ist also auch bei der Mehrheitseingliederung nicht vorgesehen.[15]

Die **spezifischen Regelungen der Mehrheitseingliederung in Abs 2 bis 4**, die das Eingliederungsverfahren nach § 319 ergänzen (vgl § 320 Abs 1 Satz 3), tragen dem Umstand Rechnung, dass die einzugliedernde Gesellschaft Minderheitsgesellschafter hat, die im Zuge der Eingliederung gegen Abfindung (§ 320b) aus der Gesellschaft ausscheiden (§ 320a): Abs 2 sieht daher besondere Vorgaben für die Bekanntmachung der Eingliederung als Gegenstand der Tagesordnung sowohl für die Hauptversammlung der einzugliedernden Gesellschaft als auch für die Hauptversammlung der künftigen Hauptgesellschaft vor (s näher Rdn 20 ff). Abs 3 schreibt eine Eingliederungsprüfung vor (näher Rdn 31 ff). Deren Ergebnisse sind in einem Prüfungsbericht niederzulegen, der nach Abs 4 zusammen mit den in § 319 Abs 3 Satz 1 genannten Unterlagen jeweils von der Einberufung der Hauptversammlung an, die über die Zustimmung zur Eingliederung beschließen soll, in den Geschäftsräumen sowohl der künftigen Hauptgesellschaft als auch – insofern abweichend von § 319 – der einzugliedernden Gesellschaft zur Einsicht der Aktionäre auszulegen ist (Abs 4 Satz 1; dazu Rdn 24 f). Der Eingliederungsbericht ist um Erläuterungen zur Abfindung zu erweitern (Abs 4 Satz 2; dazu Rdn 26). Die Aktionäre *beider Gesellschaften* haben die entsprechenden Informations- und Auskunftsrechte gem § 319 Abs 3 Satz 2 bis 5 (Abs 4 Satz 3; näher Rdn 27 ff). **4**

## II. Das erforderliche Quorum für die Mehrheitseingliederung (Abs 1)

### 1. Kapitalbeteiligung der künftigen Hauptgesellschaft

**a) Grundkapitalquote von 95 %.** Abs 1 Satz 1 knüpft die Mehrheitseingliederung an die Voraussetzung, dass die künftige Hauptgesellschaft 95 % der Aktien der einzugliedernden Gesellschaft hält. Bezugsgröße der 95-prozentigen Beteiligung ist das **Grundkapital** der Gesellschaft. Bei Nennbetragsaktien gem § 8 Abs 2 kommt es insofern auf den Gesamtnennbetrag an, während bei Stückaktien gem § 8 Abs 3 die Gesamtstückzahl maßgeblich ist.[16] Daher sind auch stimmrechtslose Vorzugsaktien für die Bestimmung der Grundgesamtheit einzubeziehen.[17] Bloße Bezugsrechte bleiben hingegen unberücksichtigt.[18] **5**

Zum **maßgeblichen Zeitpunkt** für das Vorliegen der 95-prozentigen Beteiligung gilt das zu § 319 für das Vorliegen der Alleineigentümerstellung Gesagte entsprechend (§ 319 **6**

---

[13] S auch Emmerich/*Habersack* Aktien- und GmbH-Konzernrecht[6] § 320 Rdn 4; *Hüffer*[10] Rdn 3; MK-*Grunewald*[3] Rdn 3 aE.

[14] S dazu auch MünchHdb AG/*Krieger*[3] § 73 Rdn 41 f; KK-*Koppensteiner*[3] Rdn 19 ff; Spindler/Stilz/*Singhof*[2] Rdn 8 ff.

[15] S nur Emmerich/*Habersack* Aktien- und GmbH-Konzernrecht[6] § 320 Rdn 3; *Hüffer*[10] Rdn 2.

[16] S etwa *Hüffer*[10] Rdn 3; Spindler/Stilz/ *Singhof*[2] Rdn 5.

[17] Unstr, s nur KK-*Koppensteiner*[3] Rdn 6.

[18] S etwa Emmerich/*Habersack* Aktien- und GmbH-Konzernrecht[6] § 320 Rdn 9; Spindler/Stilz/*Singhof*[2] Rdn 6.

Klaus Ulrich Schmolke

Rdn 6): Die Beteiligungsquote muss bereits bei der Beschlussfassung erfüllt sein und noch im Zeitpunkt der Eintragung der Eingliederung im Handelsregister vorliegen.[19]

**7**     **b) Keine Zurechnung fremder Aktien.** Die für das Erreichen der Beteiligungsquote erforderlichen Aktien müssen sich „in der Hand der künftigen Hauptgesellschaft befinden". Wie bei § 319 (s dort Rdn 4) soll diese Formulierung klarstellen, dass die künftige Hauptgesellschaft selbst Eigentümerin der Aktien sein muss. Eine Zurechnung gem § 16 Abs. 4 findet also auch bei der Mehrheitseingliederung nicht statt.[20]

**8**     **c) Abzug eigener Aktien (Abs 1 S 2).** Für die Berechnung der 95 %-Quote nach Abs 1 S 1 sind eigene Aktien der einzugliedernden Gesellschaft sowie solche Aktien, die ein Dritter für Rechnung der einzugliedernden Gesellschaft hält, abzusetzen (Abs 1 S 2). Diese Abweichung vom Grundtatbestand des § 319 (s dort Rdn 4) führt zu einer Absenkung des Beteiligungserfordernisses nach Abs 1 S 1. Die künftige Hauptgesellschaft erwirbt im Zuge der Mehrheitseingliederung auch diese Anteile gem § 320a Abs 1 S 1.[21]

**9**     Der **Grund für die Regelung in Abs 1 S 2** wird teilweise darin gesehen, dass aus den dort genannten Aktien keinerlei Rechte geltend gemacht werden können (§§ 71b, 71d S 4).[22] Für die in § 71d S 2 genannten Aktien, die sich im Eigentum eines abhängigen oder im Mehrheitsbesitz der Gesellschaft stehenden Unternehmens befinden oder für dessen Rechnung von einem Dritten gehalten werden, gilt Abs 1 S 2 seinem Wortlaut nach indes nicht. Zur Auflösung dieser Ungereimtheit wird daher eine Analogie vorgeschlagen: Auch die in § 71d S 2 genannten Aktien seien vom Grundkapital abzusetzen.[23] Die **herrschende Gegenansicht** sieht in der Nichteinbeziehung der in § 71d S 2 genannten Aktien hingegen einen Beleg dafür, dass bereits die Begründung des Abs 1 S 2 mit der in § 71b angeordneten Rechtsfolge fehlgeht.[24] In der Tat fragt sich, wieso nicht bereits § 319 eine dem Abs 1 S 2 entsprechende Regelung vorhält, wenn die in § 71b bestimmte Nichtausübbarkeit der Aktienrechte maßgeblicher Regelungsgrund des Abs 1 S 2 ist.

**10**     **d) Kapitalerhöhung zwecks Sicherstellung des Quorums; Rechtsmissbrauch.** In der Literatur wird eine Kapitalerhöhung unter Ausschluss des Bezugsrechts wegen Fehlens einer sachlichen Rechtfertigung für unzulässig erachtet, wenn sie dem alleinigen Ziel dient, die in Abs 1 S 1 geforderte Beteiligungsquote zu erreichen.[25] Auch wird vertreten,

---

[19] S etwa MK-*Grunewald*[3] Rdn 3; KK-*Koppensteiner*[3] Vorb § 319 Rdn 17; s auch Spindler/Stilz/*Singhof*[2] Rdn 7; insofern zumindest missverständlich Emmerich/*Habersack*, Aktien- und GmbH-Konzernrecht[6] § 320 Rdn 9 (bei Anmeldung zur Eintragung).

[20] Unstr, s Emmerich/*Habersack* Aktien- und GmbH-Konzernrecht[6] § 320 Rdn 9; *Hüffer*[10] Rdn 3; KK-*Koppensteiner*[3] Rdn 3; Münch-Hdb AG/*Krieger*[3] § 73 Rdn 31; Schmidt/Lutter/*Ziemons*[2] Rdn 4; Spindler/Stilz/*Singhof*[2] Rdn 5.

[21] S auch Emmerich/*Habersack* Aktien- und GmbH-Konzernrecht[6] § 320 Rdn 9; ferner *Hüffer*[10] Rdn 3 („sachgerecht"); MK-*Grunewald*[3] Rdn 3; Schmidt/Lutter/*Ziemons*[2] Rdn 4; Spindler/Stilz/*Singhof*[2] Rdn 5; KK-*Koppensteiner*[3] Vorb § 319 Rdn 16; MünchHdb AG/*Krieger*[3] § 73 Rdn 31.

[22] KK-*Koppensteiner*[3] Rdn 4; ferner bereits *Godin/Wilhelmi*[4] Anm 2; *Baumbach/Hueck*[13] Rdn 2.

[23] So namentlich KK-*Koppensteiner*[3] Rdn 4 f; ebenso für § 327a KKWpÜG-*Hasselbach*[2] § 327a AktG Rdn 53.

[24] S für die hL etwa Emmerich/*Habersack* Aktien- und GmbH-Konzernrecht[6] § 320 Rdn 9; *Hüffer*[10] Rdn 4; MK-*Grunewald*[3] Rdn 3; MünchHdb AG/*Krieger*[3] § 73 Rdn 31; Spindler/Stilz/*Singhof*[2] Rdn 6.

[25] So KK-*Koppensteiner*[3] Rdn 3; für §§ 327a ff *Fleischer* ZGR 2002, 757, 777 (unzulässige Gesetzesumgehung); *Rühland* WM 2002, 1957, 1959 ff; dazu auch OLG Schleswig Urt v 18.12.2003 – 5 U 30/03, NZG 2004, 281, 284 f; für eine Sonderkonstellation LG München I Urt v 19.1.1995 – 5 HKO 12980/94, ZIP 1995, 1013, 1014 f; vgl ferner

dass die Mehrheitseingliederung selbst **rechtsmissbräuchlich** sei, wenn diese alsbald wieder gem § 327 Abs 1 Nr 3 (s dazu § 327 Rdn 12) beendet werden würde, weil ein Teil der für das Erreichen des Quorums erforderlichen Aktien wieder veräußert werden soll, etwa weil sie nur im Wege der „Wertpapierleihe" erworben worden waren. Dasselbe soll gelten, wenn die Hauptgesellschaft nur zum Zwecke der Eingliederung gegründet worden ist und nach deren Vollzug wieder aufgelöst werden soll.[26] Der Rechtsmissbrauch hätte die Nichtigkeit oder zumindest Anfechtbarkeit des Eingliederungsbeschlusses zur Folge.[27] Freilich wird man einen Missbrauch des Instituts der Eingliederung nicht allein daraus ableiten können, dass der Mehrheitsaktionär hiermit das Ziel verfolgt, sich der verbliebenen Minderheitsaktionäre zu entledigen.[28] Dies gilt auch, wenn die Hauptgesellschaft sich zuvor allein dafür in eine AG umgewandelt hat.[29] Insofern sind die Ausführungen des BGH zum Squeeze out[30] auf die Eingliederung zu übertragen.[31] Hier wie dort muss keine übergeordnete unternehmerische Zielsetzung dargelegt werden; die notwendigen Beschlüsse bedürfen – und dies ist weitgehend unstreitig – gerade keiner sachlichen Rechtfertigung (s dazu noch Rdn 15 sowie § 320b Rdn 33).[32] Ein solches Erfordernis darf auch nicht über die „Hintertür" einer Missbrauchskontrolle eingeführt werden.[33] Man sollte die genannten Fallkonstellationen auch solange nicht als unzulässige **Gesetzesumgehung** unter dem Gesichtspunkt sanktionieren, dass die Eingliederung – anders als der Squeeze out – dazu dient, einem Hauptaktionär die *dauernde* Stellung als Alleinaktionär zu sichern,[34] wie der Hauptaktionär ohne größere Schwierigkeiten auch mit Hilfe eines Squeeze out zum Ziel gelangen könnte.[35]

## 2. Rechtsfolgen bei Unterschreitung des Quorums

Erreicht die prospektive Hauptgesellschaft die in Abs 1 S 1 vorgegebene Beteiligungs- **11** quote nicht, so ist ein gleichwohl gefasster Eingliederungsbeschluss nach hL gem § 241 Nr 3 nichtig (vgl bereits § 319 Rdn 7).[36] Eine Heilung des Beschlusses nach § 242

---

OLG Frankfurt Beschl v 10.2.2003 – 5 W 33/02, AG 2003, 573, 575; aber auch OLG Karlsruhe Urt v 28.8.2002 – 7 U 137/01, DB 2002, 2095, 2096.

[26] S zum Ganzen Schmidt/Lutter/*Ziemons*[2] Rdn 5; ähnlich MK-*Grunewald*[3] Rdn 9.

[27] S MK-*Grunewald*[3] Rdn 9; vgl auch für den Übertragungsbeschluss im Rahmen eines Squeeze out BGH Urt v 16.3.2009 – II ZR 302/06, BGHZ 180, 154, insb Tz 10 mwN.

[28] Vgl auch die Ausführungen in BGH Urt v 16.3.2009 – II ZR 302/06, BGHZ 180, 154 Tz 12; **aA** für die Eingliederung wohl MK-*Grunewald*[3] Rdn 9.

[29] Vgl OLG Hamburg Beschl v 14.6.2012 – 11 AktG 1/12, WM 2012, 1961, 1964 = AG 2012, 639 zum verschmelzungsrechtlichen Squeeze out nach § 62 Abs 5 UmwG, dem eine Umwandlung des übernehmenden Rechtsträgers von einer GmbH in eine AG vorausgegangen war; s aus der Lit etwa *Kiefner/Brügel* AG 2011, 525, 534 f; *Göthel* ZIP 2011, 1541, 1549; ferner *Schockenhoff/ Lumpp* ZIP 2013, 749, 751.

[30] BGH Urt v 16.3.2009 – II ZR 302/06, BGHZ 180, 154.

[31] **AA** Schmidt/Lutter/*Ziemons*[2] Rdn 5.

[32] BGH Urt v 16.3.2009 – II ZR 302/06, BGHZ 180, 154 Tz 15 gegen *Fleischer* ZGR 2002, 757, 777 f und andere Literaturstimmen.

[33] Zutr MK-*Grunewald*[3] Rdn 9; vgl auch *Bürgers/Körber/Holzborn/Müller*[2] § 327f Rdn 5 mwN zum Squeeze out; gleichsinnig ferner *Kiefner/Brügel* AG 2011, 525, 533 ff zum umwandlungsrechtlichen Squeeze out.

[34] Vgl insofern BGH Urt v 16.3.2009 – II ZR 302/06, BGHZ 180, 154 Tz 9; *Fleischer* ZGR 2002, 757, 777 f.

[35] Vgl insofern auch OLG Hamburg Beschl v 14.6.2012 – 11 AktG 1/12, WM 2012, 1961, 1964, das selbst eine Verschmelzung mit dem Ziel des Squeeze out nach § 62 Abs 5 UmwG nicht beanstandet.

[36] S etwa Emmerich/*Habersack* Aktien- und GmbH-Konzernrecht[6] § 320 Rdn 10; Spindler/Stilz/*Singhof*[2] Rdn 7; vgl auch *C Schäfer* Fehlerhafter Verband, 2002, S 472: „nichtig

Abs 2[37] führt nicht zu einem für die Zukunft wirkenden Bestandsschutz für die Eingliederung selbst, da die **Beteiligungsquote von 95 % als selbständige Eingliederungsvoraussetzung** neben den Eingliederungsbeschluss tritt.[38] Daher greift bei gleichwohl erfolgender Eintragung auch kein für die Zukunft wirkender Bestandsschutz bei durchlaufenem Freigabeverfahren nach Abs 1 Satz 3 iVm § 319 Abs 6 S 11 ein (s bereits § 319 Rdn 7).[39] Bei Vollzug der Eingliederung ist diese aber nach den **Grundsätzen über die fehlerhafte Gesellschaft** wirksam.[40]

### 3. Kein Schluss auf qualifizierte Stimmenmehrheit

**12**      Weitgehende Einigkeit besteht darüber, dass aus dem Erfordernis einer Kapitalbeteiligung in Höhe von 95 % nicht der Schluss gezogen werden kann, der Eingliederungsbeschluss gem Abs 1 Satz 1 bedürfe einer Stimmenmehrheit von 95 %. Hieran kann es dann fehlen, wenn die Kapitalbeteiligung der künftigen Hauptgesellschaft auch aus stimmrechtslosen Vorzugsaktien besteht oder wenn Höchststimmrechte vereinbart sind.[41] Für den Eingliederungsbeschluss **genügt** mithin die **einfache Mehrheit der Stimmen** (§ 133 Abs 1).[42]

**13**      Demgegenüber ist streitig, ob **als Voraussetzung des Eingliederungsbeschlusses ein 95-prozentiger Stimmenanteil** der künftigen Hauptgesellschaft zu fordern ist. Dies wird teils unter Verweis auf die Bedeutung der Eingliederung bejaht.[43] Die hL lehnt dies jedoch zu Recht ab.[44] Denn der Wortlaut des Abs 1 Satz 1 gibt für diese zusätzliche Beschlussvoraussetzung nichts her.[45] Für den insofern wortgleichen § 327a Abs 1 Satz 1

---

bzw unwirksam"; ähnlich KK-*Koppensteiner*[3] Rdn 8: Eingliederungsbeschluss entfaltet keine rechtlichen Wirkungen; **aA** OLG Hamm Beschl v 8.12.1993 – 15 W 291/93, NJW-RR 1994, 549, 550 (bloße Anfechtbarkeit); ferner MK-*Grunewald*[3] Rdn 4; offenlassend für den Übertragungsbeschluss nach § 327a BGH Urt v 22.3.2011 – II ZR 229/09, AG 2011, 518, 521.

[37] Für die Möglichkeit der Beschlussheilung nach § 242 Abs 2 etwa Emmerich/*Habersack* Aktien- und GmbH-Konzernrecht[6] Rdn 10; **dagegen** etwa KK-*Koppensteiner*[3] Rdn 8.

[38] Ganz richtig KK-*Koppensteiner*[3] Rdn 8; Grigoleit/*Grigoleit/Rachlitz* Rdn 9; bereits *Godin/Wilhelmi*[4] Anm 2 f; ausführlich *C Schäfer* Fehlerhafter Verband, 2002, S 470 f.

[39] Vgl auch KK-*Koppensteiner*[3] Rdn 8; **anders** Emmerich/*Habersack* Aktien- und GmbH-Konzernrecht[6] § 320 Rdn 10; Grigoleit/*Grigoleit/Rachlitz* Rdn 11.

[40] So auch *C Schäfer* Fehlerhafter Verband, 2002, S 470 ff; **aA** wegen der Schwere des Mangels Emmerich/*Habersack* Aktien- und GmbH-Konzernrecht[6] § 320 Rdn 10; *Kort*

Bestandsschutz, 1998, S 190 f; Grigoleit/*Grigoleit/Rachlitz* Rdn 10.

[41] S etwa Bürgers/Körber/*Fett*[2] Rdn 5; Emmerich/*Habersack* Aktien- und GmbH-Konzernrecht[6] § 320 Rdn 11; KK-*Koppensteiner*[3] Rdn 7; Spindler/Stilz/*Singhof*[2] Rdn 5.

[42] Ganz hM, s etwa Vorauflage/*Würdinger* Anm 4; ferner Emmerich/*Habersack* Aktien- und GmbH-Konzernrecht[6] § 320 Rdn 11; *Hüffer*[10] Rdn 4; Bürgers/Körber/*Fett*[2] Rdn 5; MK-*Grunewald*[3] Rdn 8; Schmidt/Lutter/*Ziemons*[2] Rdn 3; Spindler/Stilz/*Singhof*[2] Rdn 8; offen gelassen von OLG Hamm Urt v 8.12.1993 – 15 W 291/93, AG 1994, 376, 377.

[43] KK-*Koppensteiner*[3] Rdn 7 mit Fn 13; ohne Begründung bereits *Godin/Wilhelmi*[4] Anm 3.

[44] Emmerich/*Habersack* Aktien- und GmbH-Konzernrecht[6] § 320 Rdn 11; *Hüffer*[10] Rdn 4; Bürgers/Körber/*Fett*[2] Rdn 5; MK-*Grunewald*[3] Rdn 8; MünchHdb AG/*Krieger*[3] § 73 Rdn 31a; Schmidt/Lutter/*Ziemons*[2] Rdn 3, 7; Spindler/Stilz/*Singhof*[2] Rdn 5.

[45] Emmerich/*Habersack* Aktien- und GmbH-Konzernrecht[6] § 320 Rdn 11; MünchHdb AG/*Krieger*[3] § 73 Rdn 31a.

(„95 vom Hundert des Grundkapitals") entspricht es daher ebenfalls der hA, dass eine 95-prozentige Stimmenmehrheit des Hauptaktionärs nicht erforderlich ist.[46]

## III. Eingliederungsvoraussetzungen nach § 319 Abs 1 Satz 2, Abs 2–7 (Abs 1 Satz 3)

Abs 1 Satz 3 verweist für das Verfahren der Mehrheitseingliederung auf § 319 Abs 1 **14** Satz 2, Abs 2–7. Dies bedeutet im Einzelnen:

### 1. Eingliederungsbeschluss (Abs 1 Satz 3 iVm § 319 Abs 1 Satz 2)

Auf den Eingliederungsbeschluss sind auch bei der Mehrheitseingliederung die für die **15** Satzungsänderung geltenden Regelungen nicht anwendbar (Abs 1 Satz 3 iVm § 319 Abs 1 Satz 2). Ausreichend ist vielmehr ein mit einfacher Mehrheit (s bereits Rdn 12) gefasster Hauptversammlungsbeschluss. Anders als im Falle des § 319 ist die Hauptversammlung jedoch nicht zwingend Vollversammlung (s § 319 Rdn 10). Neben den besonderen Bekanntmachungserfordernissen des Abs 2 Satz 1 (dazu Rdn 20 ff) sind folglich auch die allgemeinen Einberufungsvorschriften der §§ 121 ff einzuhalten, sofern nicht sämtliche Aktionäre in der Hauptversammlung erschienen oder vertreten sind und kein Aktionär der Beschlussfassung bei abweichendem Vorgehen widerspricht (§ 121 Abs 6).[47] Auch bei der Mehrheitseingliederung trägt der Eingliederungsbeschluss seine sachliche Rechtfertigung in sich.[48]

### 2. Zustimmungsbeschluss (Abs 1 Satz 3 iVm § 319 Abs 2)

Der Eingliederungsbeschluss bedarf der Zustimmung der künftigen Hauptgesellschaft **16** nach Maßgabe des § 319 Abs 2 (s § 319 Rdn 13 ff). Einer **zusätzlichen sachlichen Rechtfertigung** bedarf der Zustimmungsbeschluss **nicht**. Die mit der Abfindung der Minderheitsaktionäre in Aktien der Hauptgesellschaft einhergehende Verschiebung der Beteiligungsquoten zu Lasten der Altaktionäre ist als notwendige Konsequenz der Mehrheitseingliederung integraler Bestandteil dieses vom Gesetzgeber geschaffenen Rechtsinstituts.[49] Gegen ein aus ihrer Sicht unangemessen hohes Abfindungsangebot können sich die Altaktionäre im Wege der Anfechtung des Zustimmungsbeschlusses wehren (s dazu noch § 320b Rdn 35).[50]

---

[46] S nur GK-*Fleischer*[4] § 327a Rdn 67 f mwN; **aA** auch für § 327a allerdings KK-*Koppensteiner*[3] § 327a Rdn 12.

[47] S auch Emmerich/*Habersack* Aktien- und GmbH-Konzernrecht[6] § 320 Rdn 5; *Hüffer*[10] Rdn 5; MK-*Grunewald*[3] Rdn 6; Schmidt/Lutter/*Ziemons*[2] Rdn 11; vgl auch Spindler/Stilz/*Singhof*[2] Rdn 8.

[48] Emmerich/*Habersack* Aktien- und GmbH-Konzernrecht[6] § 320 Rdn 5; MünchHdb AG/*Krieger*[3] § 73 Rdn 39.

[49] HM, s OLG München Urt v 17.3.1993 – 7 U 5382/92, AG 1993, 430; ferner Emmerich/*Habersack* Aktien- und GmbH-Konzernrecht[6] § 320 Rdn 6; Bürgers/*Körber*/

*Fett*[2] Rdn 2; MK-*Grunewald*[3] Rdn 19; Spindler/Stilz/*Singhof*[2] Rdn 9; **s aber auch** *Hirte* Bezugsrechtsausschluß, 1986, S 149; *Rodloff* Ungeschriebene sachliche Voraussetzungen, 1991, S 185 ff, die bei einem mit Blick auf die Eingliederung erfolgenden Kapitalerhöhungsbeschluss mit Bezugsrechtsausschluss eine entsprechende sachliche Rechtfertigung für erforderlich halten.

[50] Emmerich/*Habersack* Aktien- und GmbH-Konzernrecht[6] § 320 Rdn 6; MK-*Grunewald*[3] Rdn 21; MünchHdb AG/*Krieger*[3] § 73 Rdn 40 mit 48; Spindler/Stilz/*Singhof*[2] Rdn 9.

Klaus Ulrich Schmolke

### 3. Information der Aktionäre der künftigen Hauptgesellschaft (Abs 1 Satz 3 iVm § 319 Abs 3)

**17**      Vor und während der Hauptversammlung, welche den Zustimmungsbeschluss nach Abs 1 Satz 3 iVm § 319 Abs 2 fassen soll, sind die Aktionäre der künftigen Hauptgesellschaft gem Abs 1 Satz 3 iVm § 319 Abs 3 zu informieren (für Einzelheiten s § 319 Rdn 21 ff). Der danach zu erstattende Eingliederungsbericht (§ 319 Abs 3 Satz 1 Nr 3, s § 319 Rdn 24 f) ist gem Abs 4 Satz 2 um Informationen zur Abfindung nach § 320b zu erweitern (s Rdn 26).

### 4. Eintragung in das Handelsregister (Abs 1 Satz 3 iVm § 319 Abs 4–7)

**18**      Die Mehrheitseingliederung ist gem Abs 1 Satz 3 iVm § 319 Abs 4 vom Vorstand der einzugliedernden Gesellschaft **zur Eintragung in das Handelsregister anzumelden** (für Einzelheiten s § 319 Rdn 33 ff). Vor Abgabe der nach Abs 1 Satz 3 iVm § 319 Abs 5 erforderlichen Negativerklärung findet keine Eintragung statt, sofern nicht sämtliche klageberechtigten Aktionäre auf eine Beschlussmängelklage verzichten (**Registersperre,** s § 319 Rdn 39 ff). Die Negativerklärung kann aber auch im Fall der Eingliederung nach § 320 durch ein erfolgreich durchgeführtes **Freigabeverfahren** ersetzt werden (Abs 1 Satz 3 iVm § 319 Abs 6; s dazu § 319 Rdn 42 ff). Mit der **Eintragung** im Handelsregister wird die Mehrheitseingliederung **wirksam** (Abs 1 Satz 3 iVm § 319 Abs 7; s näher § 319 Rdn 72). Ein zuvor zwischen der Hauptgesellschaft und der eingegliederten Gesellschaft bestehender **Beherrschungsvertrag endet** mit Eintragung; eines Sonderbeschlusses der außenstehenden Aktionäre, etwa gem § 295 Abs 2, bedarf es nicht.[51]

### 5. Rechtsfolgen bei Beschlussmängeln

**19**      Beschlussmängel sowohl des Eingliederungs- als auch des Zustimmungsbeschlusses werden mit Eintragung der Eingliederung in das Handelsregister für deren (fortdauernde) Wirksamkeit (nur dann) unbeachtlich, wenn zuvor ein **Freigabeverfahren** nach Abs 1 Satz 3 iVm § 319 Abs 6 erfolgreich durchgeführt worden ist (§ **319 Abs 6 Satz 11;** s näher § 319 Rdn 12, 69).[52] Erweist sich eine anhängige Beschlussmängelklage später als begründet, so ist der Kläger auf den Schadensersatzanspruch nach Abs 1 Satz 3 iVm § 319 Abs 6 Satz 10 mit der Maßgabe des § 319 Abs 6 Satz 11 Hs 2 verwiesen (s § 319 Rdn 70 f). In all' den anderen Fällen, in denen der Eintragung kein erfolgreiches Freigabeverfahren vorausgegangen ist, gelten bis zur Rechtskraft des erfolgreichen Anfechtungsurteils bzw bis zur späteren Geltendmachung der Nichtigkeit die **Grundsätze über die fehlerhafte Gesellschaft.**[53] Solange ist also sowohl der gesetzliche Anteilsübergang

---

[51] BGH Urt v 27.5.1974 – II ZR 109/72, WM 1974, 713, 715 f; OLG Celle Urt v 28.6.1972 – 9 U 155/71, WM 1972, 1004, 1011 f; aus der Literatur etwa Emmerich/*Habersack* Aktien- und GmbH-Konzernrecht[6] § 320 Rdn 6; MünchHdb AG/*Krieger*[3] § 73 Rdn 6; Spindler/Stilz/*Singhof*[2] Rdn 10; zur Fortführung eines anhängigen Spruchverfahrens s noch § 320a Rdn 4.

[52] S BGH Urt v 27.5.1974 – II ZR 109/72, WM 1974, 713, 715; sowie der Sache nach bereits

*Würdinger* in Vorauflage Anm 3; ferner etwa Emmerich/*Habersack* Aktien- und GmbH-Konzernrecht[6] § 320 Rdn 7; Bürgers/Körber/*Fett*[2] § 319 Rdn 26; Spindler/Stilz/*Singhof*[2] Rdn 10 iVm § 319 Rdn 26 f.

[53] S bereits oben unter § 319 Rdn 72 mwN; zu § 320 ferner *Hüffer*[10] Rdn 5; s auch C *Schäfer* Fehlerhafter Verband, 2002, S 472 f; **aA** OLG Karlsruhe Beschl v 15.2.2011 – 12 W 21/09, AG 2011, 673, 674.

nach § 320a als auch die Leistung der Abfindung wirksam (s dazu auch § 320a Rdn 3).[54] Im Rahmen der Abwicklung der Eingliederung ex nunc haben die ausgeschiedenen Minderheitsaktionäre einen Anspruch auf Rückübertragung ihrer auf die Hauptgesellschaft übergegangenen Anteile.[55] Für darüber hinausgehende Schäden kann nach Maßgabe des entsprechend anzuwendenden § 319 Abs 6 Satz 10 Ersatz verlangt werden.[56] S speziell zu informationsbezogenen Beschlussmängeln noch Rdn 30.

## IV. Information der Aktionäre vor Beschlussfassung (Abs 2, 4)

### 1. Bekanntmachung des Tagesordnungspunkts (Abs 2)

a) **Bei der eingegliederten Gesellschaft (Abs 2 Satz 1).** Abs 2 Satz 1 setzt die Bekannt- **20** machung der Eingliederung als Tagesordnungspunkt der beschlussfassenden Hauptversammlung der einzugliedernden Gesellschaft voraus. Hieran anknüpfend verlangt die Regelung für die Ordnungsgemäßheit dieser Bekanntmachung ergänzend, dass sie die **Firma und** den **Sitz** der zukünftigen Hauptgesellschaft enthält (Nr 1) und ihr eine Erklärung der künftigen Hauptgesellschaft beigefügt ist, in der diese den ausscheidenden Minderheitsaktionären als **Abfindung** für ihre Aktien eigene Aktien, im Falle der Abhängigkeit (§ 320b Abs 1 Satz 3) außerdem eine Barabfindung anbietet (Nr 2). Aus der Regelung ergibt sich folglich die Notwendigkeit einer Bekanntmachung der Tagesordnung gem § 121 Abs 3 Satz 2, Abs 4. Darüber hinaus geht sie erkennbar von einer ordungsgemäßen Einberufung iSd §§ 121 ff aus.[57] Dies gilt auch im Falle einer Vollversammlung; Abs 2 Satz 1 verdrängt insofern als *lex specialis* den Dispens nach § 121 Abs 6.[58]

Die Regelung dient der **frühzeitigen Information** der Minderheitsaktionäre **über** **21** **wesentliche Inhalte des** ihnen zu erteilenden **Abfindungsangebots**. Die Aktionäre sollen bereits mit der Bekanntmachung der Tagesordnung erfahren, welche Gesellschaft Schuldnerin des künftigen Abfindungsanspruchs ist (Nr 1) und wie hoch das Abfindungsangebot mindestens, dh vorbehaltlich einer Erhöhung durch gerichtliche Entscheidung, sein wird (Nr 2).[59] Mithilfe dieser Informationen sollen die Aktionäre „möglichst frühzeitig entscheiden können, ob sie die Angemessenheit der angebotenen Abfindung gerichtlich überprüfen lassen wollen"[60] (s § 320b Abs 2). Sie erhalten ferner die Gelegenheit, das Abfindungsangebot betreffende Fragen für die Hauptversammlung vorzubereiten.[61] Um

---

[54] S etwa *Kort* Bestandsschutz, 1998, S 190; *Krieger* ZHR 158 (1994), 35, 443; unklar insofern *Hüffer*[10] Rdn 5; aA *Köhler* ZGR 1985, 307, 323: kein Übergang der Anteile an die Hauptgesellschaft.

[55] *C Schäfer* Fehlerhafter Verband, 2002, S 473; s auch *Kort* Bestandsschutz, 1998, S 190; *Krieger* ZHR 158 (1994), 35, 44; Spindler/Stilz/*Singhof*[2] Rdn 19; sowie bereits Vor § 319 Rdn 17. Zur insofern andersartigen Situation bei der Eingliederung nach § 319, die wegen Nichterreichen des Anteilsquorums fehlerhaft ist § 319 Rdn 8.

[56] *Hüffer*[10] Rdn 5.

[57] S etwa Emmerich/*Habersack* Aktien- und GmbH-Konzernrecht[6] § 320 Rdn 12; *Hüffer*[10] Rdn 7.

[58] Emmerich/*Habersack* Aktien- und GmbH-Konzernrecht[6] § 320 Rdn 12; s auch KK-*Koppensteiner*[3] Rdn 9; MünchHdb AG/*Krieger*[3] § 73 Rdn 36; Spindler/Stilz/*Singhof*[2] Rdn 11.

[59] Begr RegE § 320 bei *Kropff* S 424 f; ferner Emmerich/*Habersack* Aktien- und GmbH-Konzernrecht[6] § 320 Rdn 13; *Hüffer*[10] Rdn 7; Spindler/Stilz/*Singhof*[2] Rdn 11.

[60] Begr RegE § 320 bei *Kropff* S 424; s ferner BGH Urt v 27.5.1974 – II ZR 109/72, WM 1974, 713, 714; MK-*Grunewald*[3] Rdn 6.

[61] BGH Urt v 27.5.1974 – II ZR 109/72, WM 1974, 713, 714.

Klaus Ulrich Schmolke

diesen Zielen zu entsprechen, muss das der Tagesordnung beizufügende **Abfindungs-angebot „substantiiert"**[62] sein, also das Umtauschverhältnis, den Ausgleich möglicher Spitzenbeträge und ggf die Höhe der Barabfindung benennen.[63] Sind Spitzenbeträge möglich und wird deren Behandlung im Abfindungsangebot nicht behandelt, so ist es insoweit nicht **vollständig** und wird daher den Erfordernissen des Abs 1 Satz 2 Nr 2 nicht gerecht.[64] Unschädlich ist es nach Ansicht des BGH hingegen, dass das mit der Tagesordnung bekanntgemachte Abfindungsangebot **später** in der Hauptversammlung wegen einer bevorstehenden Kapitalerhöhung derart **erhöht** wird, dass die ausscheiden-den Gesellschafter zusätzlich zu der bereits angebotenen Abfindung in Aktien eine nach dem durchschnittlichen Börsenkurs des Bezugsrechts zu bemessende Barabfindung erhal-ten sollen.[65] Maßgeblich ist insofern, dass die Minderheitsaktionäre aufgrund der späte-ren Angebotsergänzung „nicht vor einem neuen Sachverhalt stehen", sondern lediglich bereits in Aussicht stehenden künftigen Entwicklungen Rechnung getragen wird.[66]

**22**    Genügt die Bekanntmachung den Anforderungen des Abs 2 Satz 1 nicht, so darf gem § 124 Abs 4 Satz 1 über die Eingliederung kein Beschluss gefasst werden. Geschieht dies dennoch, so ist der Eingliederungsbeschluss **anfechtbar** (§ 243 Abs 1).[67]

**23**    **b) Bei der Hauptgesellschaft (Abs 2 Satz 2).** Das Abfindungsangebot nach Abs 2 Satz 1 Nr 2 ist auch der Bekanntmachung der künftigen Hauptgesellschaft über die Tages-ordnung ihrer Hauptversammlung beizufügen, in welcher der Zustimmungsbeschluss zur Eingliederung gefasst werden soll (Abs 2 Satz 2). Denn auch die Aktionäre der künftigen Hauptgesellschaft haben ein Interesse daran, frühzeitig vor ihrer Entscheidung über die Zustimmung zur Eingliederung über die (ungefähre) Höhe der Abfindung informiert zu werden.[68] Ein Verstoß gegen Abs 2 Satz 2 führt zur Anfechtbarkeit des Zustimmungs-beschlusses.[69]

---

[62] So wörtlich *Würdinger* in Vorauflage Anm 5; in Bezug genommen in OLG Celle Urt v 28.6.1972 – 9 U 155/71, WM 1972, 1004, 1009.

[63] Unstr, s etwa *Würdinger* in Vorauflage Anm 3; ferner Emmerich/*Habersack* Aktien- und GmbH-Konzernrecht[6] § 320 Rdn 13; *Hüffer*[10] Rdn 7; Bürgers/Körber/*Fett*[2] Rdn 6; KK-*Koppensteiner*[3] Rdn 9; MünchHdb AG/*Krieger*[3] § 73 Rdn 36; Schmidt/Lutter/*Ziemons*[2] Rdn 9; Spindler/Stilz/*Singhof*[2] Rdn 11.

[64] S LG Berlin Urt v 13.11.1995 – 99 O 126/95, AG 1996, 230, 232; ferner Emmerich/*Haber-sack* Aktien- und GmbH-Konzernrecht[6] § 320 Rdn 13; *Hüffer*[10] Rdn 7; MK-*Grune-wald*[3] Rdn 6.

[65] BGH Urt v 27.5.1974 – II ZR 109/72, WM 1974, 713 ff, 715 sowie die Vorinstanz OLG Celle Urt v 28.6.1972 – 9 U 155/71, WM 1972, 1004, 1009 f; zust etwa Emme-rich/*Habersack* Aktien- und GmbH-Konzern-recht[6] § 320 Rdn 13; *Hüffer*[10] Rdn 7; Bür-gers/Körber/*Fett*[2] Rdn 6; MK-*Grunewald*[3] Rdn 6; Schmidt/Lutter/*Ziemons*[2] Rdn 10; Spindler/Stilz/*Singhof*[2] Rdn 11.

[66] BGH Urt v 27.5.1974 – II ZR 109/72, WM 1974, 713, 715. **Weitergehend** *Hüffer*[10] Rdn 7; MK-*Grunewald*[3] Rdn 6; MünchHdb AG/*Krieger*[3] § 73 Rdn 36; KK-*Koppen-steiner*[3] Rdn 9; Spindler/Stilz/*Singhof*[2] Rdn 11: jedwede spätere Abfindungs-erhöhung zulässig; insofern zweifelnd hin-gegen Bürgers/Körber/*Fett*[2] Rdn 6.

[67] Begr RegE § 320 bei *Kropff* S 424; BGH Urt v 27.5.1974 – II ZR 109/72, WM 1974, 713, 714 re Sp; ferner etwa Emmerich/*Haber-sack* Aktien- und GmbH-Konzernrecht[6] § 320 Rdn 13; *Hüffer*[10] Rdn 8; MK-*Grune-wald*[3] Rdn 7; Spindler/Stilz/*Singhof*[2] Rdn 11.

[68] Begr RegE § 320 bei *Kropff* S 425; Emme-rich/*Habersack* Aktien- und GmbH-Konzern-recht[6] § 320 Rdn 14; *Hüffer*[10] Rdn 9; KK-*Koppensteiner*[3] Rdn 10; MK-*Grune-wald*[3] Rdn 18; Spindler/Stilz/*Singhof*[2] Rdn 12.

[69] Emmerich/*Habersack* Aktien- und GmbH-Konzernrecht[6] § 320 Rdn 14; *Hüffer*[10] Rdn 9; MK-*Grunewald*[3] Rdn 18; Münch-Hdb AG/*Krieger*[3] § 73 Rdn 36; Spindler/ Stilz/*Singhof*[2] Rdn 12.

## 2. Informationsrechte der Aktionäre vor der Hauptversammlung (Abs 4)

**a) Verweis auf § 319 Abs 3 Satz 1–3 für beide Gesellschaften.** Nach Abs 4 Satz 1 sind **24** die in § 319 Abs 3 Satz 1 bezeichneten Unterlagen (dazu § 319 Rdn 23 ff) jeweils von der Einberufung sowohl derjenigen Hauptversammlung an, die den Eingliederungsbeschluss zu fassen hat, als auch derjenigen Hauptversammlung, die über die Zustimmung zur Eingliederung zu beschließen hat, in den Geschäftsräumen der jeweiligen Gesellschaft zur Einsicht der Aktionäre auszulegen. Die Regelung **erstreckt** mithin die nach § 319 Abs 3 Satz 1 nur den Aktionären der künftigen Hauptgesellschaft zukommenden **Einsichts-rechte** im Vorfeld des Zustimmungsbeschlusses **auf die (Minderheits-)Aktionäre der einzugliedernden Gesellschaft** mit Blick auf den bevorstehenden Eingliederungsbeschluss. Abs 4 Satz 3 vervollständigt die Parallelregelung durch Verweis auf die das Einsichtsrecht flankierenden Regelungen in § 319 Abs 3 Satz 2 und 3 (s § 319 Rdn 26). Für die Aktionäre der künftigen Hauptgesellschaft ergibt sich das in Abs 4 Geregelte insoweit bereits aus der Verweisung in Abs 1 Satz 3 (s oben Rdn 17).

**b) Erweiterte Informationspflichten.** Über die Erstreckung der in § 319 Abs 3 Satz 1 **25** bis 3 geregelten Unterrichtungspflichten auf die Aktionäre der einzugliedernden Gesellschaft hinaus erweitern Abs 4 Satz 1 und 2 die Informationspflichten inhaltlich: Dies betrifft zum einen die Einbeziehung des nach Abs 3 Satz 3 iVm § 293e erforderlichen **Prüfungsberichts** (s zur Eingliederungsprüfung näher Rdn 31 ff) in die Auslegungspflicht der Gesellschaften (Abs 4 Satz 1).

Zum anderen macht Abs 4 Satz 2 erweiternde Vorgaben für den Inhalt des schon **26** nach § 319 Abs 3 Satz 1 Nr 3 auszulegenden Eingliederungsberichts: Dieser **erweiterte Eingliederungsbericht** hat Art und Höhe der Abfindung rechtlich und wirtschaftlich zu erläutern und zu begründen (Abs 4 Satz 2 Hs 1). Ferner muss er auf besondere Schwierigkeiten bei der Bewertung der beteiligten Gesellschaften sowie auf die Folgen für die Beteiligungen der Aktionäre hinweisen (Abs 4 Satz 2 Hs 2). Die Regelung ist derjenigen in § 8 Abs 1 UmwG und § 293a Abs 1 nachgebildet.[70] Sie bezweckt in gleicher Weise, die Aktionäre **über die Bewertungsgrundlagen** der angebotenen Abfindung **zu informieren**.[71] Dies gilt gerade auch für die Minderheitsaktionäre der einzugliedernden Gesellschaft, denen daher der erweiterte Eingliederungsbericht des Vorstands der künftigen Hauptgesellschaft durch ihren eigenen Vorstand zugänglich zu machen ist.[72] Für die Einzelheiten kann auf die Kommentierung zu § 293a verwiesen werden.[73] §§ 8 Abs 2 UmwG, 293a Abs 2 sind für den erweiterten Eingliederungsbericht ebenso analog anzuwenden (s für den einfachen Eingliederungsbericht bereits § 319 Rdn 25) wie § 293a Abs 3 (s näher § 319 Rdn 24, dort auch zur erforderlichen Form der Verzichtserklärungen).[74]

**c) Wege der Informationsdarbietung (Abs 4 Satz 3 iVm § 319 Abs 3 Satz 2, 3).** Nach **27** Abs 4 Satz 3 finden auf die in Abs 4 Satz 1 und 2 in Bezug genommenen Unterlagen, auch die Regelungen in § 319 Abs 3 Satz 2 und 3 Anwendung: Dies bedeutet zunächst,

---

[70] Vgl Begr RegE UmwBerG, BRDrucks 75/94 S 179.

[71] S Emmerich/*Habersack* Aktien- und GmbH-Konzernrecht[6] § 320 Rdn 16; *Hüffer*[10] Rdn 15; vgl auch Begr RegE UmwBerG, BRDrucks 75/94 S 179 mit 83 f und 178.

[72] Der Vorstand der einzugliedernden Gesellschaft ist selbst nicht berichtspflichtig; s Emmerich/*Habersack* Aktien- und GmbH-Konzernrecht[6] § 320 Rdn 16; *Hüffer*[10] Rdn 15; KK-*Koppensteiner*[3] Rdn 12; MünchHdb AG/*Krieger*[3] § 73 Rdn 32 sowie *Weißhaupt* Kompensationsbezogene Informationsmängel, 2003, S 118 f.

[73] S GK-*Mülbert*[4] § 293a Rdn 24 ff.

[74] S auch Emmerich/*Habersack* Aktien- und GmbH-Konzernrecht[6] § 320 Rdn 16; KK-*Koppensteiner*[3] Rdn 12.

Klaus Ulrich Schmolke

dass jedem Aktionär auf Verlagen unverzüglich und kostenlos eine **Abschrift der genannten Unterlagen** zu erteilen ist (Abs 4 Satz 3 iVm § 319 Abs 3 Satz 2). Beide Gesellschaften (!) sind jedoch sowohl von der Pflicht zur Auslage der Unterlagen in den Geschäftsräumen wie von der Pflicht zur Erteilung einer Abschrift entbunden, wenn sie die betreffenden Unterlagen stattdessen für den maßgeblichen Zeitraum **über ihre Internetseite zugänglich** machen (Abs 4 Satz 3 iVm § 319 Abs 3 Satz 3; dazu § 319 Rdn 26).

### 3. Informationsrechte während der Hauptversammlung (Abs 4 Satz 3 iVm § 319 Abs 3 Satz 4, 5)

**28**      Die *vor* der jeweiligen Hauptversammlung gem Abs 4 Satz 1 auszulegenden Unterlagen (Beschlussentwurf, Jahresabschlüsse, (erweiterter) Eingliederungsbericht, Prüfungsbericht) sind von den beteiligten Gesellschaften gem Abs 4 Satz 3 iVm § 319 Abs 3 Satz 4 auch *während* der Hauptversammlung – elektronisch oder in Papierform – zugänglich zu machen (s § 319 Rdn 27).

**29**      Über Abs 4 Satz 3 iVm § 319 Abs 3 Satz 5 steht den Aktionären der *beiden beteiligten Gesellschaften* in der Hauptversammlung zudem ein **Auskunftsrecht** auch über alle im Zusammenhang mit der Eingliederung wesentlichen Angelegenheiten der jeweils anderen Gesellschaft gegenüber dem eigenen Vorstand zu: Es ist also nicht nur den Aktionären der künftigen Hauptgesellschaft Auskunft über die wesentlichen Angelegenheiten der einzugliedernden Gesellschaft zu erteilen (so § 319 Abs 3 Satz 5, s näher § 319 Rdn 29), sondern umgekehrt auch den Aktionären der einzugliedernden Gesellschaft über die wesentlichen Angelegenheiten der künftigen Hauptgesellschaft (so ausdrücklich noch § 320 Abs 3 aF[75]). Hinzu tritt auch hier eine **Pflicht** der jeweiligen Vorstände **zur Erläuterung des erweiterten Eingliederungsberichts** entsprechend § 293g Abs 2 Satz 1 (s näher § 319 Rdn 28). Die Erläuterungspflicht betrifft gemäß dem erweiterten Gegenstand des Berichts insbesondere Art und Höhe der Abfindung sowie allfällige Bewertungsschwierigkeiten (vgl Abs 4 Satz 2).[76]

### 4. Rechtsfolgen und -schutz bei Informationsmängeln

**30**      Bei Verletzung der Informationspflichten aus Abs 2 und 4 leidet der betroffene Beschluss an einem Mangel und ist daher nach allgemeinen Grundsätzen **anfechtbar** (s bereits Rdn 22 und 23). Es gilt insofern das zum Zustimmungsbeschluss bei der Eingliederung nach § 319 Gesagte (s § 319 Rdn 31). Auch hier sind die Einschränkungen der Anfechtbarkeit nach § 243 Abs 4 Satz 1 zu beachten. In Bezug auf den Eingliederungsbeschluss kommt zudem § 243 Abs 4 Satz 2 hinsichtlich **abfindungswertbezogener Informationsmängel** Bedeutung zu, da § 320b Abs 2 Satz 2 ein Spruchverfahren für die nach § 320a ausgeschiedenen Aktionäre vorsieht (s dazu ausführlich § 320b Rdn 31 f).[77] Bei erfolgter Eintragung der Eingliederung nach erfolgreich durchgeführtem Freigabeverfahren ist wie bei anderen Beschlussmängeln (s oben Rdn 19) § 319 Abs 6 Satz 11 (iVm Abs 1 Satz 3) zu beachten (s dazu § 319 Rdn 69). Bei nicht durchgeführtem Freigabeverfahren gelten ab Eintragung die **Grundsätze der fehlerhaften Gesellschaft** (s für Beschlussmängel allgemein Rdn 19; näher Vor § 319 Rdn 16 f).[78]

---

[75] S dazu Begr RegE § 320 bei *Kropff* S 425.

[76] S auch Emmerich/*Habersack* Aktien- und GmbH-Konzernrecht[6] § 320 Rdn 17; MK-*Grunewald*[3] Rdn 14, 20; Spindler/Stilz/*Singhof*[2] Rdn 18.

[77] S hier nur MünchHdb AG/*Krieger*[3] § 73 Rdn 35.

[78] S hier nur Spindler/Stilz/*Singhof*[2] Rdn 19.

## V. Eingliederungsprüfung (Abs 3)

### 1. Zweck und Verzichtbarkeit der Prüfung

Im Zuge des UmwBerG (s Rdn 2) hat der Gesetzgeber nach dem Vorbild der §§ 9 **31** Abs 1, 60 UmwG, § 293b auch für die Mehrheitseingliederung eine Eingliederungsprüfung im neuen Abs 3 Satz 1 vorgeschrieben.[79] Die Eingliederungsprüfung dient auch hier dazu, die Angemessenheit der Abfindung schon vor der Beschlussfassung einer Prüfung durch Sachverständige zu unterwerfen und damit ein späteres **Spruchverfahren** (s § 320b Abs 2 Satz 2) **überflüssig zu machen** oder doch **zumindest zu entlasten**.[80] Die Eingliederungsprüfung ist folgerichtig nur für die Mehrheitseingliederung nach § 320 (und nicht auch für die Eingliederung nach § 319) vorgesehen, weil es nur hier zu einer Abfindung außenstehender Aktionäre kommt.[81] Die Prüfung darf nur dann unterbleiben, wenn sämtliche Aktionäre sowohl der einzugliedernden Gesellschaft als auch der künftigen Hauptgesellschaft hierauf durch öffentlich beglaubigte Erklärung **verzichten** (Abs 3 Satz 3 iVm § 293a Abs 3).[82]

### 2. Eingliederungsprüfer: Auswahl, Bestellung, Status

Die Eingliederungsprüfung ist durch **„einen oder mehrere"** sachverständige Prüfer **32** vorzunehmen. Durch die Anpassung des Wortlauts von Abs 3 Satz 1 an die Regelung in §§ 9 Abs 1, 10 UmwG durch das KonTraG ist nunmehr klargestellt, dass ein Eingliederungsprüfer für beide Gesellschaften ausreicht (s dazu bereits Rdn 2).[83]

Die Prüfer werden gem Abs 3 Satz 2 auf Antrag des Vorstands der künftigen Haupt- **33** gesellschaft **vom zuständigen Gericht ausgewählt und bestellt**. Dies ist gem Abs 3 Satz 3 iVm § 293c Abs 1 Satz 3 das Landgericht, in dessen Bezirk die einzugliedernde Gesellschaft ihren Sitz hat.[84] Die Übertragung von Auswahl und Bestellung auf das Gericht und die damit einhergehende Beschränkung des Vorstands auf die Antragsbefugnis (s zur diesbzgl Gesetzesänderung bereits Rdn 2) soll dem Eindruck der „Parteinähe" der Prüfer von vornherein entgegenwirken und damit die Akzeptanz der Prüfungsergebnisse vor allem auch für die außenstehenden Aktionäre erhöhen.[85]

---

[79] Vgl Begr RegE UmwBerG BRDrucks 75/94 S 179; s aus der Lit etwa Emmerich/*Habersack* Aktien- und GmbH-Konzernrecht[6] § 320 Rdn 18; *Hüffer*[10] Rdn 10; KK-*Koppensteiner*[3] Rdn 13; MünchHdb AG/*Krieger*[3] § 73 Rdn 33; s zur Rechtslage vor Einführung des Abs 3 nF OLG Hamm Beschl v 6.5.1992 – 8 W 28/92, AG 1993, 93, 94.

[80] S Begr RegE UmwBerG BRDrucks 75/94 S 179 mit 178 (dort zu § 293b); ferner Emmerich/*Habersack* Aktien- und GmbH-Konzernrecht[6] § 320 Rdn 18; *Hüffer*[10] Rdn 10; Spindler/Stilz/*Singhof*[2] Rdn 13.

[81] So Begr RegE UmwBerG BRDrucks 75/94 S 179; ferner etwa Emmerich/*Habersack* Aktien- und GmbH-Konzernrecht[6] § 320 Rdn 18; *Hüffer*[10] Rdn 10.

[82] S etwa KK-*Koppensteiner*[3] Rdn 13; Münch-

Hdb AG/*Krieger*[3] § 73 Rdn 33; Spindler/Stilz/*Singhof*[2] Rdn 13; für Einzelheiten die Kommentierung zu § 293a Abs 3 = GK-*Mülbert*[4] § 293a Rdn 48 ff.

[83] S Beschlussempfehlung und Bericht des Rechtsausschusses KonTraG BTDrucks 13/10038 S 26; ferner etwa Emmerich/*Habersack* Aktien- und GmbH-Konzernrecht[6] § 320 Rdn 18; *Hüffer*[10] Rdn 11.

[84] Emmerich/*Habersack* Aktien- und GmbH-Konzernrecht[6] § 320 Rdn 19; MK-*Grunewald*[3] Rdn 12; MünchHdb AG/*Krieger*[3] § 73 Rdn 34; Spindler/Stilz/*Singhof*[2] Rdn 14.

[85] So wörtlich Begr RegE SpruchverfahrensneuordnungsG BTDrucks 15/371 S 19 mit 18; ferner Emmerich/*Habersack* Aktien- und GmbH-Konzernrecht[6] § 320 Rdn 18; *Hüffer*[10] Rdn 11; s dazu auch Spindler/Stilz/*Singhof*[2] Rdn 14.

Klaus Ulrich Schmolke

**34**     Bei der **Auswahl** der Eingliederungsprüfer sind gem Abs 3 Satz 3 iVm § 293d Abs 1 Satz 1 die für Abschlussprüfer geltenden Vorgaben und Ausschlussgründe nach §§ 319 Abs 1 bis 4, 319a Abs 1, 319b Abs 1 HGB zu beachten. Für das **Bestellungsverfahren** gilt über Abs 3 Satz 3 iVm § 293c Abs 2 § 10 Abs 3 bis 5 UmwG, der wiederum auf das FamFG verweist. Der **Ersatz von Auslagen sowie die Vergütung** der Eingliederungsprüfer bestimmt sich nach § 318 Abs 5 HGB (Abs 3 Satz 3 iVm § 293c Abs 1 Satz 5). Die Vorstände der künftigen Hauptgesellschaft, der einzugliedernden Gesellschaft sowie ihrer jeweiligen abhängigen und herrschenden Unternehmen (s Abs 3 Satz 3 iVm § 293d Abs 1 Satz 2) haben den Eingliederungsprüfern die **Prüfung** der Bücher und anderer prüfungsrelevanter Unterlagen **zu gestatten** (Abs 3 Satz 3, § 293d Abs 1 Satz 1 iVm § 320 Abs 1 Satz 2 HGB) sowie auf Verlangen der Prüfer die für eine sorgfältige Prüfung notwendigen **Aufklärungen und Nachweise zu erbringen** (Abs 3 Satz 3, § 293d Abs 1 Satz 1 iVm § 320 Abs 2 Satz 1 HGB). Die Eingliederungsprüfer sind gem Abs 3 Satz 3 iVm § 293d Abs 2 den beiden beteiligten Gesellschaften sowie deren Aktionären **nach Maßgabe des § 323 HGB verantwortlich.**[86]

### 3. Prüfungsgegenstand

**35**     Abs 3 Satz 1 besagt lediglich, dass die Eingliederungsprüfer die „Eingliederung" zu prüfen haben und bestimmt den Prüfungsgegenstand nicht genauer. Hinweise ergeben sich jedoch nicht nur aus dem Zweck der Prüfung (s Rdn 31), sondern indirekt auch aus dem Verweis in Abs 3 Satz 3 auf die inhaltlichen Vorgaben für den Prüfungsberichts in § 293e Abs 1 Satz 2 und 3. Unbestrittenermaßen umfasst die Prüfung daher neben den **gesetzlichen Voraussetzungen der Eingliederung** nach §§ 319, 320 die **Angemessenheit der Abfindung.**[87] Ebenso unstreitig ist, dass die Zweckmäßigkeit der Eingliederung nicht Gegenstand der Eingliederungsprüfung ist.[88] Hingegen herrscht ebenso wie für die Verschmelzungsprüfung nach §§ 9, 60 UmwG[89] sowie die Vertragsprüfung nach § 293b[90] keine Einigkeit darüber, ob auch der **Eingliederungsbericht** zu prüfen ist. Mit einer differenzierenden Ansicht ist diese Frage für diejenigen Bestandteile des Eingliederungsberichts zu bejahen, welche die ohnehin erfassten Prüfungsgegenstände (gesetzliche Eingliederungsvoraussetzungen, Angemessenheit der Abfindung) betreffen.[91] Eine derartige Einbe-

---

[86] Für Einzelheiten s die Kommentierung zu § 293d = GK-*Mülbert*[4] § 293d Rdn 5 ff.

[87] S nur Emmerich/*Habersack* Aktien- und GmbH-Konzernrecht[6] § 320 Rdn 20; *Hüffer*[10] Rdn 12; KK-*Koppensteiner*[3] Rdn 15; MünchHdb AG/*Krieger*[3] § 73 Rdn 35; MK-*Grunewald*[3] Rdn 12; Spindler/Stilz/*Singhof*[2] Rdn 15.

[88] S nur Emmerich/*Habersack* Aktien- und GmbH-Konzernrecht[6] § 320 Rdn 20; *Hüffer*[10] Rdn 12; MK-*Grunewald*[3] Rdn 12; MünchHdb AG/*Krieger*[3] § 73 Rdn 35; KK-*Koppensteiner*[3] Rdn 15; Spindler/Stilz/*Singhof*[2] Rdn 15; vgl ferner die Kommentierung zu § 293b = GK-*Mülbert*[4] § 293b Rdn 22.

[89] S zum diesbzgl Meinungsstand nur Lutter/*Lutter/Drygala*[4] UmwG § 9 Rdn 12 ff mwN.

[90] S dazu nur die Kommentierung zu § 293b = GK-*Mülbert*[4] § 293b Rdn 13 ff.

[91] Ganz richtig Emmerich/*Habersack* Aktien- und GmbH-Konzernrecht[6] § 320 Rdn 20; KK-*Koppensteiner*[3] Rdn 15 mit § 293b Rdn 9; MünchHdb AG/*Krieger*[3] § 73 Rdn 35; für den Verschmelzungsbericht bereits *Hoffmann-Becking* FS Fleck, 1988, S 105, 122; jedenfalls der Formulierung nach für pauschale Erfassung des Eingliederungsberichts hingegen *Hüffer*[10] Rdn 12; dem folgend LG Berlin Urt v 13.11.1995 – 99 O 126/95, AG 1996, 230, 232; ferner Bürgers/Körber/*Fett*[2] Rdn 12; Spindler/Stilz/*Singhof*[2] Rdn 15; die Einbeziehung des Prüfungsberichts hingegen überhaupt bezweifelnd Schmidt/Lutter/*Ziemons*[2] Rdn 14.

ziehung des Eingliederungsberichts in die Prüfung enstpricht dem mit ihr verfolgten Entlastungszweck.[92]

### 4. Prüfungsbericht

Die Eingliederungsprüfer haben nach Abschluss ihrer Prüfung gem Abs 3 Satz 3 iVm **36**
$ 293e Abs 1 Satz 1 einen schriftlichen Prüfungsbericht vorzulegen. Dessen Inhalt
bestimmt sich nach Abs 3 Satz 3 iVm $ 293e Abs 1 Satz 2 und 3.[93] Über Abs 3 Satz 3
iVm $ 293e Abs 2 gilt die **Schutzklausel** des $ 293a Abs 2 auch für den Prüfungsbericht;
ferner ist ausweislich des Verweises in Abs 3 Satz 3 auch der Prüfungsbericht unter den
Voraussetzungen des $ 293a Abs 3 **verzichtbar.**[94]

## $ 320a
## Wirkungen der Eingliederung

[1]Mit der Eintragung der Eingliederung in das Handelsregister gehen alle Aktien, die
sich nicht in der Hand der Hauptgesellschaft befinden, auf diese über. [2]Sind über diese
Aktien Aktienurkunden ausgegeben, so verbriefen sie bis zu ihrer Aushändigung an die
Hauptgesellschaft nur den Anspruch auf Abfindung.

*Übersicht*

### Schrifttum

*Habersack/Mayer* Globalverbriefte Aktien als Gegenstand sachenrechtlicher Verfügungen, WM
2000, 1678; *Hengeler* Probleme der Verschmelzung beim Bestehen eines Organvertrags, FS Möhring, 1975, S 197; *König* Kraftloserklärung nicht eingereichter Aktien von Minderheitsaktionären
nach einem Squeeze-out, NZG 2006, 606; *Lüdemann* Probleme bei der Abfindung außenstehender
Aktionäre, 2006; *Martens* Die rechtliche Behandlung von Options- und Wandlungsrechten anläßlich der Eingliederung der verpflichteten Gesellschaft, AG 1992, 209; *Jochen Schmidt* Das Recht der
außenstehenden Aktionäre, 1979; *Tebben* Ausgleichszahlungen bei Aktienübergang, AG 2003, 600;
*Timm/Schick* Die Auswirkungen der routinemäßigen Geltendmachung der Abfindung durch die
Depotbanken auf die Rechte der außenstehenden Aktionäre bei der Mehrheitseingliederung, WM
1994, 185; *Weißhaupt/Özdemir* Gutglaubenserwerb von (Inhaber-)Aktien nach Squeeze out?, ZIP
2007, 2110; *Weppner/Groß-Bölting* Kraftloserklärung nicht eingereichter Aktienurkunden nach

---

[92] S wiederum Emmerich/*Habersack* Aktien-
und GmbH-Konzernrecht[6] $ 320 Rdn 20.
[93] Für Einzelheiten s die Kommentierung zu
$ 293e = GK-*Mülbert*[4] $ 293e Rdn 9 ff.
[94] S etwa Emmerich/*Habersack* Aktien- und

GmbH-Konzernrecht[6] $ 320 Rdn 21;
*Hüffer*[10] Rdn 12; MK-*Grunewald*[3] Rdn 12;
Spindler/Stilz/*Singhof*[2] Rdn 15; und für Einzelheiten die Kommentierung zu $ 293a =
GK-*Mülbert*[4] $ 293a Rdn 44 ff.

Klaus Ulrich Schmolke

Durchführung eines aktienrechtlichen Squeeze out gem. §§ 327a ff. AktG, BB 2012, 2196; *Wolf* Abfindungsrechte der Minderheitsaktionäre, 2010; *Ziemons* Options- und Wandlungsrechte bei Squeeze out und Eingliederung, FS K Schmidt, 2009, S 1777.

## I. Grundlagen

**1**    Die Vorschrift statuiert für die Mehrheitseingliederung in Satz 1 den Übergang der Aktien der Minderheitsaktionäre auf die Hauptgesellschaft mit Eintragung der Eingliederung. Damit wird die Hauptgesellschaft in Parallele zur regulären Eingliederung nach § 319 Alleinaktionär. Die Regelung setzt insofern den gesetzgeberischen Willen um, die Eingliederung nicht daran scheitern zu lassen, dass sich noch eine kleine Minderheit von Aktien in den Händen anderer Aktionäre befindet.[1] Die Erlangung des Alleinaktionärsstatus und der damit verbundenen Vorteile war jedenfalls bis zur Einführung des Squeeze out nicht selten das Hauptziel einer Eingliederung.[2] Satz 2 wechselt das in den Aktienurkunden verbriefte Recht der Aktienmitgliedschaft gegen den Abfindungsanspruch der ausgeschiedenen Aktionäre aus. Dies bezweckt eine erleichterte Abwicklung der Eingliederung. Die Regelung der Sätze 1 und 2 entspricht dem ursprünglichen § 320 Abs 4 (aF).

## II. Übergang der Aktienmitgliedschaften (Satz 1)

**2**    Nach Satz 1 gehen **mit der Eintragung** der Eingliederung, also dem Zeitpunkt ihres Wirksamwerdens (s §§ 320 Abs 1 Satz 3, 319 Abs 7) sämtliche Aktien, die sich nicht in der Hand der Hauptgesellschaft befinden, auf diese über. Mit Aktien meint das Gesetz hier die Aktienmitgliedschaften. Betroffen sind nicht nur die Aktien der bisherigen Minderheitsaktionäre, sondern auch die eigenen Aktien der eingegliederten Gesellschaft.[3] Die Hauptgesellschaft wird damit Alleinaktionärin der eingegliederten Gesellschaft. Die Regelung stellt hierdurch den Zustand her, den das Gesetz als konstitutives Merkmal der Eingliederung ansieht, welches erst den Verzicht auf Schutzvorschriften zugunsten der – eben nicht vorhandenen – außenstehenden Aktionäre rechtfertigt.[4]

**3**    Ist die **Eingliederung fehlerhaft**, etwa weil Beschlussmängel vorliegen, ändert dies jedenfalls im Anwendungsbereich des § 319 Abs 6 Satz 11 nichts: Die Eingliederung erwächst in Bestandskraft, die Mitgliedschaften gehen auf die Hauptgesellschaft über.[5] Ist § 319 Abs 6 Satz 11 nicht einschlägig, so gilt wiederum dasselbe, soweit die Grundsätze über die fehlerhafte Gesellschaft anwendbar sind (s dazu näher Vor § 319 Rdn 14 ff).[6] Insbesondere für den Fall, dass die Hauptgesellschaft das erforderliche Quorum von 95 % des Kapitals nicht erreicht hat, wird dies weithin verneint, zumeist wegen unheilbarer Nichtigkeit des Eingliederungsbeschlusses (s § 320 Rdn 11). In der Konsequenz

---

[1] Begr RegE § 320 bei *Kropff* S 424; s auch Emmerich/*Habersack* Aktien- und GmbH-Konzernrecht[6] § 320a Rdn 1; KK-*Koppensteiner*[3] Rdn 1 f.

[2] S auch MK-*Grunewald*[3] Rdn 1.

[3] S nur *Würdinger* in Vorauflage Anm 11 b); KK-*Koppensteiner*[3] Rdn 3.

[4] S Begr RegE Vorbemerkungen zu den §§ 319 ff bei *Kropff* S 421.

[5] S hier nur Emmerich/*Habersack* Aktien- und

GmbH-Konzernrecht[6] § 320a Rdn 2; Spindler/Stilz/*Singhof*[2] Rdn 3.

[6] S aber auch OLG Karlsruhe Beschl v 15.2.2011 – 12 W 21/09, AG 2011, 673, 674: grundsätzlich keine Anwendung der Lehre von der fehlerhaften Gesellschaft nach erfolgreicher Anfechtung des Eingliederungsbeschluss und folglich auch keine Anwendung von § 320a AktG.

wird der Übergang der Mitgliedschaftsrechte nach § 320a abgelehnt.[7] Jedoch kommen richtigerweise auch bei **Unterschreiten des Quorums** die Grundsätze der fehlerhaften Gesellschaft zur Anwendung (s bereits § 319 Rdn 7 f sowie § 320 Rdn 11). Bei der Mehrheitseingliederung (s zur Eingliederung nach § 319 dort Rdn 8) gehen dementsprechend auch in diesem Fall die Mitgliedschaftsrechte nach § 320a über (s bereits Vor § 319 Rdn 17).[8]

Der Übergang der Mitgliedschaften vollzieht sich **kraft Gesetzes**. Er setzt keine Übergabe der Aktienurkunden oder gar einen rechtsgeschäftlichen Übertragungsakt voraus.[9] Zum Ausgleich ihres Rechtsverlusts erhalten die ausgeschiedenen Aktionäre den Abfindungsanspruch nach § 320b (s dort).[10] Ihr Recht auf Festsetzung eines angemessenen Ausgleichs oder einer angemessenen Abfindung gem. §§ 304, 305 AktG, die ihnen als außenstehende Aktionäre eines Beherrschungs- oder Gewinnabführungsvertrages zustehen, bleibt auch dann bestehen, wenn die abhängige Gesellschaft während des Spruchverfahrens in die herrschende Gesellschaft eingegliedert wird.[11] Das teleologische Gebot dieses Ergebnisses zeigt sich anschaulich in dem Fall, dass die Bewertung der Abfindung für den Zeitpunkt, der für den Unternehmensvertrag maßgebend ist, günstiger ausfällt, als für den der (späteren) Eingliederung.[12]

**4**

**Dingliche Belastungen** der Aktien setzen sich nicht an den von der Hauptgesellschaft kraft Gesetzes erworbenen Mitgliedschaften fort.[13] Bei Belastungen der Aktienurkunde bleiben diese während der Auswechslung des verbrieften Rechts zunächst bestehen und gehen nach Zahlung der Abfindung auf diese über.[14] Bei Belastungen des verbrieften

**5**

[7] S KK-*Koppensteiner*[3] Rdn 4; Emmerich/ *Habersack* Aktien- und GmbH-Konzernrecht[6] § 320a Rdn 2; Spindler/Stilz/*Singhof*[2] Rdn 3; Grigoleit/*Grigoleit/Rachlitz* Rdn 10; aA MK-*Grunewald*[3] Rdn 2: Anwendung der Grundsätze der fehlerhaften Gesellschaft auch bei Beschlussnichtigkeit.

[8] I Erg auch MK-*Grunewald*[3] Rdn 2 mit § 319 Rdn 14 f.

[9] S Begr RegE § 320 bei *Kropff* S 425; *Hüffer*[10] Rdn 2; KK-*Koppensteiner*[3] Rdn 3; MünchHdb AG/*Krieger*[3] § 73 Rdn 43; Spindler/Stilz/*Singhof*[2] Rdn 2.

[10] S auch *Hüffer*[10] Rdn 2; MünchHdb AG/*Krieger*[3] § 73 Rdn 43; *Timm/Schick* WM 1994, 185.

[11] BGH, Beschl v 12.3.2001 – II ZB 15/00, BGHZ 147, 108 Ls a); zust *Hüffer*[10] Rdn 2; ferner *Lüdemann* Probleme der Abfindung, 2006, S 140 ff; *Wolf* Abfindungsrechte 2010, S 134 ff; s bereits *Jochen Schmidt* Das Recht der außenstehenden Aktionäre, 1979, S 47 ff, 49; aA *Tebben* AG 2003, 600, 604 ff; *Hengeler* FS Möhring 1975, S 197, 200.

[12] S BGH, Beschl v 12.3.2001 – II ZB 15/00, BGHZ 147, 108, 112 f, der sein Ergebnis unter Verweis auf das nach Art. 14 Abs 1 GG geschützte Aktieneigentum als die allein verfassungskonforme Auslegung der §§ 304 f, 320a ansieht; ferner *Jochen Schmidt* Das

Recht der außenstehenden Aktionäre, 1979, S 47 ff. Das OLG Stuttgart Beschl v 7.6.2011 – 20 W 2/11, Der Konzern 2011, 419, insb Tz 11 hat daher folgerichtig für den Fall anders entschieden, dass die Bewertungszeitpunkte identisch sind. Anders liegen die Dinge ferner, wenn es darum geht, ob den außenstehenden Aktionären, für die bereits ein Ausgleich nach § 304 festgesetzt ist, eine anteilige Ausgleichszahlung für den Fall zusteht, dass die Eingliederung vor Entstehung des jährlichen festen Ausgleichsanspruchs in das Handelsregister eingetragen wird. Dies ist zu verneinen; bei der Berechnung des Abfindungsanspruchs nach § 320b werden jedoch erwartbare Erträge berücksichtigt. Eine gleichwohl bestehende „Verzinsungslücke" ist hinzunehmen. S zum Squeeze out BGH Urt v 19.4.2011 – II ZR 237/09, NZG 2011, 701 = ZIP 2011, 1097 – Wella; zur Verfassungsmäßigkeit dieser Entscheidung BVerfG Beschl v 5.12.2012 – 1 BvR 1577/11, AG 2013, 255.

[13] Unstr, s etwa Emmerich/*Habersack* Aktien- und GmbH-Konzernrecht[6] § 320a Rdn 5; KK-*Koppensteiner*[3] Rdn 7; MK-*Grunewald*[3] Rdn 2; Spindler/Stilz/*Singhof*[2] Rdn 2.

[14] So Emmerich/*Habersack* Aktien- und GmbH-Konzernrecht[6] § 320a Rdn 5; KK-*Koppensteiner*[3] Rdn 7, die hierfür

Rechts, also der Aktienmitgliedschaft, setzt sich die Belastung mit der Rechtsauswechslung am Anspruch auf Abfindung fort; bei Auszahlung der Abfindung wiederum an dieser (jeweils § 1287 S 1 BGB analog).[15]

**6**  Anders als die Aktien der Minderheitsaktionäre gehen bestehende **Options- und Wandlungsrechte auf Aktien der eingegliederten Gesellschaft** nicht gegen Gewährung eines Abfindungsanspruchs auf die Hauptgesellschaft über.[16] Vielmehr werden diese nach ganz hA durch wertäquivalente Rechte auf Aktien der Hauptgesellschaft ersetzt.[17] Dieses Ergebnis wird teils auf eine Analogie zu den §§ 320a, 320b,[18] teils auf eine Analogie zu §§ 23, 36 Abs 1 UmwG,[19] teils auf eine solche zu sämtlichen dieser Vorschriften gestützt.[20].[21] Der Verweis auf § 23 UmwG spricht für einen Anspruch auf Gewährung wertäquivalenter Rechte gegen die Hauptgesellschaft[22] und gegen eine Umwandlung der Options- und Wandlungsrechte kraft Gesetzes[23].[24] Hinter dieser Lösung steht die Überlegung, dass die Ausübung der Options- und Wandlungsrechte den Bestand der Eingliederung zu gefährden droht (vgl § 327 Abs 1 Nr 3).[25] Daher soll auch anderes gelten, dh die Options- und Wandlungsrechte mit ihrem bisherigen Inhalt fortbestehen, wenn sich diese Rechte auf über 5 % der Aktien der eingegliederten Gesellschaft beziehen.[26] Als

§ 1287 S 1 BGB analog anwenden; i Erg ebenso MK-*Grunewald*[3] Rdn 2, die jedoch die Belastung der Urkunde als bloß theoretischen Fall außer Acht lassen will; s auch Spindler/Stilz/*Singhof*[2] Rdn 2.

[15] Emmerich/*Habersack* Aktien- und GmbH-Konzernrecht[6] § 320a Rdn 5; KK-*Koppensteiner*[3] Rdn 7; MK-*Grunewald*[3] Rdn 2.

[16] S bereits *Würdinger* in Vorauflage § 320 Anm 25; deutlich auch MK-*Grunewald*[3] § 320b Rdn 15; KK-*Koppensteiner*[3] Rdn 8; soweit auch Schmidt/Lutter/*Ziemons*[2] Rdn 6 ff und ausführlich *dies* FS K Schmidt, 2009, S 1777 ff.

[17] S BGH Urt v 2.2.1998 – II ZR 117/97, NJW 1998, 2146 sowie die Liternaturnachweise in den folgenden Fn; vgl in diesem Zusammenhang auch BGH, Urt v 30.3.1998 – II ZR 12/97, BGHZ 138, 224 = ZIP 1998, 1353 zur Abfindung analog § 320b Abs 1 Satz 3; **aA** Schmidt/Lutter/*Ziemons*[2] Rdn 6 ff und ausführlich *dies* FS K Schmidt, 2009, S 1777 ff: Options- und Wandlungsrechte bleiben unverändert gegenüber der eingegliederten Gesellschaft bestehen. Für eine Übertragung dieser Rspr auf die Behandlung von Options- und Wandelrechten in den verschiedenen Squeeze-out-Verfahren *Süßmann*, AG 2013, 158 ff.

[18] S BGH Urt v. 2.2.1998 – II ZR 117-97, NJW 1998, 2146 f unter Verweis auf *Martens* AG 1992, 209, 213 (analog § 320 Abs 4 aF = § 320a); Spindler/Stilz/*Singhof*[2] Rdn 6.

[19] So KK-*Koppensteiner*[3] Rdn 8.

[20] So Emmerich/*Habersack* Aktien- und GmbH-Konzernrecht[6] § 320b Rdn 8.

[21] Vgl. auch MK-*Grunewald*[3] § 320b Rdn 15, die zwar auf § 23 UmwG verweist, gleichzeitig aber auch die Treuepflicht sowie eine ergänzende Auslegung der Anleihebedingungen ins Spiel bringt.

[22] So auch Emmerich/*Habersack* Aktien- und GmbH-Konzernrecht[6] § 320b Rdn 8; MK-*Grunewald*[3] § 320b Rdn 15.

[23] So offenbar *Martens* AG 1992, 209, 213 in seinem grundlegenden Beitrag; ferner KK-*Koppensteiner*[3] Rdn 8, der von einer „Mutation" spricht; klar Spindler/Stilz/*Singhof*[2] Rdn 6 („ex lege").

[24] S allg zu § 23 UmwG nur Lutter/*Grunewald* UmwG[4] § 23 Rdn 8.

[25] S die N in den vorstehenden Fn; vgl auch BGH Urt v 30.3.1998 – II ZR 12/97, BGHZ 138, 224, 228 f = ZIP 1998, 1353.

[26] So Emmerich/*Habersack* Aktien- und GmbH-Konzernrecht[6] § 320b Rdn 8 unter Verweis auf BGH Urt v 30.3.1998 – II ZR 12/97, BGHZ 138, 224; angedeutet auch in BGH Urt v 2.2.1998 – II ZR 117/97, NJW 1998, 2146; nach MK-*Grunewald*[3] § 320b Rdn 15 soll für dieses Ergebnis zudem eine Ablehnung von Aktien der Hauptgesellschaft durch dieses Quorum erforderlich sein; freilich stellt sich dann die Frage nach der rechtlichen Konstruktion. **Gegen** den Fortbestand der bisherigen Options- und Wandlungsrechte auch in diesem Fall Spindler/Stilz/*Singhof*[2] Rdn 6.

Optionsrechte im vorgenannten Sinne sind auch **noch nicht erfüllte Abfindungsansprüche** gegen die eingegliederte Gesellschaft in Aktien derselben anzusehen.[27]

### III. Wechsel der in der Aktienurkunde verbrieften Rechtsposition (Satz 2)

#### 1. Allgemeines

Nach allgemeinen wertpapierrechtlichen Grundsätzen würde die Hauptgesellschaft mit **7** dem Übergang der Aktienmitgliedschaften auf sie auch das Eigentum an den Aktienurkunden erwerben. Für Namensaktien ergäbe sich dies aus § 952 Abs 2 BGB analog[28], für Inhaberaktien hingegen aus § 797 Satz 2 BGB analog[29] oder, falls man beim Übergang des Inhaberpapiers durch *cessio legis* § 952 BGB für anwendbar hält, wiederum aus § 952 Abs. 2 BGB analog[30]. An Sammelurkunden entstünde entsprechend Miteigentum (und schlussendlich Alleineigentum) der Hauptgesellschaft (vgl. §§ 9a Abs 2 mit 6 Abs 1 DepotG).[31] Satz 2 **wechselt** jedoch das durch die Aktienurkunden **verbriefte Recht zeitweilig aus**. Bis zur Aushändigung der Urkunde an die Aktiengesellschaft verbriefen die Aktienurkunden (nur noch) den Anspruch des ausgeschiedenen Aktionärs auf Abfindung (§ 320b).[32] Demgemäß bleibt der ausgeschiedene Aktionär einstweilen Eigentümer der Urkunde.

Ungeachtet der Eigentumsverhältnisse an den Urkunden erlangt die Hauptgesellschaft **8** jedoch mit Eintragung der Eingliederung einen Anspruch gegen die ausgeschiedenen Aktionäre auf Herausgabe der Urkunden. Umgekehrt steht dem ausgeschiedenen Aktionär der Abfindungsanspruch nach § 320b zu. Beide Ansprüche können Zug um Zug gegen Erfüllung des jeweils anderen Anspruchs geltend gemacht werden (§§ 273 f BGB).[33] Erfüllt die Hauptgesellschaft den Abfindungsanspruch bereits vor Aushändigung der Urkunde, steht ihr auch bei (früheren) Inhaberaktien bereits ab diesem Zeitpunkt das Eigentum an der Urkunde zu (§ 797 Satz 2 BGB analog).[34] In diesem Fall verkörpert die Urkunde auch schon vor Aushändigung an die Hauptgesellschaft die Aktienmitgliedschaft, jetzt diejenige der Hauptgesellschaft.[35]

Mit der in Satz 2 vorgesehenen Verbriefung des Abfindungsanspruchs soll die **Ab-** **9** **wicklung der Eingliederung erleichtert** werden: Sie ermöglicht der Hauptgesellschaft die

[27] *Klöhn* Das System der aktien- und umwandlungsrechtlichen Abfindungsansprüche, 2009, S 387 f; vgl auch *Lüdemann* Probleme bei der Abfindung, 2006, 148; *Wolf* Abfindungsrechte, 2010, S 144 ff.

[28] S *Hüffer*[10] § 68 Rdn 3 sowie § 320a Rdn 3; vgl auch *Spindler/Stilz/Singhof*[2] Rdn 5.

[29] S *Timm/Schick* WM 1994, 185, 186; MK-*Grunewald*[3] Rdn 3; KK-*Koppensteiner*[3] Rdn 6.

[30] So offenbar *Hüffer*[10] Rdn 3; klar auch *Weißhaupt/Özdemir* ZIP 2007, 2110, 2111.

[31] S dazu *Habersack/Mayer* WM 2000, 1678, 1682; ferner *Spindler/Stilz/Singhof*[2] Rdn 8; zur Anwendung des § 952 BGB s *Staudinger/Gursky*, 2004, § 952 Rdn 5 aE.

[32] S *Begr RegE* § 320 bei *Kropff* S 425; *Hüffer*[10] Rdn 3; *Spindler/Stilz/Singhof*[2] Rdn 5.

[33] Klar *Emmerich/Habersack* Aktien- und GmbH-Konzernrecht[6] § 320a Rdn 6; s ferner

*Hüffer*[10] Rdn 3; KK-*Koppensteiner*[3] Rdn 6; MünchHdb AG-*Krieger*[3] § 73 Rdn 43; *Spindler/Stilz/Singhof*[2] Rdn 6; zu § 327e Abs 3 Satz 2 ebenso *Weißhaupt/Özdemir* ZIP 2007, 2110, 2111; ferner *Weppner/Groß-Bölting* BB 2012, 2196, 2197.

[34] S allgemein zu § 797 Satz 2 BGB MKBGB-*Habersack*[5] § 797 Rdn 5 mwN; im hiesigen Kontext *Emmerich/Habersack* Aktien- und GmbH-Konzernrecht[6] § 320a Rdn 6; *Spindler/Stilz/Singhof*[2] Rdn 6; *Timm/Schick* WM 1994, 185, 186; für § 327e Abs 3 Satz 2 klar *Weißhaupt/Özdemir* ZIP 2007, 2110, 2111; insofern missverständlich *Hüffer*[10] Rdn 3: „Eigentumserwerb mit Aushändigung"; aA *Weppner/Groß-Bölting* BB 2012, 2196, 2197, die § 797 Satz 2 BGB insofern beim Wort nehmen.

[35] S nur *Hüffer*[10] Rdn 3.

Erfüllung der Abfindungsansprüche bei Vorlage der Urkunden ohne weitere Legitimationsprüfung.[36] Dies gilt auch für (frühere) Namensaktien, sofern den Inhaber der Urkunde eine ununterbrochene Indossamentenkette oder ein Blankoindossament legitimiert (§ 68 Abs 1 S 2 iVm Art 16 Abs 1 WG).[37] Satz 2 ist nach allg Ansicht auf Zwischenscheine (§ 8 Abs 6) entsprechend anzuwenden.[38]

### 2. Gutgläubiger Erwerb?

**10**      Nach Eintragung der Eingliederung verbriefen die Aktienurkunden der ausgeschiedenen Aktionäre zwar nur noch den gesetzlichen Abfindungsanspruch nach § 320b. Die unverändert gebliebene Urkunde verlautbart jedoch weiterhin die Aktienmitgliedschaft. Vor diesem Hintergrund stellt sich die Frage nach der Möglichkeit des gutgläubigen Erwerbs der Aktienmitgliedschaft in der eingegliederten Gesellschaft durch Dritte.[39] Dies betrifft neben (früheren) Inhaberaktien auch Namensaktien mit lückenloser Indossamentenkette.[40] Liegt keine Einzelverbriefung vor, sondern ist nur eine Globalurkunde vorhanden, so ist eine Übertragung der darin verbrieften Mitgliedschaft nur durch Abtretung gem §§ 398, 413 BGB möglich; ein gutgläubiger Erwerb scheidet dann von vorneherein aus.[41] Bei der daher im Folgenden allein in den Blick genommenen Einzelverbriefung unterscheidet die Diskussion zwischen der Möglichkeit des gutgläubigen Erwerbs vor Bekanntmachung der Eintragung (1), zwischen Bekanntmachung und Erfüllung des in der Urkunde verbrieften Abfindungsanspruchs (durch Hinterlegung) (2), im Zeitraum danach (3) sowie für den Fall, dass die Hauptgesellschaft die erlangten Aktienurkunden selbst wieder in Umlauf bringt (4).

**11**      Nach wohl unbestrittener Ansicht ist ein **gutgläubiger Erwerb** der Aktienmitgliedschaften **vor Erfüllung des Abfindungsanspruchs** nach § 320b **nicht möglich**.[42] Dies wird teils damit begründet, dass der ausgeschiedene Aktionär als Berechtigter des in der Urkunde verbrieften Abfindungsanspruchs und nicht als Nichtberechtigter verfüge.[43] Teils verweist man auch auf die entgegenstehende Registerpublizität.[44]

**12**      Hierzu ist zunächst festzuhalten, dass die Berechtigung in Bezug auf den Abfindungsanspruch, die Nichtberechtigung in Bezug auf die Aktienmitgliedschaft nicht ausschließt.[45] Der Grund für den Ausschluss des gutgläubigen Erwerbs ergibt sich vielmehr

---

[36] Vgl auch Spindler/Stilz/*Singhof*[2] Rdn 6; S im Zusammenhang mit § 327e Abs 3 Satz 2 etwa *König* NZG 2006, 606, 608; *Weißhaupt/Özdemir* ZIP 2007, 2110, 2111 unter der Rubrik „Abwicklungsfunktion der Rechtsauswechslung".

[37] S zur Legitimationsfunktion der indossierten Namensaktie nur *Hüffer*[10] § 68 Rdn 8.

[38] S etwa Emmerich/*Habersack* Aktien- und GmbH-Konzernrecht[6] § 320a Rdn 6; *Hüffer*[10] Rdn 3.

[39] Dazu ausführlich *Weißhaupt/Özdemir* ZIP 2007, 2110 ff mit Blick auf die Regelung des § 327e Abs 3 Satz 2.

[40] S nur *Noack* in: Bayer/Habersack (Hrsg), Aktienrecht im Wandel, Bd 2, 2007, 11. Kapitel Rdn 50, 78 mwN.

[41] S *Habersack/Mayer* WM 2000, 1678, 1682;

*Noack* in: Bayer/Habersack (Hrsg), Aktienrecht im Wandel, Bd 2, 2007, 11. Kapitel Rdn 51, 73 mit Überlegungen zu einer Anerkennung der Depotbuchung als Vertrauensgrundlage für einen redlichen Erwerb.

[42] S statt aller Emmerich/*Habersack* Aktien- und GmbH-Konzernrecht[6] § 320a Rdn 4; KK-*Koppensteiner*[3] Rdn 7; MK-*Grunewald*[3] Rdn 5; Spindler/Stilz/*Singhof*[2] Rdn 5 mit Fn 10; für § 327e Abs 3 Satz 2 *Weißhaupt/Özdemir* ZIP 2007, 2110, 2112 ff.

[43] Emmerich/*Habersack* Aktien- und GmbH-Konzernrecht[6] § 320a Rdn 4; wohl zust Spindler/Stilz/*Singhof*[2] Rdn 5 mit Fn 10.

[44] So KK-*Koppensteiner*[3] Rdn 7.

[45] In diesem Sinne wohl auch *Weißhaupt/Özdemir* ZIP 2007, 2110, 2112.

aus einer normzweckgeleiteten Abwägung des aktienrechtlich gebotenen Bestands-schutzes mit dem wertpapierrechtlichen Verkehrsschutz[46]: Die gesetzliche Auswechslung des verbrieften Rechts dokumentiert den gesetzgeberischen Willen, die wertpapierrecht-liche Funktionalität der Aktienurkunden zum Zwecke der schleunigen Abwicklung der Eingliederung ganz auf die Liberationsfunktion zu Gunsten der Hauptgesellschaft zu konzentrieren, und zwar selbst um den Preis der (vorübergehenden) Unrichtigkeit des Urkundeninhalts. Zu dieser gesetzlichen Interessengewichtung passt es schlecht, den Ur-kunden auch die den gutgläubigen Erwerb der in ihnen verlautbarten Mitgliedschaften ermöglichende Legitimationsfunktion zuzugestehen, welche die erfolgreiche Eingliede-rung gefährden kann. Auch erscheint die Schutzbedürftigkeit des Rechtsverkehrs jeden-falls stark reduziert, erhält der Dritte doch in der Regel zumindest den verbrieften Abfin-dungsanspruch vom insofern berechtigten Veräußerer und damit das „Vermögens-interesse" an der Mitgliedschaft. Schließlich wird der Rechtsschein der Urkunde durch die Verlautbarung der Eingliederung im Handelsregister erheblich erschüttert, wenn nicht gar zerstört (vgl § 15 Abs 2 Satz 1 HGB).[47] Nur wer in der konfligierenden Regis-terpublizität das allein schlagende Argument gegen die Möglichkeit des Gutglaubens-erwerbs sieht[48], wird einen solchen Erwerb folgerichtig **bis zur Bekanntmachung der Eintragung** (genauer: bis 15 Tage nach Bekanntmachung; § 15 Abs 2 Satz 2 HGB) zu-lassen.[49]

**Nach Erfüllung des Abfindungsanspruchs** ist die Auswechslung des verbrieften Rechts **13** beendet; ihre Abwicklungsfunktion hat sich „verbraucht".[50] Hat es die Hauptgesell-schaft unterlassen, auf Aushändigung der Aktienurkunden Zug um Zug gegen Zahlung der Abfindung zu bestehen, muss sie nunmehr die Möglichkeit gewärtigen, dass ein Dritter die in den Urkunden verbrieften Mitgliedschaften gutgläubig erwirbt.[51] Aus § 15 Abs 2 HGB ergibt sich insofern nichts anderes. Denn auch die Verlautbarung der Ein-gliederung im Handelsregister gibt keine Auskunft darüber, was in der Folge mit den von der Hauptgesellschaft zu 100 % gehaltenen Aktien geschieht.[52] Dies zeigt sich besonders deutlich in denjenigen Fällen, in denen die Hauptgesellschaft die ihr ausgehändigten **Urkunden erneut in Umlauf** bringt.[53]

Was schließlich den **gutgläubigen Erwerb des Abfindungsanspruchs** während der Zeit **14** der Rechtsauswechslung betrifft, ist zu unterscheiden: Der gutgläubige Erwerb des tat-sächlich bestehenden Abfindungsanspruchs vom Nichtberechtigten (Beispiel: Der die Urkunde für den Berechtigten Verwahrende veräußert den verbrieften Anspruch an einen

---

[46] So überzeugend *Weißhaupt/Özdemir* ZIP 2007, 2110, 2112.

[47] Dazu KK-*Koppensteiner*[3] Rdn 7; ausführlich *Weißhaupt/Özdemir* ZIP 2007, 2110, 2113 ff.

[48] Letztlich bedarf es hierfür wieder einer Abwägung zwischen den durch den wert-papierrechtlichen Verkehrsschutz und den durch die Registerpublizität geschützten Interessen, die zu Gunsten der Hauptgesell-schaft ausfällt. Insofern deutlich *Weißhaupt/ Özdemir* ZIP 2007, 2110, 2113.

[49] So in der Tat KK-*Koppensteiner*[3] Rdn 7; ausdrücklich **hiergegen** Emmerich/ *Habersack* Aktien- und GmbH-Konzern-recht[6] § 320a Rdn 4 mit Fn 6; ferner Bür-gers/Körber/*Fett*[2] Rdn 4.

[50] Hierin liegt auch der von *Weißhaupt/Özde-mir* ZIP 2007, 2110, 2113 in Abrede gestellte „Unterschied unter teleologischen Gesichts-punkten".

[51] So auch Emmerich/*Habersack* Aktien- und GmbH-Konzernrecht[6] § 320a Rdn 6 aE; **aA** zu § 327e Abs 3 Satz 2 *Weißhaupt/Özdemir* ZIP 2007, 2110, 2113.

[52] Vgl dazu auch *Weißhaupt/Özdemir* ZIP 2007, 2110, 2114 sub 3.2.2.

[53] Für diesen Fall bejahen auch *Weißhaupt/ Özdemir* ZIP 2007, 2110, 2115 die Möglich-keit des gutläubigen Erwerbs.

Klaus Ulrich Schmolke

Dritten) findet nach allgemeinen Grundsätzen statt. Der gutgläubige Erwerb eines tatsächlich nicht (mehr) bestehenden Abfindungsanspruchs ist hingegen ausgeschlossen (Beispiel: Der bereits abgefundene, ehemalige Aktionär veräußert den (vermeintlich noch) verbrieften Anspruch an einen Dritten). Eine besondere Umlauffähigkeit des verbrieften Abfindungsanspruchs ist mit der Regelung in Satz 2 nicht beabsichtigt.[54]

### 3. Zur Frage der Kraftloserklärung der Aktienurkunden

**15**   Sofern und soweit man einen gutgläubigen Erwerb der Aktienmitgliedschaften durch Dritte bejaht (dazu soeben unter Rdn 11 ff), wird der Hauptgesellschaft als Gegenmaßnahme nicht selten die Kraftloserklärung der Aktienurkunden nahegelegt.[55] Teils wird auch ganz unabhängig von einem gutgläubigen Erwerb auf den Anspruch der Hauptgesellschaft auf Verbriefung ihrer Mitgliedschaftsrechte an der eingegliederten Gesellschaft verwiesen, dessen Verwirklichung zunächst eine Kraftloserklärung noch kursierender Urkunden erfordere.[56] Dabei ist man sich uneins, ob eine Kraftloserklärung gem § 73 davon abhängig ist, dass die geschuldete Barabfindung bereits hinterlegt und damit der Abfindungsanspruch erloschen ist[57], oder nicht.[58]

**16**   Unstreitig dürfte zunächst sein, dass eine **Kraftloserklärung im Aufgebotsverfahren nach § 72** für die Hauptgesellschaft nicht in Betracht kommt. Ihr fehlt die Antragsberechtigung nach § 467 FamFG. Diese setzt nämlich voraus, dass der Antragsteller als Berechtigter in der Urkunde ausgewiesen ist (§ 467 Abs 2 FamFG)[59] oder – bei Inhaberaktien oder Blankoindossament – dass der Antragsteller der letzte „Inhaber" des Papiers, also der letzte unmittelbare Besitzer der Urkunde war (§ 467 Abs 1 FamFG)[60].[61]

**17**   Aber auch eine **Kraftloserklärung nach § 73** kommt richtigerweise nicht in Betracht. Vor Erfüllung der Abfindungsansprüche steht die Regelung des Satz 2 entgegen, wonach die Urkunden bis zu diesem Zeitpunkt die Abfindungsansprüche verbriefen (sollen).[62] Mit Erfüllung des Abfindungsanspruchs, etwa durch Hinterlegung, sind die Urkunden jedoch schon nach allgemeinen Grundsätzen nicht mehr „unrichtig" iSd § 73 Abs 1[63].[64]

---

[54] Für letzteren Fall auch *Weißhaupt/Özdemir* ZIP 2007, 2110, 2115.

[55] S etwa zu § 327e Abs 3 Satz 2 Geibel/Süßmann/*Grizmek* WpÜG[2], § 327e AktG Rdn 30; KKWpÜG-*Hasselbach*[2] § 327e AktG Rdn 66; ferner den Hinweis auf die Praxis bei *Weißhaupt/Özdemir* ZIP 2007, 2110, 2112; vgl für die Eingliederung auch MK-*Grunewald*[3] Rdn 5; MünchHdb AG/*Krieger*[3] § 73 Rdn 43.

[56] So etwa mit Blick auf § 327e Abs 3 Satz 2 *Weppner/Groß-Bölting* BB 2012, 2196, 2197 ff.

[57] So etwa Geibel/Süßmann/*Grizmek* WpÜG[2], § 327e AktG Rdn 30; KKWpÜG-*Hasselbach*[2] § 327e AktG Rdn 66; *Weppner/Groß-Bölting* BB 2012, 2196, 2199.

[58] So MK-*Grunewald*[3] Rdn 5; für § 327e Abs 3 Satz 2 auch *König* NZG 2006, 606, 607 f.

[59] S nur Hahne/Munzig/*Schlögel* FamFG Ed 5 § 467 Rdn 1 f. unter Verweis auf § 10 AktG.

[60] S Hahne/Munzig/*Schlögel* FamFG Ed 5 § 467 Rdn 3 („Inhaber"); klarer Bork/Jakoby/Schwab/*Dutta*, FamFG, 2009, § 467 Rdn 3.

[61] S dazu im Zusammenhang mit § 327e Abs 3 Satz 2 *Weppner/Groß-Bölting* BB 2012, 2196, 2198; vgl ferner *Weißhaupt/Özdemir* ZIP 2007, 2110, 2112 zur alten Rechtslage.

[62] S Emmerich/*Habersack* Aktien- und GmbH-Konzernrecht[6] § 320a Rdn 6; MünchHdb AG-*Krieger*[3] § 73 Rdn 43; Spindler/Stilz/*Singhof*[2] Rdn 5; ferner *Hüffer*[10] Rdn 3: „Ges[etzliche] Auswechslung des verbrieften Rechts und Unrichtigkeit der Urkunde […] schließen einander aus."; im Zusammenhang mit § 327e Abs 3 Satz 2 auch *Weißhaupt/Özdemir* ZIP 2007, 2110, 2112.

[63] S dazu nur *Hüffer*[10] § 71 Rdn 2 f.

[64] Zutr *Weißhaupt/Özdemir* ZIP 2007, 2110, 2112.

Dies zeigt sich auch in den Rechtsfolgen des § 73 Abs 3, die für den hier diskutierten Fall nicht passen.[65] Die Hauptgesellschaft bleibt damit auf die Durchsetzung ihres Anspruchs auf Aushändigung Zug um Zug gegen Zahlung der Abfindung oder ihres Herausgabeanspruchs nach Erfüllung des Abfindungsanspruchs verwiesen.[66]

# § 320b
## Abfindung der ausgeschiedenen Aktionäre

(1) [1]Die ausgeschiedenen Aktionäre der eingegliederten Gesellschaft haben Anspruch auf angemessene Abfindung. [2]Als Abfindung sind ihnen eigene Aktien der Hauptgesellschaft zu gewähren. [3]Ist die Hauptgesellschaft eine abhängige Gesellschaft, so sind den ausgeschiedenen Aktionären nach deren Wahl eigene Aktien der Hauptgesellschaft oder eine angemessene Barabfindung zu gewähren. [4]Werden als Abfindung Aktien der Hauptgesellschaft gewährt, so ist die Abfindung als angemessen anzusehen, wenn die Aktien in dem Verhältnis gewährt werden, in dem bei einer Verschmelzung auf eine Aktie der Gesellschaft Aktien der Hauptgesellschaft zu gewähren wären, wobei Spitzenbeträge durch bare Zuzahlungen ausgeglichen werden können. [5]Die Barabfindung muß die Verhältnisse der Gesellschaft im Zeitpunkt der Beschlußfassung ihrer Hauptversammlung über die Eingliederung berücksichtigen. [6]Die Barabfindung sowie bare Zuzahlungen sind von der Bekanntmachung der Eintragung der Eingliederung an mit jährlich 5 Prozentpunkten über dem jeweiligen Basiszinssatz nach § 247 des Bürgerlichen Gesetzbuchs zu verzinsen; die Geltendmachung eines weiteren Schadens ist nicht ausgeschlossen.

(2) [1]Die Anfechtung des Beschlusses, durch den die Hauptversammlung der eingegliederten Gesellschaft die Eingliederung der Gesellschaft beschlossen hat, kann nicht auf § 243 Abs. 2 oder darauf gestützt werden, daß die von der Hauptgesellschaft nach § 320 Abs. 2 Nr. 2 angebotene Abfindung nicht angemessen ist. [2]Ist die angebotene Abfindung nicht angemessen, so hat das in § 2 des Spruchverfahrensgesetzes bestimmte Gericht auf Antrag die angemessene Abfindung zu bestimmen. [3]Das gleiche gilt, wenn die Hauptgesellschaft eine Abfindung nicht oder nicht ordnungsgemäß angeboten hat und eine hierauf gestützte Anfechtungsklage innerhalb der Anfechtungsfrist nicht erhoben oder zurückgenommen oder rechtskräftig abgewiesen worden ist.

(3) (aufgehoben)

### Übersicht

---

[65] *Hüffer*[10] Rdn 3.

[66] S nur Emmerich/*Habersack* Aktien- und

GmbH-Konzernrecht[6] § 320a Rdn 6; *Hüffer*[10] Rdn 3.

Klaus Ulrich Schmolke

## Schrifttum

Arbeitskreis Beschlussmängelrecht: Vorschlag zur Neufassung der Vorschriften des Aktiengesetzes über Beschlussmängel, AG 2008, 617; *Bernhardt* Die Abfindung von Aktionären nach neuem Recht, BB 1966, 257; *Brachvogel* Leitungsmacht und Verantwortlichkeit im Konzern, 1967; *Bungert/Wettich* Neues zur Ermittlung des Börsenwerts bei Strukturmaßnahmen, ZIP 2012, 449; *dies* Die zunehmende Bedeutung des Börsenkurses bei Strukturmaßnahmen im Wandel der Rechtsprechung, FS Hoffmann-Becking, 2013, S 157; *Burger* Keine angemessene Abfindung durch Börsenkurse bei Squeeze-out, NZG 2012, 281; DAV-Handelsrechtsausschuss: Vorschläge zur Änderung des UmwG, NZG 2000, 802; *Decher* Die Information der Aktionäre über die Unternehmensbewertung bei Strukturmaßnahmen in der Hauptversammlungs- und Gerichtspraxis, FS Hoffmann-Becking, 2013, S 295; *Drygala/Staake* Delisting als Strukturmaßnahme, ZIP 2013, 905; *Fleischer* Zur Behandlung des Fungibilitätsrisikos bei der Abfindung außenstehender Aktionäre (§§ 305, 320b AktG), FS Hoffmann-Becking, 2013, S 331; *Frisinger* Wahlrechte bei der Abfindung nach §§ 320 Abs 5 AktG, 15 Abs 1 UmwG und Beendigung des Schwebezustands, BB 1972, 819; *Fuhrmann* Das Freigabeverfahren bei Squeeze out-Verfahren, Der Konzern 2004, 1; *Grunewald* Die Auswirkungen der Macrotron-Entscheidung auf das kalte Delisting, ZIP 2004, 542; *Halberkamp* Die Entschädigung der außenstehenden Aktionäre bei der aktienrechtlichen Konzernierung, 1996; *Hoffmann-Becking* Rechtsschutz bei Informationsmängeln im Unternehmensvertrags- und Umwandlungsrecht, in Henze/Hoffmann-Becking (Hrsg), Gesellschaftsrecht 2001, 2001, S 55; *Kamprad/Römer* Die Abfindung der außenstehenden Aktionäre bei der Eingliederung durch Mehrheitsbeschluss nach § 320 AktG, AG 1990, 486; *Kiefner/Gillessen* Die Zukunft von „Macrotron" im Lichte der jüngsten Rechtsprechung des BVerfG, AG 2012, 645; *Kiem* Die Stellung der Vorzugsaktionäre bei Umwandlungsmaßnahmen, ZIP 1997, 1627; *Klöhn* Das System der aktien- und umwandlungsrechtlichen Abfindungsansprüche, 2009; *ders* Delisting – Zehn Jahre später, NZG 2012, 1041; *Komp* Zweifelsfragen des aktienrechtlichen Abfindungsanspruchs nach §§ 305, 320b, 2002; *Kowalski* Eingliederung: Abfindung durch Ausnutzung genehmigten Kapitals, AG 2000, 555; *ders* Vorzugsaktie und Umstrukturierung, FS Lutter, 2000, S 497; *Lüdemann* Probleme bei der Abfindung außenstehender Aktionäre, 2006; *Lutter* Aktienerwerb von Rechts wegen: Aber welche Aktien?, FS Mestmäcker, 1996, S 943; *Martens* Die rechtliche Behandlung von Options- und Wandlungsrechten anlässlich der Eingliederung der verpflichteten Gesellschaft, AG 1992, 209; *Mülbert* Abschwächungen des mitgliedschaftlichen Bestandsschutzes im Aktienrecht, FS Ulmer, 2003, S 433; *Noack/Zetzsche* Die Informationsanfechtung nach der Neuregelung des § 243 Abs 4 AktG, ZHR 170 (2006), 218; *Paschos/Klaßen* Offene Fragen nach der Entscheidung des BVerfG zum Delisting und Folgen für die Beratungspraxis, ZIP 2013, 154; *Rapp* Einige kritische Überlegungen zur Praxis der Abfindung von Minderheitsgesellschaftern gemäß §§ 327a ff. AktG, Der Konzern 2012, 8; *Rehbinder* Gesellschaftsrechtliche Probleme mehrstufiger Unternehmensverbindungen, ZGR 1977, 581; *Rodloff* Ungeschriebene sachliche Voraussetzungen der aktienrechtlichen Mehreitseingliederung, 1991; *Röhricht* Die aktuelle höchstrichterliche Rechtsprechung zum Kapitalgesellschaftsrecht, in VGR (Hrsg) Gesellschaftsrecht in der Diskussion 1998, 1999, S 1; *ders* Die aktuelle höchstrichterliche Rechtsprechung zum Gesellschaftsrecht, in VGR (Hrsg) Gesellschaftsrecht in der Diskussion 2001, 2002, S 3; *C Schäfer* Die Lehre vom fehlerhaften Verband, 2002; *Schnaittacher/Stindt* „Freie Fahrt in den Freiverkehr(?)", WM 2012, 2225; *Schoppe* Aktieneigentum, 2011; *Süßmann* Die Behandlung von Options- und Wandelrechten in den einzelnen Squeeze-out-Verfahren, AG 2013, 158; *Timm/Schöne* Abfindung in Aktien: Das Gebot der Gattungsgleichheit, FS Kropff, 1997, S 315; *Veit* Unternehmensverträge und Eingliederung als aktienrechtliche Instrumente der Unternehmensverbindung, 1974; *Wackerbarth* Die Begründung der Macrotron-Rechtsfortbildung nach dem Delisting-Urteil des BVerfG, WM 2012, 2077; *Weißhaupt* Kompensationsbezogene Informationsmängel in der Aktiengesellschaft, 2003; *ders* Informationsmängel in der Hauptversammlung: die Neuregelung durch das UMAG ZIP 2005, 1766; *Wilsing/Kruse* Anfechtbarkeit von Squeeze-out- und Eingliederungsbeschlüssen wegen abfindungswertbezogener Informationsmängel?, DB 2002, 1539; *Ziemons* Options- und Wandlungsrechte bei Squeeze out und Eingliederung, FS K Schmidt, 2009, S 1777.

## I. Grundlagen

### 1. Regelungszweck

Mit der Eintragung der Mehrheitseingliederung verlieren die bisherigen Minderheits- **1** aktionäre der einzugliedernden Gesellschaft gem § 320a ihre Mitgliedschaftsrechte. Der verfassungsrechtliche Schutz des Aktieneigentums[1] gebietet eine Kompensation für diesen Rechtsverlust.[2] § 320b gewährt den ausscheidenden Aktionären daher einen Anspruch auf angemessene Abfindung.[3] Diese wird grundsätzlich in Form von Aktien der Hauptgesellschaft gewährt, so dass die Minderheitsaktionäre zwar nicht mehr unmittelbar an den Geschicken der eingegliederten Gesellschaft teilnehmen, stattdessen jedoch an denen der Hauptgesellschaft und damit der Unternehmensgruppe.[4]

Der Ausschluss der Anfechtbarkeit des Eingliederungsbeschlusses und der damit einher- **2** gehende Verweis auf das Spruchverfahren in Abs 2 dient hier ebenso wie bei den entsprechenden Parallelregelungen[5] dazu, den Rechtsschutz des angemessene Kompensation begehrenden Aktionärs auf dessen Schutzinteresse zu beschränken und die dieses Interesse unberührt lassende Durchführung der Strukturmaßnahme (hier: Eingliederung) ohne weitere zeitliche Verzögerung zu ermöglichen.[6]

---

[1] S dazu monographisch *Schoppe* Aktieneigentum, 2011, dort insb S 317 ff; ferner bereits die N zu § 320 Rdn 1 in Fn 3; zur verfassungsrechtlichen Würdigung des § 320b BGH Urt v 27.5.1974 – II ZR 109/72, WM 1974, 713, 716 f; OLG Celle Urt v 28.6.1972 – 9 U 155/71, WM 1972, 1004, 1010 ff; s auch *Halberkamp* Die Entschädigung, 1996, S 140.

[2] S etwa KK-*Koppensteiner*[3] Rdn 2; Spindler/Stilz/*Singhof*[2] Rdn 2.

[3] Nach *Klöhn* Das System der aktien- und umwandlungsrechtlichen Abfindungsansprüche, 2009, passim, handelt es sich bei dem Anspruch aus § 320b Abs 1 – ebenso wie bei allen anderen aktien- und umwandlungsrechtlichen Abfindungsansprüchen – der Sache nach um einen Aufopferungsanspruch.

[4] S auch KK-*Koppensteiner*[3] Rdn 2; vgl ferner Begr RegE § 320 bei *Kropff* S 424: „Vielmehr

wird das Hinüberwechseln in die Hauptgesellschaft für sie [= die ausschiedenen Aktionäre] in der Regeln vorteilhaft sein, weil sie dort nicht mehr einer tatsächlich nahezu bedeutungslosen Minderheit angehören."; vgl. auch *Klöhn* Das System der aktien- und umwandlungsrechtlichen Abfindungsansprüche, 2009, S 407 f: allgemeines Prinzip des Primärschutzes; für analoge Anwendung des § 320b im Falle der „übertragenden Auflösung" Emmerich/*Habersack* Aktien- und GmbH-Konzernrecht[6] § 320b Rdn 1 mit § 327a Rdn 10.

[5] S dazu die in § 1 SpruchG in Bezug genommenen Vorschriften.

[6] Vgl auch die Ausführungen in Begr RegE § 304 bei Kropff S 395; ferner KK-*Koppensteiner*[3] Rdn 2: „verfahrensrechtliche Effektuierung des Abfindungsanspruchs".

Klaus Ulrich Schmolke

## 2. Entstehungs- und Reformgeschichte

**3**      Die Regelung des § 320b ist durch das UmwBerG von 1994 geschaffen worden, indem die ursprünglich in § 320 Abs 5 bis 7 aF enthaltenen Bestimmungen aus § 320 herausgelöst und in die neue Vorschrift des § 320b übertragen worden sind (s bereits Vor § 319 Rdn 3 und § 320 Rdn 2). In der Sache wurde hierbei allein die Regelung in Abs 1 Satz 6 über den Anspruch des ausgeschiedenen Aktionärs auf **Verzinsung** seiner Barabfindung oder -zuzahlung geändert, die auch in der Folge wiederholt Gegenstand gesetzgeberischer Eingriffe war: War in der ursprünglichen Regelung des § 320 Abs 5 Satz 6 aF noch eine Verzinsung von 5 % vorgesehen, sah Abs 1 Satz 6 nunmehr einen beweglichen Zinssatz von 2 % über dem jeweiligen Diskontsatz der Deutschen Bundesbank vor. Weitere Änderungen durch das Diskontsatz-Überleitungs-Gesetz vom 9.6.1998[7], die Verordnung zur Ersetzung von Zinssätzen vom 5.4.2002[8] sowie das ARUG vom 30.7.2009[9] führten schließlich zu der aktuellen Regelung, nach der die Barabfindung oder -zuzahlung mit 5 % über dem jeweiligen Basiszinssatz nach § 247 BGB zu verzinsen ist.[10]

**4**      Jenseits der Verzinsung der Barabfindung hat Art 2 Nr 6 des Spruchverfahrens-neuordnungsG vom 12. Juni 2003[11] der Einführung des **SpruchG** im Rahmen des § 320b dadurch Rechnung getragen, dass zum einen der Verweis in Abs 2 Satz 3 nach Tilgung des § 306 auf den neuen § 2 SpruchG umgestellt und zum anderen Abs 3 gänzlich gestrichen worden ist. Dessen Regelungsinhalte finden sich nunmehr in den §§ 3 und 4 SpruchG wieder.[12]

## 3. Überblick über den Regelungsinhalt

**5**      Abs 1 Satz 1 gewährt den ausscheidenden Aktionären der eingegliederten Gesellschaft einen **Abfindungsanspruch**. Dessen Inhalt wird in Abs 1 Satz 2–6 näher bestimmt: Grundsätzlich werden die Minderheitsaktionäre durch eigene Aktien der Hauptgesellschaft abgefunden (Abs 1 Satz 2). Die Abfindung in Aktien ist unter den Bedingungen des Abs 1 Satz 4 angemessen. Ist die Hauptgesellschaft eine abhängige Gesellschaft so ist den ausscheidenden Aktionären als Alternative zur Abfindung in Aktien eine Barabfindung zu gewähren (Abs 1 Satz 3 und Satz 5). Diese ist ebenso wie bare Zuzahlungen im Falle der Abfindung in Aktien von der Bekanntmachung der Eintragung der Eingliederung an zu verzinsen (Abs 1 Satz 6). Abs 2 regelt den **Rechtsschutz** der ausgeschiedenen Aktionäre und verweist sie für die Rüge des Abfindungsangebots unter Ausschluss der Anfechtungsklage auf das Spruchverfahren.

[7] Art 1 des Euro-Einführungsgesetzes (EuroEG), BGBl I 1242: Ersetzung des Diskontsatzes durch den Basiszinssatz.

[8] BGBl I 1250: Art 5 Abs 1 Nr 1 der Verordnung machte den Basiszinssatz nach § 247 BGB zur Bezugsgröße des beweglichen Zinssatzes.

[9] BGBl I 2479.

[10] S zum Ganzen auch Emmerich/*Habersack*

Aktien- und GmbH-Konzernrecht[6] § 320b Rdn 2; ferner *Hüffer*[10] Rdn 1; KK-*Koppensteiner*[3] Rdn 1.

[11] BGBl I 838.

[12] S zum Ganzen etwa auch Emmerich/*Habersack* Aktien- und GmbH-Konzernrecht[6] § 320b Rdn 2; ferner KK-*Koppensteiner*[3] Rdn 1; Spindler/Stilz/*Singhof*[2] Rdn 1a.

## II. Anspruch der ausgeschiedenen Aktionäre auf angemessene Abfindung (Abs 1)

### 1. Allgemeines

Gem Abs 1 Satz 1 erhalten die ehemaligen Minderheitsaktionäre der eingegliederten **6** Gesellschaft für den Verlust ihrer Mitgliedschaft nach § 320a Satz 1 (s dazu § 320a Rdn 2 ff) einen Anspruch auf angemessene Abfindung **gegen die Hauptgesellschaft**[13]. Dieser entsteht mit der Eintragung der Eingliederung im Handelsregister (vgl § 320 Abs 1 Satz 3 iVm § 319 Abs 7 und § 320a Satz 1) **kraft Gesetzes**. Die Dinge liegen hier also anders als beim Abfindungsanspruch nach § 305 Abs 1, der den Abschluss eines Abfindungsvertrages voraussetzt.[14] Aus der gesetzlichen Natur des Abfindungsanspruchs folgt gem § 31 Abs 5 Satz 2 WpÜG, dass die Hauptgesellschaft nicht gem §§ 31 Abs 5 Satz 1, 39 WpÜG zur Zuzahlung verpflichtet ist, wenn der Eingliederung ein freiwilliges Übernahmeangebot oder ein Pflichtangebot vorausgegangen ist.[15]

Gläubiger des **Abfindungsanspruchs** nach Abs 1 Satz 1 sind jedenfalls die ausgeschie- **7** denen Aktionäre. Ob dies auch **für die eingegliederte Gesellschaft** gilt, die bis zum gesetzlichen Übergang nach § 320a Abs 1 Satz 1 **eigene Aktien** gehalten hat, ist streitig. Die Frage ist mit der im Schrifttum überwiegenden Ansicht zu bejahen.[16] Dies lässt nicht nur der Wortlaut von Abs 1 Satz 1 ohne Weiteres zu[17], sondern entspricht auch dem Umstand, dass die eingegliederte Gesellschaft weiterhin rechtliche Selbständigkeit genießt.[18] Es besteht kein Grund, der eingegliederten, aber weiterhin selbständigen Gesellschaft die Entschädigung für den Entzug des potentiellen, bei Veräußerung realisierbaren Wertes der eigenen Aktien zu versagen.[19] Wegen § 323 ist die Frage für den bestehenden Einglie-

---

[13] Zur Hauptgesellschaft als Anspruchsgegnerin s OLG Düsseldorf Beschl v 15.1.2004 – I-19 W 5/03 AktE, AG 2004, 212, 213; LG Dortmund Beschl v 1.4.2004 – 18 AktE 2/03, NZG 2004, 723, 724; ausführlich Veit Unternehmensverträge und Eingliederung, 1974, S 137 f; ferner Emmerich/*Habersack* Aktien- und GmbH-Konzernrecht[6] § 320b Rdn 4; *Hüffer*[10] Rdn 2; MK-*Grunewald*[3] Rdn 3; KK-*Koppensteiner*[3] Rdn 3; Spindler/Stilz/*Singhof*[2] Rdn 3. S zum Fall der Abfindung in Aktien der Mutter bei mehrstufiger Eingliederung noch Rdn 17.

[14] S OLG Düsseldorf Beschl v 15.1.2004 – I-19 W 5/03 AktE, AG 2004, 212, 213; ferner Emmerich/*Habersack* Aktien- und GmbH-Konzernrecht[6] § 320b Rdn 3; *Hüffer*[10] Rdn 2; KK-*Koppensteiner*[3] Rdn 3; Schmidt/Lutter/*Ziemons*[2] Rdn 2.

[15] Emmerich/*Habersack* Aktien- und GmbH-Konzernrecht[6] § 320b Rdn 3; KK-*Koppensteiner*[3] Rdn 10; Spindler/Stilz/*Singhof*[2] Rdn 2; vgl für die Rechtslage vor Inkrafttreten des WpÜG auch BGH Beschl v 13.11.2001 – XI ZR 122/01, NZG 2002, 88 = ZIP 2001, 2278; OLG München Urt

v 10.1.2001 – 7 U 3569/00, ZIP 2001, 2135 jew zu Art 15 Übernahmekodex.

[16] S etwa Emmerich/*Habersack* Aktien- und GmbH-Konzernrecht[6] § 320b Rdn 4; *Hüffer*[10] Rdn 2; KK-*Koppensteiner*[3] Rdn 3; MK-*Grunewald*[3] Rdn 2; **aA** *Würdinger* in Vorauflage Anm 12; ferner MünchHdb AG/*Krieger*[3] § 73 Rdn 43; Schmidt/Lutter/ *Ziemons*[2] Rdn 4; Spindler/Stilz/*Singhof*[2] Rdn 3; sowie – auf dem Boden seiner aufopferungsrechtlichen Konzeption – *Klöhn* Das System der aktien- und umwandlungsrechtlichen Abfindungsansprüche, 2009, S 375.

[17] S dazu Schmidt/Lutter/*Ziemons*[2] Rdn 3: „ausgeschiedene Aktionäre" statt „außenstehende Aktionäre" wie bei §§ 304 f.

[18] S *Hüffer*[10] Rdn 2; dies konzediert auch Schmidt/Lutter/*Ziemons*[2] Rdn 3.

[19] S auch KK-*Koppensteiner*[3] Rdn 3; MK-*Grunewald*[3] Rdn 2; **anders** aber *Würdinger* in Vorauflage Anm 12: fehlende Schutzwürdigkeit der eingegliederten Gesellschaft mangels selbständigen Wertes der eigenen Aktien.

Klaus Ulrich Schmolke

derungsstatus zwar nicht von großem praktischem Interesse[20], bleibt aber jedenfalls mit Blick auf die mögliche Beendigung der Eingliederung bedeutsam.[21] Schließlich macht auch die Haftung aus § 322 eine Kompensation des Rechtsverlusts qua Abfindung nicht entbehrlich.[22] Zur Frage des Abfindungsmodus in diesen Fällen s sogleich Rdn 11. Zum Schicksal von **Options- und Wandlungsrechten** auf Aktien der eingegliederten Gesellschaft s bereits § 320a Rdn 6.[23]

### 2. Arten der Abfindung

**8**    **a) Abfindung in Aktien der Hauptgesellschaft als Grundsatz (Abs 1 Satz 2).** Die Abfindung nach Abs 1 Satz 1 ist grundsätzlich in Aktien der Hauptgesellschaft zu leisten (Abs 1 Satz 2). Dies entspricht der Regelung in § 305 Abs 2 Nr 1.[24] Die **für die Leistung der Abfindung benötigten Aktien** kann die Hauptgesellschaft entweder zu diesem Zweck (s § 71 Abs 1 Nr 3) oder aufgrund bestehender Ermächtigung (s § 71 Abs 1 Nr 8) von Dritten erwerben.[25] Stattdessen kann sie die erforderlichen Aktien aber auch durch ein bedingtes Kapital (§ 192 Abs 2 Nr 2) oder die Ausnutzung eines genehmigten Kapitals (§§ 202, 205) neu schaffen.[26] Für letzteres muss freilich der erforderliche Erhöhungsbetrag bekannt sein.[27] Sowohl beim bedingten Kapital wie bei der Ausnutzung des genehmigten Kapitals können die *kraft Gesetzes* übergegangenen Aktien der einzugliedernden Gesellschaft (s § 320a Satz 1) als Sacheinlagen eingebracht werden (arg e § 69 UmwG).[28] Beim genehmigten Kapital müssen allerdings die Voraussetzungen des § 205 vorliegen.[29]

**9**    Vorbehaltlich des in Abs 1 Satz 3 geregelten Sonderfalles bedeutet dies zugleich, dass die ausgeschiedenen Aktionäre **keinen Anspruch auf Barabfindung** haben.[30] Dies ist mit Blick auf das nach Art 14 Abs 1 GG geschützte Aktieneigentum unbedenklich.[31] In Folge

---

[20] Darauf verweisend Emmerich/*Habersack* Aktien- und GmbH-Konzernrecht[6] § 320b Rdn 3; *Hüffer*[10] Rdn 2; auch Schmidt/Lutter/*Ziemons*[2] Rdn 4; Spindler/Stilz/*Singhof*[2] Rdn 3.

[21] Zutr KK-*Koppensteiner*[3] Rdn 3.

[22] S aber Schmidt/Lutter/*Ziemons*[2] Rdn 4.

[23] Zu Einzelheiten der Abfindungshöhe in diesen Fällen s *Süßmann* AG 2013, 158, 160 ff. Zur Behandlung von Genussrechten s Emmerich/*Habersack* Aktien- und GmbH-Konzernrecht[6] § 320b Rdn 8.

[24] S KK-*Koppensteiner*[3] Rdn 4.

[25] S etwa Emmerich/*Habersack* Aktien- und GmbH-Konzernrecht[6] § 320b Rdn 5a; *Hüffer*[10] Rdn 3; MünchHdb AG/*Krieger*[3] § 73 Rdn 44; Schmidt/Lutter/*Ziemons*[2] Rdn 8; **anders** für § 71 Abs Nr 8 Spindler/Stilz/*Singhof*[2] Rdn 4.

[26] S *Kowalski* AG 2000, 555; ferner Emmerich/*Habersack* Aktien- und GmbH-Konzernrecht[6] § 320b Rdn 5a; *Hüffer*[10] Rdn 3; MK-*Grunewald*[3] Rdn 11; MünchHdb AG/*Krieger*[3] § 73 Rdn 44; Schmidt/Lutter/

*Ziemons*[2] Rdn 8; Spindler/Stilz/*Singhof*[2] Rdn 4.

[27] *Kowalski* AG 2000, 555, 556; ferner Emmerich/*Habersack* Aktien- und GmbH-Konzernrecht[6] § 320b Rdn 5a; *Hüffer*[10] Rdn 3.

[28] Ausführlich *Kowalski* AG 2000, 555, 556; ferner Emmerich/*Habersack* Aktien- und GmbH-Konzernrecht[6] § 320b Rdn 5a; *Hüffer*[10] Rdn 3; Schmidt/Lutter/*Ziemons*[2] Rdn 9; Spindler/Stilz/*Singhof*[2] Rdn 4.

[29] *Hüffer*[10] Rdn 3.

[30] Unstr, s etwa OLG Düsseldorf Beschl v 8.11.2004 – I-19 W 9/03 AktE, AG 2005, 538, 540; OLG Hamm Beschl v 6.5.1992 – 8 W 28/92, AG 1993, 93, 94; aus der Lit etwa Emmerich/*Habersack* Aktien- und GmbH-Konzernrecht[6] § 320b Rdn 5; *Hüffer*[10] Rdn 3; KK-*Koppensteiner*[3] Rdn 4 mit Fn 12; grundsätzlich auch Schmidt/Lutter/*Ziemons*[2] Rdn 5.

[31] Emmerich/*Habersack* Aktien- und GmbH-Konzernrecht[6] § 320b Rdn 3; KK-*Koppensteiner*[3] Rdn 4 mit Fn 12; s ferner bereits Rdn 1 mwN.

der Macrotron-Rspr des BGH[32] ergaben sich zwischenzeitlich Zweifel, ob dies auch für den Fall gilt, dass eine börsennotierte in eine nicht börsennotierte Gesellschaft[33] eingegliedert wird.[34] Wie das BVerfG zwischenzeitlich klargestellt hat, lässt sich die Entscheidung des II. Zivilsenats nicht mit Art 14 Abs 1 GG begründen.[35] Freilich bleibt dann immer noch die Frage, ob eine (wahlweise) Barabfindung nicht mit Blick auf die Rspr des BGH zum Delisting und die gesetzliche Regelung in § 29 Abs 1 Satz 1 Hs 1 Var 2 UmwG für den Fall der Verschmelzung aufgrund des Gebots der Gleichbehandlung gleichgelagerter Fälle angezeigt ist. Insofern hat die propagierte Analogie zu § 29 Abs 1 Satz 1 Hs 1 Var 2 UmwG einiges für sich.[36] Zieht die künftige Hauptgesellschaft eine Barabfindung gegenüber der in Abs 1 Satz 2 angeordneten Abfindungsart vor, so kann sie dieses Ergebnis erreichen, indem sie zunächst einen Squeeze out nach §§ 327a ff durchführt und die danach in ihrem Alleineigentum stehende Gesellschaft nach § 319 eingliedert.[37]

Aus dem Grundsatz der Abfindung in Aktien folgt das Gebot einen etwaigen **Spitzen-** **10** **ausgleich möglichst gering zu halten.** Wenn die Verschmelzungswertrelation (Abs 1 Satz 4, s dazu noch Rdn 18) ein Umtauschverhältnis ergibt, nach dem für eine Aktie der Hauptgesellschaft eine nicht natürliche („glatte") Zahl von Aktien der eingegliederten Gesellschaft benötigt wird, kann daher bereits mit der natürlichen Zahl von Aktien der eingegliederten Gesellschaft die mindestens für eine Aktie der Hauptgesellschaft erforderlich ist, ein Umtausch durchgeführt werden.[38]

**aa) Sonderfall: Abfindung der eingegliederten Gesellschaft.** Bejaht man einen **Abfin-** **11** **dungsanspruch der eingegliederten Gesellschaft** für den Verlust ihrer eigenen Aktien (s Rdn 7), so steht allerdings einer Abfindung in eigenen Aktien der Hauptgesellschaft, wie in Abs 1 Satz 2 eigentlich vorgesehen, § 71d Satz 2 (mit Satz 1 und § 71) – bei der Schaffung neuer Aktien § 56[39] – entgegen.[40] § 71 Abs 1 Nr 8 kann hierüber nur tem-

---

[32] BGH Urt v 25.11.2002 – II ZR 133/01, BGHZ 153, 47.

[33] Zur Frage der Gleichbehandlung von Delisting und „Downlisting" s etwa *Paschos/Klaßen* ZIP 2013, 154, 158 f; *Wackerbarth* WM 2012, 2077, 2081 f; ausführlich *Schnittacher/Stindt* WM 2012, 2225 ff.

[34] S MK-*Grunewald*[3] Rdn 8; *dies* ZIP 2004, 542, 543 f; MünchHdb AG/*Krieger*[3] § 73 Rdn 44; Spindler/Stilz/*Singhof*[2] Rdn 7; Schmidt/Lutter/*Ziemons*[2] Rdn 6; *Lüdemann* Probleme bei der Abfindung, 2006, 139 f, die in diesem Fall – von Verfassungs wegen – ein Wahlrecht der ausgeschiedenen Aktionäre bejahen. Ebenso Emmerich/*Habersack*, Aktien- und GmbH-Konzernrecht[6] § 320b Rdn 5 in Analogie zu § 29 Abs 1 Satz 1 UmwG unter Verweis auf die Macrotron-Entscheidung des BGH, aber ohne Inbezugnahme von Art 14 Abs 1 GG.

[35] BVerfG Urt v 11.7.2012 – 1 BvR 3142/07, 1569/08, WM 2012, 1378 = NZG 2012, 826 = ZIP 2012, 1402; dazu etwa *Drygala/Staake* ZIP 2013, 905 ff; *Klöhn* NZG 2012, 1041 ff; *Paschos/Klaßen* ZIP 2013, 154 ff; *Wackerbarth* WM 2012, 2077 ff.

[36] S insb Emmerich/*Habersack* Aktien- und GmbH-Konzernrecht[6] § 320b Rdn 5; ferner *Klöhn* NZG 2012, 1041, 1046; aufgeschlossen auch *Paschos/Klaßen* ZIP 2013, 154, 158; im Erg auch MK-*Grunewald*[3] Rdn 8; *dies* ZIP 2004, 542, 544; zum möglichen Umkehrschluss Schmidt/Lutter/*Ziemons*[2] Rdn 6; gegen eine solche Analogie aber ausführlich *Kiefner/Gillessen* AG 2012, 645, 655 ff; anders auch *Drygala/Staake* ZIP 2013, 905, 912, die für eine analoge Anwendung der §§ 207 ff UmwG eintreten.

[37] Spindler/Stilz/*Singhof*[2] Rdn 4.

[38] BGH Urt v 18.10.2010 – II ZR 270/08, Der Konzern 2011, 36 Tz 11: Dort war das Umtauschverhältnis 13 zu 3 oder 4 1/3 zu 1. Mithin konnte in diesem Fall bereits mit fünf Aktien ein Umtausch durchgeführt werden.

[39] Schmidt/Lutter/*Ziemons*[2] Rdn 4.

[40] Zutr MK-*Grunewald*[3] Rdn 2; MünchHdb AG/*Krieger*[3] § 73 Rdn 43; KK-*Koppensteiner*[3] Rdn 4; Schmidt/Lutter/*Ziemons*[2] Rdn 4; Spindler/Stilz/*Singhof*[2] Rdn 3.

Klaus Ulrich Schmolke

porär hinweghelfen.[41] Eine ebenfalls vorgeschlagene Analogie zu § 71 Abs 1 Nr 3[42] vermag nicht zu überzeugen, da die Vorschrift offensichtlich ganz anders gelagerte Fälle im Blick hat.[43] Der Abfindungsanspruch der eingegliederten Gesellschaft nach Abs 1 Satz 1 ist daher nicht etwa doch noch zu verneinen[44], sondern in Ausnahme vom Grundsatz des Abs 1 Satz 2 **in bar** zu erfüllen.[45]

**12**    bb) **Grundsatz der Abfindung in gattungsgleichen Aktien.** Die Abfindung der ausgeschiedenen Aktionäre gem Abs 1 Satz 2 hat jedenfalls **grundsätzlich** in Aktien **derselben Gattung** zu erfolgen, welcher die nach § 320a Satz 1 übergegangen Anteile an der eingegliederten Gesellschaft angehören. Besteht insofern wohl noch weitgehend Einigkeit[46], sind die weiteren Einzelheiten streitig. Im Ausgangspunkt ist hier der auf *Lutter* zurückgehenden Linie zu folgen. Danach dürfen die ausgeschiedenen Aktionäre durch die Abfindung mit Blick auf ihre durch die Aktie vermittelten Teilhabe- und Vermögensrechte gegenüber ihrer früheren Rechtsstellung zum einen keine Nachteile erleiden.[47] Zum anderen sind aber auch unbegründete Vorteile der ausgeschiedenen Aktionäre zu vermeiden, die sich zum Nachteil der Altaktionäre der Hauptgesellschaft auswirken würden. Die Abfindung in Aktien ist mithin einem **Interessenausgleich zwischen Neu- und Altaktionären** verpflichtet (sog. Gleichbehandlungsprinzip).[48] Dabei steht natürlich nicht in Frage, dass sich durch die neu hinzutretenden Aktionäre die Stimmrechtsverhältnisse in der Hauptgesellschaft verschieben.[49] Vielmehr geht es um das Maß dieser Verschiebung.

**13**    Folgt man dem, so ergibt sich eine Abweichung vom Grundsatz der gattungsgleichen Abfindung, also Stammaktien nur gegen Stammaktien und Vorzugsaktien nur gegen Vorzugsaktien, in solchen Fällen, in denen die eingegliederte Gesellschaft nur Stammaktien ausgegeben hat, die Hauptgesellschaft jedoch auch Vorzugsaktien: Den Interessen der

---

[41] Auf § 71 Abs 1 Nr 8 verweist Emmerich/*Habersack* Aktien- und GmbH-Konzernrecht[6] § 320b Rdn 5a; **ablehnend** hingegen KK-*Koppensteiner*[3] Rdn 4.

[42] So Emmerich/*Habersack* Aktien- und GmbH-Konzernrecht[6] § 320b Rdn 5a; ähnlich *Hüffer*[10] Rdn 3 (erweiternde Auslegung).

[43] Vgl insofern auch die im Grundsatz vorgesehene Pflicht zur Veräußerung der zu den in § 71 Abs 1 Nr 3 genannten Zwecken erworbenen Aktien innerhalb von drei Jahren in Art 20 Abs 2 der Richtlinie 77/91/EWG (Kapitalrichtlinie) in der seit dem 22.10.2009 geltenden Fassung; zutr daher KK-*Koppensteiner*[3] Rdn 4; s auch Schmidt/Lutter/*Ziemons*[2] Rdn 4: Solche erweiternde Auslegung des § 71 Abs 1 Nr 3 verstoße gegen die Kapitalrichtlinie.

[44] So MünchHdb AG/*Krieger*[3] § 73 Rdn 43; Schmidt/Lutter/*Ziemons*[2] Rdn 4; Spindler/Stilz/*Singhof*[2] Rdn 3.

[45] Zutr MK-*Grunewald*[3] Rdn 2; KK-*Koppensteiner*[3] Rdn 4; **dagegen** *Hüffer*[10] Rdn 3: Das Gesetz sehe keine Barabfindung vor.

[46] S Emmerich/*Habersack* Aktien- und GmbH-

Konzernrecht[6] § 320b Rdn 6 f; *Hüffer*[10] Rdn 4; KK-*Koppensteiner*[3] Rdn 9; MK-*Grunewald*[3] Rdn 4 f; MünchHdb AG/*Krieger*[3] § 73 Rdn 45; Spindler/Stilz/*Singhof*[2] Rdn 5; *Würdinger* in Vorauflage Anm 14; **aA** wohl nur Schmidt/Lutter/*Ziemons*[2] Rdn 14.

[47] Insofern auch MK-*Grunewald*[3] Rdn 4 f; *Timm/Schöne* FS Kropff, 1997, S 315, 329; Spindler/Stilz/*Singhof*[2] Rdn 5.

[48] Grundlegend *Lutter* FS Mestmäcker, 1996, S 943, 948 ff; ferner *ders/Drygala* in Lutter UmwG[4] § 5 Rdn 11 ff; zust Emmerich/*Habersack* Aktien- und GmbH-Konzernrecht[6] § 320b Rdn 6 f; *Hüffer*[10] Rdn 4; ähnlich KK-*Koppensteiner*[3] Rdn 9 mit § 305 Rdn 40; *Krieger* FS Lutter, 2000, S 497, 518 f; **hiergegen** GK-*Hirte*[4] § 305 Rdn 43; s auch *Timm/Schöne* FS Kropff, 1997, S 315, 329.

[49] Vgl. aber die Argumentation bei MK-*Grunewald*[3] Rdn 4 f, mit der sie allfällige Benachteiligungen der Altaktionäre der Hauptgesellschaft rechtfertigt; zust Spindler/Stilz/*Singhof*[2] Rdn 5.

Altaktionäre der Hauptgesellschaft an der Aufrechterhaltung des bestehenden Verhältnisses von Stamm- und Vorzugsaktien wird in diesem Falle dadurch Rechnung getragen, dass die ausgeschiedenen (Stamm-)Aktionäre der eingegliederten Gesellschaft durch einen Mix aus Stamm- und Vorzugsaktien abgefunden werden, welcher dem bisherigen Verhältnis von Stamm- und Vorzugsaktien in der Hauptgesellschaft entspricht.[50] Hat umgekehrt nur die eingegliederte Gesellschaft Vorzugsaktien ausgegeben, so können die ausgeschiedenen Vorzugsaktionäre der eingegliederten Gesellschaft – unter Berücksichtigung der Wertdifferenz – in Stammaktien abgefunden werden.[51] Hierfür ist **kein Sonderbeschluss der abfindungsberechtigten Vorzugsaktionäre** nach § 141 Abs 1 AktG erforderlich.[52] Für weitere Einzelheiten s die Kommentierung zu § 305.[53]

**b) Wahl der Abfindungsart bei Abhängigkeit der Hauptgesellschaft (Abs 1 Satz 3).** Ist **14** die Hauptgesellschaft selbst eine abhängige Gesellschaft iSd § 17, so haben die ausscheidenden Aktionäre die **Wahl**, ob sie die ihnen zustehende Abfindung – entsprechend dem Grundsatz des Abs 1 Satz 2 – **in Form von Aktien** der Hauptgesellschaft erhalten wollen **oder** ob sie stattdessen lieber **in bar** abgefunden werden möchten (Abs 1 Satz 3). Mit diesem Wahlrecht soll verhindert werden, dass die ausgeschiedenen Aktionäre gezwungen werden, wiederum Gesellschafter einer abhängigen Gesellschaft zu werden.[54] Dies gilt auch bei Abhängigkeit von einer Gebietskörperschaft, etwa der Bundesrepublik Deutschland.[55]

Die Verpflichtung der Hauptgesellschaft aus Abs 1 Satz 3 wird als **Wahlschuld** ange- **15** sehen; folglich sind die §§ 262 ff BGB und hier insbesondere § 264 Abs 2 BGB auf den Abfindungsanspruch anwendbar[56]: Übt ein ausgeschiedener Aktionär sein Wahlrecht nicht aus und gerät er hierdurch in Verzug, so kann ihn die Hauptgesellschaft unter

---

[50] So *Lutter* FS Mestmäcker, 1996, S 943, 950 f; ferner *ders/Drygala* in Lutter UmwG[4] § 5 Rdn 14; *Emmerich/Habersack* Aktien- und GmbH-Konzernrecht[6] § 320b Rdn 7; *Hüffer*[10] Rdn 4 mit § 305 Rdn 11; Münch-Hdb AG/*Krieger*[3] § 73 Rdn 45; *ders* FS Lutter, 2000, S 497, 516 ff; **aA**, dh für Abfindung allein in Stammaktien etwa MK-*Grunewald*[3] Rdn 5; *Timm/Schöne* FS Kropff, 1997, S 315, 328 mit 322 ff; *Spindler/Stilz/Singhof*[2] Rdn 5.

[51] S *Lutter/Drygala* in Lutter UmwG[4] § 5 Rdn 15; *Emmerich/Habersack* Aktien- und GmbH-Konzernrecht[6] § 320b Rdn 7; *Hüffer*[10] Rdn 4 mit § 305 Rdn 11; Münch-Hdb AG/*Krieger*[3] § 73 Rdn 45 mit § 70 Rdn 118; *ders* FS Lutter, 2000, S 497, 512; ferner MK-*Grunewald*[3] Rdn 4; *Spindler/Stilz/Singhof*[2] Rdn 5; **aA** auch insofern *Timm/Schöne* FS Kropff, 1997, S 315, 329 f.

[52] S dazu ausführlich *Krieger* FS Lutter 2000, S 497, 513 ff. Dort auch zu der Frage, ob es mit Blick auf die abfindungsberechtigten Stammaktionäre einer sachlichen Rechtfertigung bedarf, weil ihr relatives Stimmgewicht durch die Gewährung von Stammaktien an

die bisherigen Vorzugsaktionäre gemindert wird. **AA** – also für Erforderlichkeit eines Sonderbeschlusses – hingegen *Kiem* ZIP 1997, 1627, 1629 für die Verschmelzung; ebenso für die Abfindung nach § 305 GK-*Hirte*[4] § 305 Rdn 42.

[53] GK-*Hirte*[4] § 305 Rdn 42 f.

[54] Begr RegE § 320 aF bei *Kropff* S 425; ferner etwa Emmerich/*Habersack* Aktien- und GmbH-Konzernrecht[6] § 320b Rdn 9; *Hüffer*[10] Rdn 5; Spindler/Stilz/*Singhof*[2] Rdn 7.

[55] BGH Urt v 13.10.1977 – II ZR 123/76, BGHZ 69, 334, 336 f, 338 ff; zust etwa Emmerich/*Habersack* Aktien- und GmbH-Konzernrecht[6] § 320b Rdn 9; *Hüffer*[10] Rdn 5; Spindler/Stilz/*Singhof*[2] Rdn 7.

[56] S BGH Urt v 18.10.2010 – II ZR 270/08, Der Konzern 2011, 36 Tz 18 (dort zur Anwendung des § 263 BGB); aus der Lit etwa *Frisinger* BB 1972, 819, 820; Emmerich/*Habersack* Aktien- und GmbH-Konzernrecht[6] § 320b Rdn 11; KK-*Koppensteiner*[3] Rdn 15; MK-*Grunewald*[3] Rdn 9; Münch-Hdb AG/*Krieger*[3] § 73 Rdn 46; Spindler/Stilz/*Singhof*[2] Rdn 7.

Klaus Ulrich Schmolke

Bestimmung einer angemessenen Frist zur Vornahme der Wahl auffordern. Mit dem ergebnislosen Ablauf der Frist geht das Wahlrecht dann auf die Hauptgesellschaft über. Für eine in diesem Sinne „angemessene" Frist greift man auf den Rechtsgedanken des § 305 Abs 4 zurück; danach wäre eine Frist unter zwei Monaten nicht angemessen.[57] Ist ein Spruchverfahren eingeleitet worden, so läuft die Frist entsprechend § 305 Abs 4 Satz 3 erst zwei Monate nach Bekanntmachung der gerichtlichen Entscheidung ab. Denn vor der gerichtlichen Entscheidung weiß der ausgeschiedene Aktionär noch gar nicht, welche Alternativangebote genau zur Wahl stehen.[58] An die einmal getroffene Wahl ist der ausgeschiedene Aktionär gem § 263 BGB gebunden.[59]

**16**　　Die Regelung des Abs 1 Satz 3 weist bemerkenswerte **Unterschiede zu § 305 Abs 2 Nr 2** auf: Abs 1 Satz 3 eröffnet die Wahl zwischen der Abfindung in Aktien und in bar nur für den Fall der Abhängigkeit (§ 17) und nicht – wie § 305 Abs 2 Nr 2 – auch für den Fall des Mehrheitsbesitzes (§ 16). Des Weiteren steht nach Abs 1 Satz 3 dem ausgeschiedenen Aktionär als Abfindungsgläubiger die Wahl zwischen den verschiedenen Abfindungsarten zu, während nach § 305 Abs 2 Nr 2 der „andere Vertragsteil", also der Abfindungsschuldner, die Wahl hat. Ein dritter und letzter Unterschied ergibt sich schließlich insofern, als nach Abs 1 Satz 3 die Abfindung in Aktien der abhängigen Hauptgesellschaft erfolgt, während § 305 Abs 2 Nr 2 die Abfindung in Aktien der herrschenden oder mit Mehrheit beteiligten Gesellschaft vorsieht. Es entspricht der weithin geteilten Ansicht, dass eine sachliche Rechtfertigung für diese Unterschiede fehlt.[60] Immerhin mag man die unterschiedliche Zuweisung des Wahlrechts darin begründet sehen, dass die hiermit verbundene Belastung der Hauptgesellschaft angesichts der vergleichsweise geringen Beteiligung der ausgeschiedenen Aktionäre eher hinnehmbar ist.[61] Ansonsten ist tatsächlich **kein sachlicher Grund** für die gesetzlich vorgesehene Differenzierung erkennbar und daher eine Harmonisierung von Abs 1 Satz 3 und § 305 Abs 2 Nr 2 *de lege ferenda* wünschenswert. Das Gesetz bietet jedoch entgegen einer vereinzelt vorgetragenen Ansicht keine hinreichende Handhabe, die Regelung des Abs 1 Satz 3 bereits *de lege lata* derart an § 305 Abs 2 Nr 2 anzupassen, dass nicht Aktien der Hauptgesellschaft, sondern solche der sie beherrschenden oder mehrheitlich an ihr beteiligten Gesellschaft anzubieten sind, deren Zurückweisung durch die ausgeschiedenen Aktionäre einen Rechtsmissbrauch darstellen würde.[62]

**17**　　Entsteht ein **mehrstufiger Eingliederungskonzern**, indem nach erfolgter Eingliederung in die Hauptgesellschaft, diese ihrerseits eingegliedert wird, so erhalten die zunächst in Aktien der Hauptgesellschaft abgefundenen Aktionäre, im Rahmen des zweiten Einglie-

---

[57] *Frisinger* BB 1972, 819, 820; Emmerich/*Habersack* Aktien- und GmbH-Konzernrecht[6] § 320b Rdn 11; *Hüffer*[10] Rdn 5; MK-*Grunewald*[3] Rdn 10; MünchHdb AG/*Krieger*[3] § 73 Rdn 46; ferner Bürgers/Körber/*Fett*[2] Rdn 7; s auch KK-*Koppensteiner*[3] Rdn 15, der zusätzlich § 4 SpruchG in Bezug nimmt und dabei offen lässt, ob die Zwei- oder die Dreimonatsfrist maßgeblich ist.

[58] *Frisinger* BB 1972, 819, 820 f; zust KK-*Koppensteiner*[3] Rdn 15.

[59] BGH Urt v 18.10.2010 – II ZR 270/08, Der Konzern 2011, 36 Tz 18.

[60] S *Bernhardt* BB 1966, 257, 260; *Kamprad*/

*Römer* AG 1990, 486, 487 ff; Emmerich/*Habersack* Aktien- und GmbH-Konzernrecht[6] § 320b Rdn 9; *Hüffer*[10] Rdn 6; MK-*Grunewald*[3] Rdn 6; vgl auch KK-*Koppensteiner*[3] Rdn 5.

[61] So *Brachvogel* Leitungsmacht, 1967, S 129; auch KK-*Koppensteiner*[3] Rdn 5.

[62] So aber *Kamprad/Römer* AG 1990, 486, 489; vgl auch Spindler/Stilz/*Singhof*[2] Rdn 8; dagegen die ganz hM, s etwa Emmerich/*Habersack* Aktien- und GmbH-Konzernrecht[6] § 320b Rdn 9; *Hüffer*[10] Rdn 6; MK-*Grunewald*[3] Rdn 6; KK-*Koppensteiner*[3] Rdn 5.

derungsvorgangs schließlich Aktien der Konzernspitzengesellschaft (oder eine Abfindung in bar).[63] Aber auch bei umgekehrter Reihenfolge, also im Falle der Eingliederung in eine bereits eingegliederte Tochtergesellschaft entspricht es gefestigter Rspr und Lehre, dass den (aus der Enkelgesellschaft) ausgeschiedenen Aktionären eine **Abfindung in Aktien der Hauptgesellschaft auf der obersten Konzernstufe anzubieten** ist.[64] Diese „sinngemäße Anwendung"[65] des Abs 1 Satz 3 wird überzeugend damit begründet, dass niemand ein schützenswertes Interesse an einem komplizierten Verfahren der Aus- und Wiedereingliederung haben kann, das bei strikter Befolgung des Wortlauts von Abs 1 Satz 3 wegen der zwingenden Eingliederungsbeendigung nach § 327 Abs 1 Nr 3 nötig würde.[66] Die Gegenansicht, nach der in diesen Fällen allein eine Barabfindung anzubieten sei, hat sich hingegen nicht durchsetzen können.[67]

### 3. Bewertung (Abs 1 Satz 4 und 5)

Für die Angemessenheit der **Abfindung in Aktien** ist gem Abs 1 Satz 4 die sog **Ver- 18 schmelzungswertrelation** maßgeblich: Die Abfindung ist angemessen, wenn die Aktien der Hauptgesellschaft in dem Verhältnis gewährt werden, in dem bei einer Verschmelzung auf eine Aktie der eingegliederten Gesellschaft Aktien der Hauptgesellschaft zu gewähren wären. Allfällige Spitzenbeträge sind durch bare Zuzahlungen auszugleichen, die möglichst gering zu halten sind (s bereits Rdn 10).[68] Bei der danach notwendigen Unternehmensbewertung gebietet der verfassungsrechtliche Schutz des Aktieneigentums durch Art 14 Abs 1 GG bei der Eingliederung einer börsennotierten Gesellschaft nach § 320 – nicht anders als bei einer Abfindung nach § 305[69] oder 327b[70] –, dass der Börsenwert grundsätzlich als Untergrenze der Bewertung fungiert, die Abfindung als „volle Entschädigung" also den regelmäßig mit dem Verkehrswert identischen **Börsenkurs** der Aktien der einzugliedernden Gesellschaft **grundsätzlich nicht unterschreitet**.[71] Gerade für

---

[63] So die eindeutige Anordnung des Gesetzes und daher außer Streit. S etwa KK-*Koppensteiner*[3] Rdn 6.

[64] BGH Urt v 30.3.1998 – II ZR 12/97, BGHZ 138, 224 = ZIP 1998, 1353; OLG Nürnberg Beschl v 20.2.1996 – 12 W 3317/95, AG 1996, 229, 230; Urt v 13.11.1996 – 12 U 2180/96, AG 1997, 136; LG Dortmund Beschl v 19.7.1995 – 20 AktE 10/95, AG 1995, 518, 519; LG Dortmund Beschl v 13.5.1996 – 20 AktE 2/95, AG 1996, 426, 427; für die Lit etwa Emmerich/*Habersack* Aktien- und GmbH-Konzernrecht[6] § 320b Rdn 10; *Hüffer*[10] Rdn 6; MK-*Grunewald*[3] Rdn 7; MünchHdb AG/*Krieger*[3] § 73 Rdn 44; KK-*Koppensteiner*[3] Rdn 7; *Kamprad/Römer* AG 1990, 486, 488 f; Spindler/Stilz/*Singhof*[2] Rdn 8; s zur Entscheidung des BGH auch *Röhricht* VGR-Tagungsband 1, 1999, S 1, 10 ff; früh bereits *Rehbinder* ZGR 1977, 581, 614 f.

[65] So BGH Urt v 30.3.1998 – II ZR 12/97, BGHZ 138, 224, 227 = ZIP 1998, 1353.

[66] S BGH Urt v 30.3.1998 – II ZR 12/97,

[cont.] BGHZ 138, 224, 226 = ZIP 1998, 1353; MK-*Grunewald*[3] Rdn 7; KK-*Koppensteiner*[3] Rdn 7; Spindler/Stilz/*Singhof*[2] Rdn 8 sowie die weiteren N in Fn 64.

[67] S dazu KK-*Koppensteiner*[3] Rdn 7 unter Aufgabe dieser Ansicht.

[68] Diese baren Zuzahlungen sind in das Abfindungsangebot aufzunehmen, Emmerich/*Habersack* Aktien- und GmbH-Konzernrecht[6] § 320b Rdn 12.

[69] GK-*Hirte/Hasselbach*[4] § 305 Rdn 125 ff.

[70] GK-*Fleischer*[4] § 327b Rdn 15 ff.

[71] Grundlegend BVerfG Beschl v 27.4.1999 – 1 BvR 1613/94, BVerfGE 100, 289, 308 ff – DAT/Altana; konkretisierend BVerfG Beschl v 26.4.2011 – 1 BvR 2658/10, NZG 2011, 869 = AG 2011, 511; Beschl v 24.6.2012 – 1 BvR 3221/10, NZG 2012, 3020; zur anschließenden Rechtsprechungsentwicklung *Bungert/Wettich* ZIP 2012, 449 ff; *dies.*, FS Hoffmann-Becking, 2013, S 157 ff; zur Berechnung des Börsenkurses s nur BGH Urt v 19.7.2010 – II ZB 18/09, BGHZ 186, 229 Tz 20 ff = AG 2010, 629 – Stollwerck;

die Mehrheitseingliederung hat aber das BVerfG selbst auf eine mögliche Ausnahme von diesem Grundsatz hingewiesen: Weil mindestens 95 % der Aktien unverkäuflich sind, entsteht eine **Marktenge**, die es ungewiss erscheinen lässt, ob der Minderheitsaktionär seine Aktien tatsächlich zum Börsenkurs hätte verkaufen können. Der abfindungsverpflichteten Hauptgesellschaft muss daher die Möglichkeit eingeräumt werden, im Spruchverfahren darzulegen und gegebenenfalls zu beweisen, dass der Börsenkurs nicht dem Verkehrswert entspricht, etwa weil längere Zeit praktisch überhaupt kein Handel mit den Aktien der Gesellschaft stattgefunden hat.[72] Umgekehrt ist es **verfassungsrechtlich nicht geboten**, den etwaigen **Börsenwert der Hauptgesellschaft als Obergrenze** der Bewertung dieser Gesellschaft heranzuziehen.[73]

**19**　　Bei der Unternehmensbewertung *börsenferner* Gesellschaften bleibt das deren Anteile treffende Fungibilitätsrisiko unberücksichtigt.[74] Bestand bis zur Eingliederung ein Beherrschungs- und Gewinnabführungsvertrag (zur Beendigung des Beherrschungsvertrags mit Wirksamkeit der Eingliederung s § 320 Rdn 18), so kann für die Bestimmung der Abfindungshöhe nicht auf den Barwert der (bisherigen) Ausgleichszahlungen nach § 304 abgestellt werden.[75] Da die Abfindung (spätestens) mit Bekanntmachung der Eingliederung fällig wird[76], sind nach diesem Zeitpunkt erfolgte (**Dividenden-**)**Ausschüttungen der Hauptgesellschaft** an die für die Abfindung in Aktien optierenden Aktionäre der eingegliederten Gesellschaft **nachzuzahlen**.[77] Denn die abfindungsberechtigten Aktionäre sollen bei Abfindung in Aktien so gestellt werden, als wären sie mit Bekanntmachung der Eingliederung Aktionäre der Hauptgesellschaft geworden (arg e Abs 1 Satz 6).[78] Eine

Beschl v 28.6.2011 – II ZB 10/10, AG 2011, 590 Tz 7; speziell für die Eingliederung BVerfG Beschl v 29.11.2006 – 1 BvR 704/03, ZIP 2007, 175; OLG Düsseldorf Beschl v 8.11.2004 – I-19 W 9/03 AktE, AG 2005, 538, 541; Beschl v 8.7.2003 – 19 W 6/00 AktE, AG 2003, 688, 691; Beschl v 31.1. 2003 – 19 W 9/00 AktE, Der Konzern 2003, 546, 548 ff; aus der Lit etwa Emmerich/*Habersack* Aktien- und GmbH-Konzernrecht[6] § 320b Rdn 12; Spindler/Stilz/*Singhof*[2] Rdn 9; im Ausgangspunkt auch KK-*Koppensteiner*[3] Rdn 8 mit Fn 27.

[72] So nahezu wörtlich BVerfG Beschl v 27.4.1999 – 1 BvR 1613/94, BVerfGE 100, 289, 309; vom BGH aufgegriffen in Urt v 12.3.2001 – II ZB 15/00, BGHZ 147, 108, 114 ff – DAT/Altana; modifiziert in BGH Urt v 19.7.2010 – II ZB 18/09, BGHZ 186, 229 = AG 2010, 629 – Stollwerck; s auch OLG Düsseldorf Beschl v 31.1.2003 – 19 W 9/00 AktE, NZG 2003, 588, 591 f; LG Frankfurt aM Beschl v 6.2.2002 – 3/3 O 150/94, AG 2002, 358, 360; aus der Lit ferner KK-*Koppensteiner*[3] Rdn 8 mit Fn 27; auf den Squeeze out übertragen bei GK-*Fleischer*[4] § 327b Rdn 17. S aber auch *Bungert/Wettich*, FS Hoffmann-Becking, 2013, S 157, 180 ff, die sich insgesamt für eine (noch) stärkere Orientierung am Börsenkurs

aussprechen; krit hingegen zur Maßgeblichkeit des Börsenkurses *Burger* NZG 2012, 281 ff; *Rapp* Der Konzern 2012, 8 ff, beide mit Blick auf den Squeeze out.

[73] BVerfG Beschl v 20.12.2010 – 1 BvR 2323/07, ZIP 2011, 170 – Kuka; s bereits BVerfG Beschl v 27.4.1999 – 1 BvR 1613/94, BVerfGE 100, 289, 308 ff – DAT/Altana.

[74] Überzeugend *Fleischer* FS Hoffmann-Becking, 2013, S 331 ff, 334 f; s bereits *Komp* Zweifelsfragen, 2002, S 397 ff, 399; **aA** OLG Düsseldorf BeckRS 2006, 07149.

[75] Vgl dazu in Bezug auf die Barabfindung nach § 327b nur OLG Düsseldorf Beschl v 4.7.2012 – I-26 W 11/11 (AktE), AG 2012, 716 mwN auch zur Gegenansicht; **aA** etwa OLG Frankfurt Beschl v 7.6.2011 – 21 W 2/11, Der Konzern 2011, 497.

[76] Dies legt jedenfalls die Regelung des Abs 1 Satz 6 Halbs 1 nahe; s auch *Würdinger* in Vorauflage Anm 15. Zum problematischen Charakter des dort für maßgeblich erklärten Zeitpunkts s Rdn 25.

[77] OLG Düsseldorf Beschl v 11.4.1988 – 19 W 32/86, WM 1988, 1052, 1061; Beschl v 31.1.2003 – 19 W 9/00 AktE, NZG 2003, 588, 598; zust KK-*Koppensteiner*[3] Rdn 8.

[78] S KK-*Koppensteiner*[3] Rdn 8.

Verzinsung dieses Zahlungsanspruchs findet jedoch nicht statt (arg e contr Abs 1 Satz 6).[79] Eingliederungsbedingte Dividendenausfälle bei der eingegliederten Gesellschaft sind im Rahmen der Ermittlung des Umtauschverhältnisses zu berücksichtigen.[80] Die Regelung in Abs 1 Satz 4 **entspricht** der Vorschrift des § 305 **Abs 3 Satz 1** für die Abfindung in Aktien bei Abschluss eines Beherrschungs- oder Gewinnabführungsvertrags. Insofern kann für die weiteren Einzelheiten auf die Kommentierung zu § 305 verwiesen werden.[81]

Für die alternativ anzubietende **Barabfindung** bestimmt Abs 1 Satz 5 die Maßgeblich- **20** keit der Verhältnisse der eingegliederten Gesellschaft im Zeitpunkt der Beschlussfassung ihrer Hauptversammlung über die Eingliederung. Der BGH unterscheidet diesen für die Wertermittlung maßgeblichen Zeitpunkt von dem „Zeitraum, aus dem die Daten für die Wertermittlung gewonnen werden". Der einer angemessenen Abfindung zu Grunde zu legende Börsenwert der Aktie ist daher auch bei der Barabfindung grundsätzlich auf Grund eines nach Umsatz gewichteten Durchschnittskurses innerhalb einer dreimonatigen Referenzperiode vor der Bekanntmachung der Eingliederung zu ermitteln.[82] Die Vorschrift entspricht § 305 Abs 3 Satz 2 sowie § 327b Abs 1 Satz 1 Hs 2; für Einzelheiten s wiederum die diesbzgl Kommentierungen.[83]

### 4. Verzinsung (Abs 1 Satz 6)

Sowohl die Barabfindung wie auch die baren Zuzahlungen bei Auftreten von Spitzen- **21** beträgen sind gem Abs 1 Satz 6 Halbs 1 vom Tag der Bekanntmachung der Eintragung der Eingliederung mit jährlich **5 Prozent über dem jeweiligen Basiszinssatz** nach § 247 BGB zu verzinsen.[84] Die Verzinsungspflicht dient der Entschädigung des bereits mit Eintragung der Eingliederung (§ 320a Satz 1) eingetretenen Rechtsverlusts der ausgeschiedenen Aktionäre.[85] Unverständlich ist daher, wieso die Verzinsungspflicht nicht im Gleichklang mit § 305 Abs 3 Satz 3[86] bereits mit (Ablauf des Tages der) Eintragung der Eingliederung beginnt.[87] Ungeachtetdessen besteht Einigkeit, dass die Verzinsungspflicht auch für den Zeitraum vor Ausübung des Wahlrechts besteht. Dies ergibt sich aus dem

---

[79] OLG Düsseldorf Beschl v 11.4.1988 – 19 W 32/86, WM 1988, 1052, 1061; zur erweiternden Auslegung der Parallelvorschrift des § 305 Abs 3 Satz 3 s GK-*Hasselbach/Hirte*[4] § 305 Rdn 26 mwN.

[80] LG Frankfurt aM Beschl v 6.2.2002 – 3/3 O 150/94, AG 2002, 358, 359; KK-*Koppensteiner*[3] Rdn 8; s zum Ansatz ausschüttungsfähiger Gewinne im Rahmen der Unternehmensbewertung nur GK-*Hirte/Hasselbach*[4] § 305 Rdn 164 ff, 166 ff mwN; vgl zur Berücksichtigung eines Dividenden ersetzenden Anspruchs auf festen Ausgleich nach § 304 Abs 1 im Rahmen der Abfindungshöhe auch BGH Urt v 19.4.2011 – II ZR 237/09, NZG 2011, 701 für den Squeeze out.

[81] Ausführlich GK-*Hirte/Hasselbach*[4] § 305 Rdn 54 ff; ferner etwa *Komp* Zweifelsfragen, 2002.

[82] BGH Urt v 19.7.2010 – II ZB 18/09, BGHZ 186, 229 Tz 19 f = AG 2010, 629 – Stoll-

werck (dort zur Barabfindung nach § 327a Abs 1 Satz 1).

[83] GK-*Hirte/Hasselbach*[4] § 305 Rdn 58 ff; GK-*Fleischer*[4] § 327b Rdn 11 und ff.

[84] Zur Reformgeschichte der Vorschrift s oben Rdn 3.

[85] Unstr, s etwa Emmerich/*Habersack* Aktien- und GmbH-Konzernrecht[6] § 320b Rdn 13; *Hüffer*[10] Rdn 7; auch KK-*Koppensteiner*[3] Rdn 11; Spindler/Stilz/*Singhof*[2] Rdn 11.

[86] Danach beginnt die Verzinsungspflicht mit dem Ablauf des Tages, an dem der Beherrschungs- oder Gewinnabführungsvertrag wirksam geworden ist, was für die Eingliederung dem Zeitpunkt der Eintragung entspräche (§ 319 Abs 7); s KK-*Koppensteiner*[3] Rdn 11 mit Fn 38.

[87] Ebenso KK-*Koppensteiner*[3] Rdn 11. Ein gesetzgeberisches Versehen kann hier freilich nicht unterstellt werden; vgl AusschussB § 320 aF bei *Kropff* S 425.

Normzweck und lässt sich zudem mit § 263 Abs 2 BGB begründen.[88] Der ausgeschiedene Aktionär behält seinen Zinsanspruch in voller Höhe, auch wenn er eine von der Hauptgesellschaft angebotene Teilleistung zurückweist. Dies entspricht der Regelung in § 266 und gilt auch für den Fall, dass ein gerichtliches Verfahren zur Festsetzung einer angemessenen Abfindung anhängig ist.[89] Denn erst nach der gerichtlichen Entscheidung erlangt der ausgeschiedene Aktionär letzte Klarheit darüber, wie seine Entscheidungsoptionen aussehen.[90]

**22**     Eine entsprechende Verzinsungspflicht besteht **bei Wahl der Abfindung in Aktien** ausweislich des klaren Wortlauts allein für allfällige Zuzahlungen in bar.[91] Hat der Aktien wählende Abfindungsgläubiger zuvor darüber hinausgehende Zinszahlungen empfangen, hat er diese nach Bereicherungsrecht zurückzugewähren.[92]

**23**     Abs 1 Satz 6 Halbs 2 stellt klar, dass die **Geltendmachung weiterer Schäden** neben der Verzinsung nach Abs 1 Satz 6 Halbs 1 offen steht. Die Regelung verweist damit letztlich auf die Möglichkeit des Ersatzes von Verzögerungsschäden nach §§ 280 Abs 1, 2, 286 BGB, also bei Vorliegen der Verzugsvoraussetzungen. Dann stehen dem Abfindungsgläubiger auch Verzugszinsen nach § 288 BGB zu.[93]

### 5. Verjährung des Abfindungsanspruchs

**24**     a) **Keine Möglichkeit der Befristung.** Die Möglichkeit der Befristung des Abfindungsanspruchs ist nicht vorgesehen. Auch eine entsprechende Anwendung des § 305 Abs 4, der eine solche Befristung für die Abfindung bei Abschluss eines Beherrschungs- oder Gewinnabführungsvertrags eröffnet[94], kommt nicht in Frage. Denn anders als dort stünde dem seines Abfindungsanspruchs verlustig gegangenen Aktionär kein Anspruch auf Ausgleich (vgl § 304) bei Verbleib in der Gesellschaft zu, sondern er verlöre seine Aktionärsstellung ohne entschädigende Abfindung.[95] Wird die Hauptgesellschaft **vor Erfüllung des Abfindungsanspruchs auf eigene Aktien** auf ein drittes Unternehmen verschmolzen oder wird die Erfüllung des Abfindungsanspruchs aufgrund einer anderen **Strukturmaßnahme** unmöglich, so stehen dem Abfindungsgläubiger die Rechte aus **§§ 23, 204 UmwG (analog)** zu.[96]

---

[88] S etwa OLG Düsseldorf Beschl v 11.4.1988 – 19 W 32/86, WM 1988, 1052, 1058; Emmerich/*Habersack* Aktien- und GmbH-Konzernrecht[6] § 320b Rdn 13; *Hüffer*[10] Rdn 7; KK-*Koppensteiner*[3] Rdn 11; MK-*Grunewald*[3] Rdn 13; MünchHdb AG/*Krieger*[3] § 73 Rdn 47; Spindler/Stilz/*Singhof*[2] Rdn 11; bereits *Frisinger* BB 1972, 819, 822.

[89] **Anders** *Würdinger* in Vorauflage Anm 15; wie hier Emmerich/*Habersack* Aktien- und GmbH-Konzernrecht[6] § 320b Rdn 13; MK-*Grunewald*[3] Rdn 13; tendenziell auch KK-*Koppensteiner*[3] Rdn 11.

[90] S zu diesem Gedanken bereits Rdn 15.

[91] S dazu bereits oben Rdn 19; zur Frage der Verzinsungspflicht analog § 305 Abs 3 Satz 3 bei unangemessen niedriger Abfindung in Aktien der herrschenden Gesellschaft GK-*Hasselbach/Hirte*[4] § 305 Rdn 26.

[92] KK-*Koppensteiner*[3] Rdn 11; MK-*Grunewald*[3] Rdn 13.

[93] Emmerich/*Habersack* Aktien- und GmbH-Konzernrecht[6] § 320b Rdn 13; *Hüffer*[10] Rdn 7; MK-*Grunewald*[3] Rdn 14; MünchHdb AG/*Krieger*[3] § 73 Rdn 47; Spindler/Stilz/*Singhof*[2] Rdn 11; auch KK-*Koppensteiner*[3] Rdn 12 unter Aufgabe der Ansicht, auf das Vorliegen der Verzugsvoraussetzungen werde verzichtet.

[94] S dazu nur GK-*Hasselbach/Hirte*[4] Rdn 247 ff.

[95] Ganz richtig KK-*Koppensteiner*[3] Rdn 13; vgl auch *Godin/Wilhelmi*[4] Anm 8.

[96] Ausführlich *Klöhn* Das System der aktien- und umwandlungsrechtlichen Abfindungsansprüche, 2009, S 382 ff.

**b) Geltung der regelmäßigen Verjährung.** Der Abfindungsanspruch nach Abs 1 Satz 3 **25** verjährt regelmäßig. Es gilt also nach § 195 BGB eine Frist von drei Jahren.[97] Sie beginnt gem § 199 Abs 1 BGB mit dem Schluss des Jahres, in dem der Anspruch entstanden ist (Nr 1) und der ausgeschiedene Aktionär von den den Anspruch begründenden Umständen und der Person des Schuldners Kenntnis erlangt oder ohne grobe Fahrlässigkeit erlangen müsste (Nr 2). Dabei dürfte die letztere Voraussetzung regelmäßig keine verzögernde Wirkung auf den Verjährungsbeginn haben.[98] Was den **Zeitpunkt der „Entstehung"** des Abfindungsanspruchs iSd Nr 1 betrifft, so herrscht allerdings eine gewisse Unsicherheit. Die Anspruchsentstehung im verjährungsrechtlichen Sinne setzt nämlich grundsätzlich Fälligkeit des Anspruchs voraus.[99] Als Fälligkeitszeitpunkt wird mit Blick auf die Verzinsungsregelung in Abs 1 Satz 6 teils aber die Bekanntmachung der Eingliederung angesehen.[100] Wenn demgegenüber in der Kommentarliteratur vertreten wird, dass die Anspruchsentstehung iSd § 199 Abs 1 Nr 1 BGB mit der Eintragung der Eingliederung (und dem damit einhergehenden Rechtsverlust nach § 320a Satz 1) zusammenfällt[101], so deutet dies entweder auf einen entsprechenden Fälligkeitszeitpunkt hin[102] oder begründete neben Schadensersatzansprüchen und Ansprüchen, denen die Einrede aus § 320 BGB entgegensteht, eine weitere Ausnahme von der Maßgeblichkeit des Fälligkeitszeitpunkts iR des § 199 Abs 1 Nr 1 BGB[103]. Im Ergebnis lässt sich jedenfalls für diese Ansicht anführen, dass der Wirkungskreis der mit Blick auf den Verzinsungsbeginn verfehlten Regelung in Abs 1 Satz 6 nicht ohne Not ausgeweitet werden sollte.

## III. Geltendmachung abfindungsbezogener Beschlussmängel (Abs 2)

### 1. Verhältnis von Beschlussanfechtung und Spruchverfahren nach Abs 2

Abs 2 regelt die **Geltendmachung abfindungsbezogener Mängel des Eingliederungs-** **26** **beschlusses.** So kann die Anfechtung des Eingliederungsbeschlusses gem Abs 2 Satz 1 nicht darauf gestützt werden, dass die von der Hauptgesellschaft angebotene **Abfindung unangemessen** sei oder der Beschluss der Erlangung von unerlaubten Sondervorteilen diene (§ 243 Abs 2; s Rdn 27)[104]. Für die Geltendmachung der Unangemessenheit des Abfindungsangebots verweist Abs 2 Satz 2 die Rechtsuchenden stattdessen auf das Spruchverfahren (s noch Rdn 37 ff). Der Referentenentwurf des UMAG wollte im Zuge der Änderung des § 243 Abs 4 ebenso für Anfechtungsklagen verfahren, die darauf gestützt werden, dass die Hauptgesellschaft die **Abfindung „nicht oder nicht ordnungs-**

---

[97] Wohl unstr, s etwa Emmerich/*Habersack* Aktien- und GmbH-Konzernrecht[6] § 320b Rdn 14; KK-*Koppensteiner*[3] Rdn 14; Spindler/Stilz/*Singhof*[2] Rdn 10; vgl auch BGH Urt v 18.10.2010 – II ZR 270/08, Der Konzern 2011, 36 Tz 30 ff zum Abfindungsergänzungsanspruch.

[98] S wiederum Emmerich/*Habersack* Aktien- und GmbH-Konzernrecht[6] § 320b Rdn 14; KK-*Koppensteiner*[3] Rdn 14; Spindler/Stilz/*Singhof*[2] Rdn 10.

[99] S nur Palandt/*Ellenberger*[72] § 199 Rdn 3 mwN aus der Rspr.

[100] S *Würdinger* in Vorauflage Anm 15; ferner OLG Düsseldorf Beschl v 11.4.1988 – 19 W

32/86, WM 1988, 1052, 1061; unklar KK-*Koppensteiner*[3] Rdn 8 einerseits und Rdn 11 andererseits.

[101] So Emmerich/*Habersack* Aktien- und GmbH-Konzernrecht[6] § 320b Rdn 14; KK-*Koppensteiner*[3] Rdn 14; Spindler/Stilz/ *Singhof*[2] Rdn 10.

[102] Diesfalls wäre der erst spätere Verzinsungszeitpunkt nach Abs 1 Satz 6 freilich äußerst unbefriedigend.

[103] S wiederum nur Palandt/*Ellenberger*[72] § 199 Rdn 3 mwN aus der Rspr.

[104] Einzelheiten dazu bei GK-K *Schmidt*[4] § 243 Rdn 51 ff.

Klaus Ulrich Schmolke

**gemäß angeboten"** hat.[105] Schon der Regierungsentwurf hat hiervon wieder Abstand genommen[106], so dass es letztlich bei der Regelung des Abs 2 Satz 3 geblieben ist. Danach kann für den Fall des nicht oder nicht ordnungsgemäß unterbreiteten Abfindungsangebots ein Spruchstellenverfahren beantragt werden, sofern eine auf das mangelhafte Abfindungsangebot gestützte Anfechtungsklage innerhalb der Anfechtungsfrist nicht erhoben oder zurückgenommen oder rechtskräftig abgewiesen worden ist (dazu Rdn 29 ff). Die Gründe für die hierin liegende Abweichung von § 305 Abs 5 bleiben freilich unklar.[107] Die auf **sonstige Mängel des Eingliederungsbeschlusses** gestützte Anfechtung regelt Abs 2 ebensowenig wie die Geltendmachung von **Mängeln des Zustimmungsbeschlusses.** Insofern bleibt es daher bei den allgemeinen Regeln der §§ 241 ff (s auch § 319 Rdn 31; § 320 Rdn 30).[108]

### 2. Bei der eingegliederten Gesellschaft

**27**     a) **Anfechtungsausschluss bei unangemessenem Abfindungsangebot (Abs 2 Satz 1).** Der Ausschluss der Anfechtungsklage nach Abs 2 Satz 1 entspricht der Regelung in § 304 Abs 3 Satz 2[109] sowie in § 327f Satz 1[110] und erfasst wie diese zwei verschiedene Konstellationen: Zum einen geht es um diejenigen Fälle, in denen die Anfechtung auf § 243 Abs 2 und damit darauf gestützt wird, dass die (künftige) Hauptgesellschaft **Sondervorteile** für sich oder einen Dritten zu Lasten der einzugliedernden Gesellschaft oder ihrer übrigen Aktionäre zu erlangen suchte und der Eingliederungsbeschluss geeignet ist, diesem Zweck zu dienen. Damit trägt das Gesetz dem Umstand Rechnung, dass der anfechtungsausschließende Ausgleich (vgl § 243 Abs 2 Satz 2) für die regelmäßig mit dem Eingliederungsbeschluss verbundenen Sondervorteile der (künftigen) Hauptgesellschaft durch den Abfindungsanspruch der ausscheidenden Aktionäre gewährleistet wird.[111] Die angemessene Abfindung stellt also nach der Gesetzeskonzeption die Kompensation der ausscheidenden Aktionäre für die von der Hauptgesellschaft durch die Eingliederung erstrebten Sondervorteile dar. Insofern besteht auch kein Grund, den Anfechtungsausschluss nach Abs 2 Satz 1 Var 1 dahingehend einzuschränken, dass dieser nur solche Sondervorteile erfasst, die sich aus der Unangemessenheit der angebotenen Abfindung ergeben.[112]

**28**     Die **Angemessenheit der angebotenen Abfindung** kann als solche ebenfalls nicht zum Gegenstand eines Anfechtungsprozesses gemacht werden (Abs 2 Satz 1 Var 2). Dieser Anfechtungsausschluss dient ebenso wie die Parallelregelungen in 327f Satz 1 dazu, die an ein anhängiges Anfechtungsverfahren anknüpfende Registersperre (§ 319 Abs 5 Satz 2; s dazu § 319 Rdn 39 ff) und damit die Blockade der Eingliederung durch bloße

---

[105] S Art 1 Nr 35 RefE UMAG, Sonderbeilage zu NZG Heft 4/2004, S 8* sowie die zugehörige Begründung auf S 23*.

[106] S RegE UMAG, BRDrucks 3/05.

[107] S KK-*Koppensteiner*[3] Rdn 22 mit Fn 71.

[108] S auch Emmerich/*Habersack* Aktien- und GmbH-Konzernrecht[6] § 320b Rdn 15; *Hüffer*[10] Rdn 8; MK-*Grunewald*[3] Rdn 17, 21; KK-*Koppensteiner*[3] Rdn 21, 24; Schmidt/Lutter/*Ziemons*[2] Rdn 15, 20; Spindler/Stilz/*Singhof*[2] Rdn 12 f.

[109] S dazu GK-*Hasselbach/Hirte*[4] § 304 Rdn 124.

[110] S dazu GK-*Fleischer*[4] § 327f Rdn 3 f.

[111] Klar Schmidt/Lutter/*Ziemons*[2] Rdn 16; vgl auch Begr RegE § 320 aF bei Kropff S 425 mit Begr RegE § 304 ebenda S 395.

[112] **So aber** MK-*Grunewald*[3] Rdn 17; wie hier Schmidt/Lutter/*Ziemons*[2] Rdn 16; ausführlich *Klöhn* Das System der aktien- und umwandlungsrechtlichen Abfindungsansprüche, 2009, S 347, 358 ff; vgl für § 327f Satz 1 auch GK-*Fleischer*[4] § 327f Rdn 3 mwN.

---

Bewertungsrügen zu vermeiden.[113] Stattdessen steht den ausscheidenden Aktionären das zielgenauere Rechtsschutzinstrument des Spruchverfahrens zur Verfügung (Abs 2 Satz 2; dazu Rdn 37 ff).

**b) Subsidiäres Spruchverfahren bei fehlendem oder nicht ordnungsgemäßem Angebot** **29** **(Abs 2 Satz 3).** Fehlt das Abfindungsangebot der künftigen Hauptgesellschaft entgegen § 320 Abs 2 Satz 1 Nr 2 (s § 320 Rdn 20 ff) oder ist es „nicht ordnungsgemäß", so kann hierauf ausweislich der Regelung des Abs 2 Satz 3 eine Anfechtung des Eingliederungsbeschlusses gestützt werden. **Subsidiär,** dh sobald die Anfechtungsfrist verstrichen ist und auch keine auf solche Mängel des Eingliederungsbeschlusses gestützte Anfechtungsklagen (mehr) anhängig sind[114], können die ausgeschiedenen Aktionäre einen Antrag auf Durchführung eines **Spruchverfahrens** stellen (s dazu Rdn 38).

Näherer Klärung bedarf die Frage, wann ein Angebot **„nicht ordnungsgemäß"** iSd **30** Abs 2 Satz 3 ist. Aus der Zusammenschau mit Abs 2 Satz 1 ergibt sich zunächst, dass die bloße Unangemessenheit des Angebots hierfür nicht ausreicht.[115] Vielmehr hat die Vorschrift hier vor allem Verstöße gegen die **gesetzlichen Vorgaben in Abs 1 Satz 2 und 3 für die formale Ausgestaltung des Abfindungsangebots** im Blick.[116] Dies betrifft etwa solche Fälle, in denen entgegen Abs 1 Satz 3 lediglich ein Angebot zur Abfindung in Aktien der abhängigen Hauptgesellschaft unterbreitet wird, also das erforderliche Barabfindungsangebot fehlt[117] oder aber entgegen Abs 1 Satz 2 Aktien einer anderen als der Hauptgesellschaft oder eine Barabfindung angeboten werden.[118] Nicht ordnungsgemäß iSd Abs 2 Satz 3 ist das Angebot schließlich, wenn die angebotenen Aktien nicht der richtigen Gattung angehören (s dazu Rdn 12 f).[119] Ein Fall des lediglich unangemessenen Angebots iSd Abs 2 Satz 1 liegt hingegen vor, wenn entgegen § 320b Abs 1 Satz 4 kein Barausgleich für etwaige Spitzenbeträge angeboten wird.[120]

Ob auch **abfindungswertbezogene Informationsmängel,** insbesondere Bekanntma- **31** chungsfehler und Verstöße gegen das Auskunftsrecht, zur Anfechtung des Eingliederungsbeschlusses wegen nicht ordnungsgemäßen Angebots iSd Abs 2 Satz 3 berechtigen, kann nur differenzierend beantwortet werden: Vor Inkrafttreten des UMAG konzentrierte sich die Diskussion darauf, ob sich die BGH-Rspr zu §§ 210, 212 UmwG, welche die Aktionäre für die Rüge solcher abfindungswertbezogener Informationsmängel unter

---

[113] S für § 327f nur GK-*Fleischer*[4] § 327f Rdn 4. Allgemein und ausführlich zum Zweck des Anfechtungsausschlusses „bei Kompensationsunterschreitung" nach §§ 14 Abs 2, 195 Abs 2, 32, 210 UmwG, §§ 304 Abs 3 Satz 2, 305 Abs 5 Satz 1, 320b Abs 2 Satz 1, 327f Abs 1 Satz 1 AktG *Weißhaupt* Kompensationsbezogene Informationsmängel, 2003, S 241 ff.

[114] Zu Recht für erweiternde Auslegung des § 320b Abs 2 Satz 3 über die dort genannten Fälle der Klagerücknahme und rechtskräftigen Klageabweisung hinaus Schmidt/ Lutter/*Ziemons*[2] Rdn 19.

[115] KK-*Koppensteiner*[3] Rdn 22.

[116] So auch Emmerich/*Habersack* Aktien- und GmbH-Konzernrecht[6] § 320b Rdn 19; KK-*Koppensteiner*[3] Rdn 22; Spindler/ Stilz/*Singhof*[2] Rdn 12.

[117] S BGH Urt v 13.10.1977 – II ZR 123/76, BGHZ 69, 334, 335 (noch zu § 320 Abs 5 Satz 3 aF); ferner BGH Urt v 27.5.1974 – II ZR 109/72, WM 1974, 713, 717; LG Mosbach Urt v 28.2.2000 – KfH = 56/00, AG 2001, 206, 209.

[118] S Emmerich/*Habersack* Aktien- und GmbH-Konzernrecht[6] § 320b Rdn 19.

[119] Emmerich/*Habersack* Aktien- und GmbH-Konzernrecht[6] § 320b Rdn 19; aus der Rspr OLG Hamm Beschl v 8.12.1993 – 15 W 291/93, AG 1994, 376, 378.

[120] S auch Emmerich/*Habersack* Aktien- und GmbH-Konzernrecht[6] § 320b Rdn 19; aA KK-*Koppensteiner*[3] Rdn 22; zur Anfechtung des Zustimmungsbeschlusses in diesem Fall LG Berlin Urt v 13.11.1995 – 99 O 126/95, AG 1996, 230, 232.

Klaus Ulrich Schmolke

Ausschluss der Anfechtung auf das Spruchverfahren verweist[121], auf § 320b Abs 2 Satz 3 übertragen lässt.[122] Seit Inkrafttreten des UMAG herrscht jedenfalls insofern Klarheit, als auch für den Eingliederungsbeschluss § **243 Abs 4 Satz 2** zu beachten ist. Danach kann die Anfechtungsklage nicht auf unrichtige, unvollständige oder unzureichende Informationen **in** (!) **der Hauptversammlung** über die Ermittlung, Höhe oder Angemessenheit von Abfindung oder Zuzahlung gestützt werden, wenn das Gesetz für Bewertungsrügen ein Spruchverfahren vorsieht. Dies ist nach Abs 2 Satz 2 der Fall.[123] Eine Anfechtung *sub specie* „nicht ordnungsgemäßes" Abfindungsangebot iSd Abs 2 Satz 3 scheidet insofern also aus.[124] Freilich ist der Anwendungsbereich des § 243 Abs 4 Satz 2 noch nicht in allen Einzelheiten geklärt. So wird etwa die Frage, ob die nach §§ 319 Abs 3 Satz 4, 320 Abs 4 Satz 3 während der Hauptversammlung auszulegenden Unterlagen (s dazu § 319 Rdn 27 sowie § 320 Rdn 28) zu den „Informationen in der Hauptversammlung" gehören, unterschiedlich beantwortet.[125] Ungeachtetdessen bleibt ausweislich der Gesetzesmaterialien aber jedenfalls bei „Totalverweigerung von Informationen" die Anfechtung möglich.[126]

**32**     Für abfindungswertbezogene Informationsmängel **im Vorfeld der Hauptversammlung**, also insbesondere für Bekanntmachungs- und Berichtsmängel, wäre *de lege ferenda* ein paralleler Anfechtungsausschluss sicher wünschenswert.[127] *De lege lata* bleibt es hingegen bei der Anfechtbarkeit unter Verweis auf das „nicht ordnungsgemäße" Angebot der Abfindung. Spricht grundsätzlich schon die Gesetzesbegründung zu § 243 Abs 4 Satz 2 gegen die Fortgeltung der weiterreichenden Grundsätze der MEZ/Aqua Butzke-Rspr[128],[129] so steht jedenfalls der klare Wortlaut des Abs 2 Satz 3 sowie die bewusste Abstandnahme von entsprechenden Gesetzesänderungen im Referentenentwurf des UMAG[130] einer Erstreckung dieser zu §§ 210, 212 UmwG entwickelten Rechtsprechungsgrundsätze auf die Mehrheitseingliederung entgegen.[131] Trotz des gleichlautenden

---

[121] BGH Urt v 18.12.2000 – II ZR 1/99, BGHZ 146, 179 – MEZ; Urt v 29.1.2001 – II ZR 368/98, NJW 2001, 1428 – Aqua Butzke.

[122] Zur Diskussion vor Inkrafttreten des UMAG s etwa *Noack/Zetzsche* ZHR 170 (2006), 218, 237 f; *Mülbert* FS Ulmer, 2003, S 433, 443 ff; KK-*Koppensteiner*[3] Rdn 23 mwN; monographisch *Weißhaupt* Kompensationsbezogene Informationsmängel, 2003.

[123] Begr RegE UMAG BR-Drs 3/05, S 55 erwähnt § 320b versehentlich nicht; s dazu Emmerich/*Habersack* Aktien- und GmbH-Konzernrecht[6] § 320b Rdn 20 in Fn 61.

[124] Unstr, s etwa Emmerich/*Habersack* Aktien- und GmbH-Konzernrecht[6] § 320b Rdn 19 f; *Hüffer*[10] Rdn 8; MK-*Grunewald*[3] Rdn 19; Spindler/Stilz/*Singhof*[2] Rdn 12.

[125] Dafür *Noack/Zetzsche* ZHR 170 (2006), 218, 238; zum Streitstand GK-*Fleischer*[4] § 327f Rdn 18.

[126] Begr RegE UMAG BRDrucks 3/05, S 54; s auch *Noack/Zetzsche* ZHR 170 (2006), 218, 235; *Decher* FS Hoffmann-Becking, 2013, S 295, 308.

[127] S etwa Arbeitskreis Beschlussmängelrecht AG 2008, 617, 619 zu dem dort vorgeschlagenen § A Abs 2 Nr 3.

[128] BGH Urt v 18.12.2000 – II ZR 1/99, BGHZ 146, 179 – MEZ; Urt v 29.1.2001 – II ZR 368/98, NJW 2001, 1428 – Aqua Butzke; für seinerzeitige Übertragung auf die Mehrheitseingliederung etwa *Wilsing/Kruse* DB 2002, 1539 ff.

[129] Vgl insofern auch GK-*Fleischer*[4] § 327f Rdn 18 zum Squeeze out. Für die Fortgeltung der Rechtsprechungsgrundsätze hingegen *Noack/Zetzsche* ZHR 170 (2006), 218, 238 ff, 240; *Weißhaupt* ZIP 2005, 1766, 1772.

[130] S dazu oben Rdn 26.

[131] Zutr Emmerich/*Habersack* Aktien- und GmbH-Konzernrecht[6] § 320b Rdn 20; Spindler/Stilz/*Singhof*[2] Rdn 12; MK-*Grunewald*[3] Rdn 19; ferner *Noack/Zetzsche* ZHR 170 (2006), 218, 240 in Fn 89; ausführlich auch *Decher* FS Hoffmann-Becking, 2013, S 295, 303 ff; auf dem Boden der Argumentation des BGH in seiner MEZ/Aqua Butzke-Rspr auch *Mülbert* FS Ulmer, 2003, S 433, 445.

§ 327f Satz 3 hat der BGH im Ergebnis freilich genau dies für den Squeeze out unter Verweis auf „Sinn und Zweck des § 327f Abs 1 Satz 1, 2" getan.[132]

**c) Sonstige Beschlussmängel.** Für sonstige, dh in Abs 2 nicht benannte Mängel des **33** Eingliederungsbeschlusses gelten die allgemeinen Regeln. Eine Anfechtung des Beschlusses wegen der in § 243 Abs 1 genannten Gründe ist mithin zulässig. Dies gilt vorbehaltlich des § 243 Abs 4 Satz 1 insbesondere auch für *nicht* abfindungswertbezogene Informationsmängel.[133] Die Anfechtung kann jedoch nicht darauf gestützt werden, dass es dem Eingliederungsbeschluss an einem hinreichenden materiellen Sachgrund fehle. Denn der Eingliederungsbeschluss bedarf auch für die Mehrheitseingliederung **keiner sachlichen Rechtfertigung.** Vielmehr verweist der Gesetzgeber die Minderheitsaktionäre bei Vorliegen der gesetzlichen (Formal-)Voraussetzungen auf die Kompensation ihres Rechtsverlusts nach § 320b.[134] Eine Anfechtung nach § 243 Abs 1 wegen Rechtsmissbrauchs bleibt freilich im Einzelfall möglich.[135] Ausweislich der §§ 327a ff liegt ein solcher Rechtsmissbrauch jedoch nicht bereits darin, dass die konkrete Eingliederung gerade darauf zielt, die Minderheitsaktionäre aus der einzugliedernden Gesellschaft zu drängen (s dazu näher § 320 Rdn 10).[136]

Die anhängige Anfechtungsklage führt gem § 320 Abs 1 Satz 3 iVm § 319 Abs 5 Satz 1 **34** zur **Registersperre** (s § 319 Rdn 39 ff), so dass die Eingliederung nicht eingetragen und damit nicht wirksam werden kann, sofern nicht zuvor ein Freigabebeschluss nach § 319 Abs 6 (s § 319 Rdn 42 ff) erfolgt. Zur Geltung der **Grundsätze über die fehlerhafte Gesellschaft** bei Nichtigkeit des Eingliederungsbeschlusses s § 319 Rdn 12 und § 320 Rdn 19.

### 3. Bei der Hauptgesellschaft

Die Geltendmachung von Mängeln des Zustimmungsbeschlusses (§§ 320 Abs 1 Satz 3 **35** iVm 319 Abs 2) richtet sich nach den allgemeinen Regeln der §§ 241 ff. Abs 2 sieht insofern keine Einschränkungen der Anfechtbarkeit vor.[137] Daher können die Aktionäre der Hauptgesellschaft die Anfechtung des Zustimmungsbeschlusses insbesondere auch da-

---

[132] BGH Urt v 16.3.2009 – II ZR 302/06, BGHZ 180, 154 Tz 36; für die Rechtslage vor Inkrafttreten des UMAG auch *H Schmidt* FS Ulmer, 2003, S 543, 548 ff; ferner *Mülbert* FS Ulmer, 2003, S 433, 446 f.

[133] S zum Ganzen etwa Emmerich/*Habersack* Aktien- und GmbH-Konzernrecht[6] § 320b Rdn 20; speziell zur Verletzung des Auskunftsrechts nach § 319 Abs 3 Satz 4 iVm § 320 Abs 4 Satz 3 OLG Hamm Beschl v 22.5.1979 – 15 W 314/78, AG 1980, 79, 81.

[134] Heute weitgehend unstr; s etwa Emmerich/*Habersack* Aktien- und GmbH-Konzernrecht[6] § 320b Rdn 21; *Hüffer*[10] Rdn 8; KK-*Koppensteiner*[3] Rdn 23; Spindler/Stilz/*Singhof*[2] Rdn 12; aA noch *Rodloff* Ungeschriebene sachliche Voraussetzungen, 1991, S 45 ff, 111 ff.

[135] S etwa Emmerich/*Habersack* Aktien- und GmbH-Konzernrecht[6] § 320b Rdn 21. Vgl insofern auch BGH Urt v 16.3.2009 – II ZR 302/06, BGHZ 180, 154 zum Übertragungsbeschluss nach § 327a Abs 1 Satz 1 beim Squeeze out.

[136] Emmerich/*Habersack* Aktien- und GmbH-Konzernrecht[6] § 320b Rdn 21; s ferner MK-*Grunewald*[3] § 320 Rdn 9; *Veit* Unternehmensverträge und Eingliederung, 1974, S 71; vgl insofern auch die Ausführungen in BGH Urt v 16.3.2009 – II ZR 302/06, BGHZ 180, 154 Tz 9.

[137] Zur Anfechtung des Zustimmungsbeschlusses wegen fehlerhafter Bekanntmachung der Tagesordnung und fehlerhaftem Prüfungsbericht s LG Berlin Urt v 13.11.1995 – 99 O 126/95, AG 1996, 230.

Klaus Ulrich Schmolke

rauf stützen, dass die angebotene Abfindung unangemessen (hoch) ist.[138] Selbiges gilt für die Geltendmachung abfindungswertbezogener Informationsmängel; § 243 Abs 4 Satz 2 ist insofern nicht anwendbar.[139] Damit lösen sie die Registersperre nach § 319 Abs 5 Satz 2 aus und blockieren so die Eingliederung. *De lege ferenda* spricht daher einiges dafür, auch die Aktionäre der Hauptgesellschaft mit ihrer Bewertungsrüge auf das Spruchverfahren zu verweisen.[140]

**36**    Der Zustimmungsbeschluss bedarf ebensowenig wie der Eingliederungsbeschluss (s Rdn 33) einer sachlichen Rechtfertigung (s bereits § 320 Rdn 16, 20).[141] Mängel des Eingliederungsbeschlusses lassen seine Rechtmäßigkeit unberührt (s bereits § 319 Rdn 20).[142]

## IV. Gerichtliche Bestimmung der angemessenen Abfindung (Abs 2 Satz 2 und 3)

**37**    Ist die angebotene Abfindung nicht angemessen, so kann jeder ausgeschiedene Aktionär bei dem nach § 2 SpruchG zuständigen Gericht einen Antrag auf Festsetzung der angemessenen Abfindung stellen (Abs 2 Satz 2). Das damit angesprochene **Spruchverfahren** steht den ausgeschiedenen Aktionären auch in den Fällen des Abs 2 Satz 3 (nicht oder nicht ordnungsgemäß angebotene Abfindung) unter den dortigen Voraussetzungen und damit subsidiär zur Anfechtungsklage offen (s bereits Rdn 29).

**38**    **Antragsberechtigt** ist gem § 3 Abs 1 Nr 2 SpruchG (früher: § 320b Abs 3 Satz 1 aF) **„jeder ausgeschiedene Aktionär".** Dies bedeutet zum einen, dass Aktionäre der Hauptgesellschaft kein Spruchverfahren einleiten können (s Rdn 35). Zum anderen ergibt sich aus § 3 Abs 1 Nr 2 SpruchG, dass der Antragsteller im Zeitpunkt des Ausscheidens, also bei Eintragung der Eingliederung in das Handelsregister (§ 320a Satz 1), Aktionär der eingegliederten Gesellschaft gewesen sein muss.[143] Ein vor diesem Zeitpunkt gestellter Antrag ist unzulässig.[144] Dem ausgeschiedenen Aktionär ist nach dem unter § 320a

[138] Unstr, s etwa Emmerich/*Habersack* Aktien- und GmbH-Konzernrecht[6] § 320b Rdn 16; KK-*Koppensteiner*[3] Rdn 24; MK-*Grunewald*[3] Rdn 21; MünchHdb AG/*Krieger*[3] § 73 Rdn 48; Schmidt/Lutter/*Ziemons*[2] Rdn 21; Spindler/Stilz/*Singhof*[2] Rdn 13; vgl auch LG Berlin Urt v 13.11.1995 – 99 O 126/95, AG 1996, 230, 232.

[139] Emmerich/*Habersack* Aktien- und GmbH-Konzernrecht[6] § 320b Rdn 16; Schmidt/Lutter/*Ziemons*[2] Rdn 21.

[140] Dafür etwa Emmerich/*Habersack* Aktien- und GmbH-Konzernrecht[6] § 320b Rdn 2; vgl auch KK-*Koppensteiner*[3] Rdn 24 unter Verweis auf die entsprechende Gesetzeslage in Österreich (vgl §§ 225b, 225c öAktG); ferner DAV-Handelsrechtsausschuss NZG 2000, 802, 803 (zu § 15 UmwG); sowie *Hoffmann-Becking* RWS-Forum: Gesellschaftsrecht 2001, S 55, 68 ff; *Röhricht* VGR-Tagungsband 5, 2002, S 3, 32 f.

[141] S hier nur OLG München Urt v 17.3.1993 –

7 U 5382/92, WM 1993, 1285, 1288 = AG 1993, 430 = ZIP 1993, 1001; Emmerich/*Habersack* Aktien- und GmbH-Konzernrecht[6] § 320b Rdn 16; KK-*Koppensteiner*[3] Rdn 24.

[142] S hier nur OLG München Urt v 17.3.1993 – 7 U 5382/92, WM 1993, 1285, 1287 = AG 1993, 430 = ZIP 1993, 1001; Emmerich/*Habersack* Aktien- und GmbH-Konzernrecht[6] § 320b Rdn 16; KK-*Koppensteiner*[3] Rdn 24.

[143] Emmerich/*Habersack* Aktien- und GmbH-Konzernrecht[6] § 320b Rdn 17; *Hüffer*[10] Anh § 305 Rdn 3; KK-*Koppensteiner*[3] Rdn 17; MünchHdb AG/*Krieger*[3] § 73 Rdn 50; Spindler/Stilz/*Singhof*[2] Rdn 14.

[144] *Hüffer*[10] Anh § 305 Rdn 3; s auch LG Berlin Beschl v 25.3.2003 – 102 O 19/03, AG 2003, 647 für einen Antrag vor Eintragung des Übertragungsbeschlusses nach § 327a Abs 1 Satz 1 in das Handelsregister.

Rdn 6 Gesagten konsequenterweise der Inhaber von Options- oder Wandlungsrechten gleichzustellen.[145] Ebenso antragsberechtigt ist der **Gesamtrechtsnachfolger** des ausgeschiedenen Aktionärs.[146] Für den Einzelrechtsnachfolger ist dies umstritten.[147] Gegen seine Antragsberechtigung wird – kaum zwingend – angeführt, er könne direkt gegen seinen Vertragspartner vorgehen[148] und sei (daher?) nicht schutzwürdig[149]. Die **Antragsfrist** beträgt gem § 4 Abs 1 Satz 1 Nr 2 SpruchG drei Monate (nach § 320b Abs 3 Satz 2 aF noch zwei Monate) ab Bekanntmachung der Eintragung der Eingliederung.

Die Entscheidung des Gerichts betrifft nicht nur den Antragsteller sondern wirkt gem **39** § 13 Satz 2 SpruchG für und gegen alle, einschließlich derjenigen Aktionäre, die bereits gegen die ursprünglich angebotene Abfindung ausgeschieden sind. Setzt also das Gericht eine **höhere Abfindung als die angebotene** fest, so haben die ausgeschiedenen Aktionäre, welche ihre Aktienurkunden bereits gegen Leistung nur der angebotenen Abfindung an die Hauptgesellschaft ausgehändigt haben (vgl § 320a Satz 2), folglich einen **Abfindungsergänzungsanspruch**.[150] Für weitere Einzelheiten s die Kommentierungen zum SpruchG.[151]

## § 321
## Gläubigerschutz

(1) [1]Den Gläubigern der eingegliederten Gesellschaft, deren Forderungen begründet worden sind, bevor die Eintragung der Eingliederung in das Handelsregister bekanntgemacht worden ist, ist, wenn sie sich binnen sechs Monaten nach der Bekanntmachung zu diesem Zweck melden, Sicherheit zu leisten, soweit sie nicht Befriedigung verlangen können. [2]Die Gläubiger sind in der Bekanntmachung der Eintragung auf dieses Recht hinzuweisen.

(2) Das Recht, Sicherheitsleistung zu verlangen, steht Gläubigern nicht zu, die im Falle des Insolvenzverfahrens ein Recht auf vorzugsweise Befriedigung aus einer Deckungsmasse haben, die nach gesetzlicher Vorschrift zu ihrem Schutz errichtet und staatlich überwacht ist.

[145] So ausdrücklich etwa Emmerich/*Habersack* Aktien- und GmbH-Konzernrecht[6] § 320b Rdn 17; MK-*Grunewald*[3] Rdn 20; vgl auch Schmidt/Lutter/*Ziemons*[2] Rdn 7.

[146] Emmerich/*Habersack* Aktien- und GmbH-Konzernrecht[6] § 320b Rdn 17; *Hüffer*[10] Anh § 305 Rdn 3; KK-*Koppensteiner*[3] Rdn 17; MünchHdb AG/*Krieger*[3] § 73 Rdn 50; Spindler/Stilz/*Singhof*[2] Rdn 14.

[147] Für Antragsberechtigung etwa *Timm/Schick* WM 1994, 185, 187 f; KK-*Koppensteiner*[3] Rdn 16; MünchHdb AG/*Krieger*[3] § 73 Rdn 50; dagegen etwa Emmerich/*Habersack* Aktien- und GmbH-Konzernrecht[6] § 320b Rdn 17; *Hüffer*[10] Anh § 305 Rdn 3; MK-*Grunewald*[3] Rdn 20; Spindler/Stilz/

*Singhof*[2] Rdn 14 (unter Verweis auf die Möglichkeit der Bevollmächtigung); s auch OLG Hamburg Beschl v 14.6.2004 – 11 W 94/03, AG 2004, 622, 623 (für einen Squeeze out-Sachverhalt).

[148] MK-*Grunewald*[3] Rdn 20.

[149] OLG Hamburg Beschl v 14.6.2004 – 11 W 94/03, AG 2004, 622, 623.

[150] S dazu etwa Emmerich/*Habersack* Aktien- und GmbH-Konzernrecht[6] § 320b Rdn 18; *Hüffer*[10] Rdn 9; MünchHdb AG/*Krieger*[3] § 73 Rdn 51; Spindler/Stilz/*Singhof*[2] Rdn 14; noch ohne Bezugnahme auf § 13 Satz 2 SpruchG KK-*Koppensteiner*[3] Rdn 19.

[151] Etwa MK-*Kubis*[3] SpruchG.

Klaus Ulrich Schmolke

*Übersicht*

## Schrifttum

*Hoffmann* Anmerkung zu OLG Frankfurt aM Urt v 16.2.2000 – 19 U 226/98, NZG 2000, 935; *Habersack* Der persönliche Schutzbereich des § 303 AktG, FS Koppensteiner, 2001, S 31; *Jaeger* Sicherheitsleistung für Ansprüche aus Dauerschuldverhältnissen bei Kapitalherabsetzung, Verschmelzung und Beendigung eines Unternehmensvertrags, DB 1996, 1069; *Rittner* Die Sicherheitsleistung bei der ordentlichen Kapitalherabsetzung, FS Oppenhoff, 1985, S 317; *Werner* Der erste Kommentar zum neuen Aktiengesetz, AG 1967, 122.

## I. Grundlagen

1     Die Vorschrift regelt die Sicherheitsleistung zugunsten der (Alt-)Gläubiger der eingegliederten Gesellschaft. Sie war im Regierungsentwurf noch nicht vorgesehen, sondern wurde erst auf Vorschlag des Bundesrates eingefügt. Dieser begründete die Regelung damit, dass „[w]ie bei der Verschmelzung [...] auch bei der Eingliederung, die eine Abwandlung der Verschmelzung darstellt, ein besonderer Schutz der Gläubiger entsprechend der Regelung des § 347 AktG[aF = § 22 UmwG] erforderlich" sei.[1] Eine vergleichbare Regelung findet sich für den Fall der Beendigung eines Beherrschungs- oder Gewinnabführungsvertrages in § 303. Das Schutzerfordernis beruht im Falle der Eingliederung auf der besonderen Gefährdungslage für das Vermögen der eingegliederten Gesellschaft, die sich aus den besonderen Befugnissen und Rechten der Hauptgesellschaft ergeben, die ihr nach § 323 zugebilligt werden.[2] Der durch die gesamtschuldnerische Mithaftung nach § 322 gegebene Schutz wird insofern als unzureichend angesehen, als dessen Effektivität von der Solvenz der Hauptgesellschaft abhängt.[3] Abs 2 der Regelung ist durch das Einführungsgesetz zur Insolvenzordnung (EGInsO) vom 5.10.1994[4] neu gefasst worden.[5] § 321 ist Anspruchsgrundlage und kein Schutzgesetz zugunsten der Gläubiger iSv § 823 Abs 2 BGB.[6]

---

[1] S Stellungnahme BR zu § 321 bei *Kropff* S 425 f.
[2] S Emmerich/*Habersack* Aktien- und GmbH-Konzernrecht[6] § 321 Rdn 1; *Hüffer*[10] Rdn 1; MK-*Grunewald*[3] Rdn 1; vgl auch KK-*Koppensteiner*[3] Rdn 1; Spindler/Stilz/*Singhof*[2] Rdn 1.
[3] S Emmerich/*Habersack* Aktien- und GmbH-

Konzernrecht[6] § 321 Rdn 1; *Hüffer*[10] Rdn 1; MK-*Grunewald*[3] Rdn 1; KK-*Koppensteiner*[3] Rdn 1; Spindler/Stilz/*Singhof*[2] Rdn 1.
[4] BGBl I 2911.
[5] S dort Art 47 Nr 19.
[6] S etwa Spindler/Stilz/*Singhof*[2] Rdn 1; ausführlich MK-*Grunewald*[3] Rdn 16.

## II. Pflicht zur Sicherheitsleistung (Abs 1)

### 1. Gläubiger der Sicherheitsleistungsforderung

Inhaber des Anspruch auf Sicherheitsleistung nach Abs 1 Satz 1 sind die Gläubiger der **2** (bereits) eingegliederten Gesellschaft (1), deren Forderungen begründet worden sind (2), *bevor* die Eintragung der Eingliederung im Handelsregister bekanntgemacht worden ist (3), und die sich binnen sechs Monaten nach der Bekanntmachung zur Erlangung der Sicherheitsleistung melden (4), soweit sie nicht bereits Befriedigung verlangen können (5).

**a) Gläubiger nur der eingegliederten Gesellschaft.** Der Anspruch steht also nur den **3** Gläubigern der eingegliederten Gesellschaft, nicht aber denen der Hauptgesellschaft zu.[7] Dies mag auf den ersten Blick überraschen, weil die Eingliederung auch für die Gläubiger der Hauptgesellschaft mit (zusätzlichen) Risiken verbunden ist.[8] Die gesetzliche Beschränkung auf den Schutz der Gläubiger der eingegliederten Gesellschaft wird damit gerechtfertigt, dass die aktienrechtliche Vermögensbindung in der Hauptgesellschaft unberührt bleibt (vgl für die eingegliederte Gesellschaft § 323 Abs 2) und die Gläubiger auch sonst keine Möglichkeit haben, riskante Geschäfte der Hauptgesellschaft zu verhindern.[9] Wenig überzeugend ist hingegen der weitere Hinweis auf die Haftung des Vorstands der Hauptgesellschaft nach § 93 Abs 5.[10]

**b) Forderungsbegründung.** Die **zu sichernde Forderung** gegen die eingegliederte Gesellschaft muss bereits **begründet** sein. Hierfür reicht es nach wohl allgemeiner Ansicht **4** aus, dass ihr „Entstehungsgrund gelegt"[11] ist, dh „die tatbestandlichen Voraussetzungen ihres Rechtsgrundes" zum maßgeblichen Zeitpunkt „verwirklicht" sind[12]. Dies schließt nicht aus, dass noch einzelne Entstehungsvoraussetzungen fehlen, wie etwa der Bedingungseintritt bei bedingten Forderungen oder der Schadenseintritt bei Ersatzansprüchen.[13]

Bei **Forderungen aus Dauerschuldverhältnissen**, die ebenfalls von § 321 erfasst werden, **5** kommt es auf den Zeitpunkt an, in dem das den konkreten Forderungen zugrunde liegende Rechtsverhältnis (zB Mietverhältnis) begründet worden ist.[14] In der Folge stellt sich die Frage nach dem „Ob" und „Wie" einer normzweckgemäßen Begrenzung der Sicherheitsleistung. Dabei ist zunächst festzuhalten, dass im Falle des § 321 – anders als etwa im Falle des § 303 (s dort Rdn 17) – eine „Endloshaftung" regelmäßig nicht zu

---

[7] Emmerich/*Habersack* Aktien- und GmbH-Konzernrecht[6] § 321 Rdn 3; *Hüffer*[10] Rdn 3; MK-*Grunewald*[3] Rdn 7; Spindler/Stilz/Singhof[2] Rdn 2.

[8] S KK-*Koppensteiner*[3] Rdn 6; MK-*Grunewald*[3] Rdn 7.

[9] KK-*Koppensteiner*[3] Rdn 6 im Anschluss an *Godin/Wilhelmi*[4] Anm zu § 321; zust MK-*Grunewald*[3] Rdn 7.

[10] S aber *Godin/Wilhelmi*[4] Anm zu § 321; lediglich referierend KK-*Koppensteiner*[3] Rdn 6.

[11] So die Formulierung bei *Hüffer*[10] Rdn 2 mit § 303 Rdn 3; ganz ähnlich Emmerich/*Habersack* Aktien- und GmbH-Konzernrecht[6] § 321 Rdn 3.

[12] So die Formulierung bei KK-*Koppensteiner*[3] Rdn 2 in Fn 5 mit § 303 Rdn 14.

[13] *Hüffer*[10] Rdn 2 mit § 303 Rdn 3; KK-*Koppensteiner*[3] Rdn 2 in Fn 5 mit § 303 Rdn 15.

[14] Unstr, s nur BGH Urt v 11.11.1991 – II ZR 287/90, BGHZ 116, 37 Ls d) sowie 46 (zu § 303 analog); *Hüffer*[10] Rdn 2 mit § 303 Rdn 3. Diese Ansicht liegt implizit auch den Judikaten BGH Urt v 18.3.1996 – II ZR 299/94, NJW 1996, 1539 (zu § 26 Abs 1 Satz 1 KapErhG); OLG Frankfurt Urt v 16.2.2000 – 19 U 226/98, NZG 2000, 933 m Anm *Hoffmann* zugrunde.

Klaus Ulrich Schmolke

befürchten ist, da die eingegliederte Gesellschaft als Schuldnerin des Anspruchs auf Sicherheitsleistung (hierzu sogleich Rdn 11) ein *unbefristetes* Dauerschuldverhältnis ordentlich kündigen kann, sofern diese Möglichkeit nicht wirksam ausgeschlossen worden ist. Darüber hinaus hat der BGH für ein *befristetes* Dauerschuldverhältnis im Zusammenhang mit § 26 Abs 1 Satz 1 KapErhG (= § 22 UmwG) entschieden, dass die zu leistende Sicherheit nicht schlechthin an der Restlaufzeit des Schuldverhältnisses zu bemessen, sondern auf das konkrete Sicherungsinteresse zu beschränken sei.[15] In der Literatur wird – teils in Ergänzung zu dieser Rspr[16], teils stattdessen[17] – eine analoge Anwendung der §§ 26, 160 HGB befürwortet.[18] Will man auch hier auf das konkrete Sicherungsbedürfnis abstellen, so wird man insofern die Mithaftung der Hauptgesellschaft nicht berücksichtigen können, wird diese doch in § 321 bereits vorausgesetzt.[19] Mit Blick auf eine angemessene Berücksichtigung des Gläubigerinteresses erscheint für den Fall der Eingliederung vielmehr **folgende Lösung sachgerecht:** Kann die Schuldnerin das Dauerschuldverhältnis vor dem in den §§ 26, 160 HGB festgelegten Nachhaftungszeitraum ordentlich kündigen, ist die Sicherheit nach den bis zum Wirksamwerden der Kündigung fällig werdenden Einzelforderungen zu bemessen.[20] Steht der Schuldnerin diese Möglichkeit nicht offen, sollte die Sicherheitsleistung in entsprechender Anwendung der §§ 26, 160 HGB an den vor Ablauf von fünf Jahren nach Wirksamwerden der Eingliederung fällig werdenden Einzelforderungen Maß nehmen.[21] Dies trägt einerseits dem Sicherungsinteresse der Gläubiger hinreichend Rechnung und schafft andererseits klare Verhältnisse für die Berechnung der Sicherheitsleistung.[22]

**6**     **c) Zeitpunkt der Bekanntmachung. Maßgeblicher Zeitpunkt** für die Begründung der zu sichernden Forderung ist die Bekanntmachung der Eingliederung; es gilt § 10 HGB.[23]

---

[15] BGH Urt v 18.3.1996 – II ZR 299/94, NJW 1996, 1539, 1540; dem folgend OLG Frankfurt Urt v 16.2.2000 – 19 U 226/98, NZG 2000, 933 (zu § 303); OLG Hamm Urt v 18.2.2008 – I-8 U 235/06, AG 2000, 898 (zu § 303), dort genannte Kriterien: Grad der Gefährdung, zunehmender Zeitablauf, Zeitpunkt eines begründeten Teilanspruchs, zeitliche Verzögerung gerichtlichen Schutzes; dieser Rspr zust auch *Hüffer*[10] Rdn 2 mit § 303 Rdn 3; MK-*Grunewald*[3] Rdn 13.

[16] S etwa KK-*Koppensteiner*[3] Rdn 5 und ausführlicher Rdn 2 in Fn 5 mit § 303 Rdn 16.

[17] So für § 303 *Habersack*, FS Koppensteiner, 2001, S 31, 38 f; *Hoffmann* NZG 2000, 935 ff; Emmerich/*Habersack* Aktien- und GmbH-Konzernrecht[6] § 303 Rdn 13c; *Jaeger* DB 1996, 1069, 1070 f.

[18] Kritisch hierzu *Hüffer*[10] Rdn 2 mit § 303 Rdn 3; für § 303 ablehnend OLG Hamm Urt v 18.2.2008 – I-8 U 235/06, AG 2000, 898, 899.

[19] In diesem Sinne KK-*Koppensteiner*[3] Rdn 5; Spindler/Stilz/*Singhof*[2] Rdn 7; **anders** MK-*Grunewald*[3] Rdn 13; vgl auch Emmerich/*Habersack* Aktien- und GmbH-Konzernrecht[6] § 321 Rdn 9.

[20] Die Vertreter der sog. Kündigungstheorie

stellen stattdessen auf die zumutbare Kündigungsmöglichkeit seitens des Gläubigers ab; s auch *Hoffmann* NZG 2000, 935, 936. Dies ist freilich schon zu Recht für die vor Inkrafttreten des § 160 HGB erfolgte Anwendung der Kündigungstheorie auf die Nachhaftung des ausgeschiedenen oHG-Gesellschafters kritisiert worden. S zusammenfassend MKHGB-*K. Schmidt*[3] § 160 Rdn 5; noch **anders** *Jaeger* DB 1996, 1069, 1070 f.

[21] S auch Spindler/Stilz/*Singhof*[2] Rdn 7. Dieser entsprechenden Anwendung der §§ 26, 160 HGB steht nicht entgegen, dass eine Anwendung auf die zu sichernde Forderung nicht in Betracht kommt, weil die eingegliederte Gesellschaft für die von ihr eingegangene Schuld uneingeschränkt weiterhaftet [s für den Fall der Verschmelzung *Hoffmann* NZG 2000, 935, 937].

[22] Vgl auch KK-*Koppensteiner*[3] Rdn 5, wonach der Normzweck des § 321 eher gegen die Berücksichtigung eines konkreten Sicherungsbedürfnisses spreche.

[23] *Hüffer*[10] Rdn 2; MK-*Grunewald*[3] Rdn 3; Spindler/Stilz/*Singhof*[2] Rdn 2; vgl insofern auch die Regelung in § 303 Abs 1 Satz 1.

Nach § 10 Abs 2 HGB aF galt die Bekanntmachung mit dem Ablauf des Tages, an welchem das letzte der die Bekanntmachung enthaltenden Blätter erschienen ist, als erfolgt. Nach Umstellung auf die elektronische Bekanntmachung wird man stattdessen auf den (genauen) Zeitpunkt abzustellen haben, in dem die bekanntgemachte Information vollständig veröffentlicht worden und entsprechend abrufbar ist.[24] Vollständigkeit bezieht sich insofern allein auf die Eingliederung; der Hinweis nach Abs 1 Satz 2 gehört nicht dazu (s auch noch Rdn 14).[25]

Nach zutr hM ist **§ 15 Abs 1 HGB nicht anwendbar.** Abs 1, der allein auf die Be- **7** kanntmachung abstellt, ist insofern vorrangige Spezialregelung, die auf einen besonders stark typisierten Vertrauensschutz setzt.[26] Der – ohnehin praktisch kaum relevante[27] – § 15 Abs 2 HGB findet **ebensowenig** Anwendung.[28]

**d) Meldung innerhalb sechsmonatiger Ausschlussfrist.** Anspruch auf Sicherheits- **8** leistung haben nur solche Gläubiger, die sich binnen sechs Monaten nach der Bekanntmachung der Eingliederung melden. Die Sechs-Monats-Frist ist eine **objektive Ausschlussfrist**[29] und dient der Schaffung klarer Verhältnisse für den Schuldner (Rechtssicherheit). Sie läuft ungeachtet der Kenntnis der Gläubiger von ihrem Sicherungsrecht oder ihrer Möglichkeit, sich zu melden, ab.[30] § 15 Abs 2 HGB findet auch hier keine Anwendung.[31] Insofern ist es auch ohne Belang, dass der nach Abs 1 Satz 2 vorgeschriebene Hinweis in der Bekanntmachung (dazu noch Rdn 14) fehlt.[32] Die Meldung ist formfrei wirksam; aus Beweisgründen ist aber Schriftform ratsam.[33] Für die Wahrung der Frist ist ihr rechtzeitiger Zugang maßgebend (§ 130 Abs 1 BGB analog).[34]

Der Gläubiger muss sich „zu diesem Zweck", d.h. zur Geltendmachung seines Rechts **9** auf Sicherheitsleistung, melden. Dies setzt mit Blick auf das Interesse des Schuldners an klaren Verhältnissen nach Ablauf der Frist **inhaltlich** voraus, dass der Gläubiger klar zu verstehen gibt, dass er sein Recht auf Sicherheitsleistung geltend machen möchte. Ferner muss er auch die **Höhe der zu sichernden Forderung(en)** innerhalb der Frist mitteilen.[35]

**e) Ausnahme bei Fälligkeit der Forderung.** Nach Abs 1 Satz 1 aE sind solche Gläubi- **10** ger nicht berechtigt, Sicherheitsleistung zu verlangen, die bereits „Befriedigung verlangen können", dh deren Forderungen bereits fällig sind. Sie bedürfen des Schutzes nach Abs 1

---

[24] Vgl auch MKHGB-*Krafka*[3] § 10 Rdn 14; abw *Hüffer*[10] Rdn 2 mit § 303 Rdn 4, der in der Sache einen modifizierten § 10 Abs 2 HGB aF zur Anwendung bringen will.

[25] MK-*Grunewald*[3] Rdn 3; Spindler/Stilz/*Singhof*[2] Rdn 2; implizit auch *Hüffer*[10] Rdn 3.

[26] S für § 303 (analog) BGH Urt v 11.11.1991 – II ZR 287/90, BGHZ 116, 37, 44 f; *Hüffer*[10] Rdn 4; KK-*Koppensteiner*[3] § 303 Rdn 2, 13; abw *Peltzer* AG 1975, 309, 312.

[27] S nur MKHGB-*Krebs*[3] § 15 Rdn 72 f.

[28] So für § 303 etwa *Hüffer*[10] § 303 Rdn 4; KK-*Koppensteiner*[3] § 303 Rdn 13. Die Sechs-Monats-Frist des Abs 1 Satz 1 müsste jedenfalls fortgelten. Dann aber bliebe § 15 Abs 2 HGB ohne Belang.

[29] Emmerich/*Habersack* Aktien- und GmbH-Konzernrecht[6] § 321 Rdn 7; s zu § 303 etwa *Hüffer*[10] § 303 Rdn 5; KK-*Koppensteiner*[3] § 303 Rdn 13.

[30] Emmerich/*Habersack* Aktien- und GmbH-Konzernrecht[6] § 321 Rdn 7; MK-*Grunewald*[3] Rdn 11; s zu § 303 KK-*Koppensteiner*[3] § 303 Rdn 13.

[31] Allg M, s etwa *Hüffer*[10] Rdn 2 mit § 303 Rdn 5; KK-*Koppensteiner*[3] Rdn 2 in Fn 5 mit § 303 Rdn 18.

[32] S *Hüffer*[10] Rdn 2; Spindler/Stilz/*Singhof*[2] Rdn 5 jew unter Hinweis auf mögliche Amtshaftungsansprüche.

[33] S *Hüffer*[10] Rdn 2 mit § 303 Rdn 5; KK-*Koppensteiner*[3] Rdn 2 in Fn 5 mit § 303 Rdn 19.

[34] S *Hüffer*[10] Rdn 2 mit § 303 Rdn 5; MK-*Grunewald*[3] Rdn 11; Spindler/Stilz/*Singhof*[2] Rdn 5.

[35] S KK-*Koppensteiner*[3] Rdn 2 in Fn 5 mit § 303 Rdn 19; Spindler/Stilz/*Singhof*[2] Rdn 5; gleichsinnig *Hüffer*[10] Rdn 2 mit § 303 Rdn 5.

Klaus Ulrich Schmolke

nicht.[36] Dasselbe gilt für diejenigen Gläubiger, welche die Fälligkeit herbeiführen könnten, dies aber ohne berechtigtes Interesse bewusst unterlassen, etwa weil sie die Gegenleistung nicht anbieten (vgl § 320 BGB).[37] Der Gläubiger muss sich hingegen nicht darauf verweisen lassen, dass er bereits von einem Dritten Befriedigung verlangen kann.[38] Wird die Forderung später, dh nach Entstehung des Anspruchs aus Abs 1 Satz 1, aber vor Bestellung der Sicherheit fällig, führt dies sinnvollerweise nicht zum Fortfall des Anspruchs auf Sicherheitsleistung, weil ansonsten der Fehlanreiz gesetzt würde, die Sicherheitenbestellung zu verzögern.[39]

### 2. Schuldner der Sicherheitsleistungsforderung

**11**      Der Normtext des Abs 1 lässt offen, ob die eingegliederte Gesellschaft Schuldnerin des Anspruchs auf Sicherheitsleistung ist, oder die Hauptgesellschaft. Nach wohl unbestrittener Ansicht ist die **eingegliederte Gesellschaft** Schuldnerin des Anspruchs aus Abs 1 Satz 1.[40] Dies folgt aus dem allgemeinen Grundsatz, dass die Sicherheitsleistung vom Schuldner der zu sichernden Forderung zu erbringen ist.[41] Dementsprechend müssen sich die Gläubiger zur Wahrung ihrer Rechte bei der eingegliederten Gesellschaft melden.[42] Auch wenn die Hauptgesellschaft danach nicht Schuldnerin des Anspruch auf Sicherheitsleistung ist, so haftet sie doch auch für diesen gem § 322 gesamtschuldnerisch mit der eingegliederten Gesellschaft.[43]

### 3. Art der Sicherheitsleistung

**12**      Die Art und Weise der Sicherheitsleistung bestimmt sich nach den allgemeinen Regeln der §§ 232 ff BGB. Eine Personalsicherheit der Hauptgesellschaft, insbesondere eine Bürgschaft, scheidet jedoch deshalb aus, weil sie dem ohnehin geltenden § 322 nichts hinzufügt.[44] Hieraus begründet sich auch das Fehlen einer dem § 303 Abs 3 entsprechenden Vorschrift.[45]

### 4. Höhe der Sicherheitsleistung

**13**      Die Höhe der Sicherheitsleistung bemisst sich grundsätzlich nach der Höhe der zu sichernden Forderung. Zu möglichen Einschränkungen in Bezug auf Einzelforderungen aus Dauerschuldverhältnissen s ausführlich Rdn 5.

---

[36] S Emmerich/*Habersack* Aktien- und GmbH-Konzernrecht[6] § 321 Rdn 4; *Hüffer*[10] Rdn 2; MK-*Grunewald*[3] Rdn 4.

[37] S etwa Emmerich/*Habersack* Aktien- und GmbH-Konzernrecht[6] § 321 Rdn 4; MK-*Grunewald*[3] Rdn 4; Spindler/Stilz/*Singhof*[2] Rdn 3.

[38] Emmerich/*Habersack* Aktien- und GmbH-Konzernrecht[6] § 321 Rdn 4; MK-*Grunewald*[3] Rdn 4; Spindler/Stilz/*Singhof*[2] Rdn 3.

[39] So überzeugend MK-*Grunewald*[3] Rdn 5.

[40] S etwa *Würdinger* in Vorauflage Anm 1; sowie Emmerich/*Habersack* Aktien- und GmbH-Konzernrecht[6] § 321 Rdn 6; *Hüffer*[10] Rdn 3; KK-*Koppensteiner*[3] Rdn 3; MK-*Grunewald*[3] Rdn 9; Spindler/Stilz/*Sing-*

*hof*[2] Rdn 4; ausführlich *Werner* AG 1967, 122, 126.

[41] *Hüffer*[10] Rdn 3; KK-*Koppensteiner*[3] Rdn 3.

[42] Klar KK-*Koppensteiner*[3] Rdn 3; ferner *Hüffer*[10] Rdn 3.

[43] Emmerich/*Habersack* Aktien- und GmbH-Konzernrecht[6] § 321 Rdn 6; *Hüffer*[10] Rdn 3; MK-*Grunewald*[3] Rdn 9; KK-*Koppensteiner*[3] Rdn 3; Spindler/Stilz/*Singhof*[2] Rdn 4.

[44] Emmerich/*Habersack* Aktien- und GmbH-Konzernrecht[6] § 321 Rdn 8; *Hüffer*[10] Rdn 4; KK-*Koppensteiner*[3] Rdn 4; MK-*Grunewald*[3] Rdn 12; MünchHdb AG/*Krieger*[3] § 73 Rdn 52; Spindler/Stilz/*Singhof*[2] Rdn 6.

[45] *Hüffer*[10] Rdn 4.

**5. Hinweis auf Sicherheitsleistungsforderung in der Bekanntmachung (Abs 1 Satz 2)**

Nach Abs 1 Satz 2 sind die Gläubiger in der Bekanntmachung der Eintragung durch **14** das Registergericht auf ihr Recht auf Sicherheitsleistung hinzuweisen. Verstöße gegen diese Hinweispflicht haben keine privatrechtlichen Folgen, können aber Ansprüche aus Staatshaftung begründen.[46]

### III. Ausnahme bei Recht des Gläubigers auf vorzugsweise Befriedigung (Abs 2)

Nach Abs 2 scheidet ein Recht auf Sicherheitsleistung für solche Gläubiger aus, die **15** ein Recht auf vorzugsweise Befriedigung haben. Die Vorschrift entspricht den Regelungen in § 225 Abs 1 Satz 3 und § 303 Abs 2. Allen dreien liegt die Erwägung zugrunde, dass ein Gläubiger den Schutz zusätzlicher Sicherheitsleistung nicht benötigt, wenn er für den Insolvenzfall bereits ausreichend gesichert ist.[47] Die arbeitsgerichtliche Rspr wendet die Vorschrift entsprechend auf Ansprüche an, die der Insolvenzsicherung nach § 7 BetrAVG unterliegen.[48] Unter Verweis auf § 242 BGB kommt die hL in solchen Fällen, in denen der Gläubiger bereits anderweitig ausreichend gesichert ist, zu demselben Ergebnis.[49]

### § 322
### Haftung der Hauptgesellschaft

(1) [1]Von der Eingliederung an haftet die Hauptgesellschaft für die vor diesem Zeitpunkt begründeten Verbindlichkeiten der eingegliederten Gesellschaft den Gläubigern dieser Gesellschaft als Gesamtschuldner. [2]Die gleiche Haftung trifft sie für alle Verbindlichkeiten der eingegliederten Gesellschaft, die nach der Eingliederung begründet werden. [3]Eine entgegenstehende Vereinbarung ist Dritten gegenüber unwirksam.

(2) Wird die Hauptgesellschaft wegen einer Verbindlichkeit der eingegliederten Gesellschaft in Anspruch genommen, so kann sie Einwendungen, die nicht in ihrer Person begründet sind, nur insoweit geltend machen, als sie von der eingegliederten Gesellschaft erhoben werden können.

(3) [1]Die Hauptgesellschaft kann die Befriedigung des Gläubigers verweigern, solange der eingegliederten Gesellschaft das Recht zusteht, das ihrer Verbindlichkeit zugrunde liegende Rechtsgeschäft anzufechten. [2]Die gleiche Befugnis hat die Hauptgesellschaft, solange sich der Gläubiger durch Aufrechnung gegen eine fällige Forderung der eingegliederten Gesellschaft befriedigen kann.

---

[46] *Hüffer*[10] Rdn 2 mit § 303 Rdn 4; KK-*Koppensteiner*[3] Rdn 2 in Fn 5 mit § 303 Rdn 18; Spindler/Stilz/*Singhof*[2] Rdn 5.

[47] S *Hüffer*[10] Rdn 5 mit § 225 Rdn 10 und § 303 Rdn 8.

[48] S BAG Urt v 30.7.1996 – 3 AZR 397/95, BAGE 83, 356, 367 ff = NJW 1997, 1526; OLG Zweibrücken Urt v 8.1.2004 – 4 U

70/03, NZG 2004, 670, 671 = AG 2004, 568; zust KK-*Lutter*[2] § 225 Rdn 28; abw etwa *Rittner* FS Oppenhoff, 1985, S 317, 328; skeptisch auch *Hüffer*[10] § 225 Rdn 10.

[49] S *Hüffer*[10] Rdn 5 mit § 303 Rdn 8; KK-*Koppensteiner*[3] § 303 Rdn 20; MK-*Altmeppen*[3] § 303 Rdn 57.

Klaus Ulrich Schmolke

(4) Aus einem gegen die eingegliederte Gesellschaft gerichteten vollstreckbaren Schuldtitel findet die Zwangsvollstreckung gegen die Hauptgesellschaft nicht statt.

*Übersicht*

## Schrifttum

*Bülow* Einrede der Aufrechenbarkeit für Personengesellschafter, Bürgen und Hauptgesellschaft im Eingliederungskonzern, ZGR 1988, 192; *Geßler* Die Haftung der Hauptgesellschaft bei der Eingliederung, ZGR 1978, 251; *Kley/Lehmann* Probleme der Eingliederungshaftung, DB 1972, 1421; *Rehbinder* Gesellschaftsrechtliche Probleme mehrstufiger Unternehmensverbindungen, ZGR 1977, 581; *Singhof* Haftung und Rückgriff der Hauptgesellschaft nach Beendigung der Eingliederung, FS Hadding, 2003, S 655; *Sonnenschein* Die Eingliederung im mehrstufigen Konzern, BB 1975, 1088; *Würdinger* Zur Vermögensverfügung bei der Eingliederung und beim Beherrschungsvertrag, DB 1972, 1565.

## I. Grundlagen

### 1. Inhalt und Zweck der Norm

**1**      Die Vorschrift des § 322 statuiert die **Mithaftung der Hauptgesellschaft** für die vor und während der Eingliederung begründeten Verbindlichkeiten der eingegliederten Gesellschaft. Sie bildet das Gegenstück zu den in § 323 gewährten Einwirkungsmöglichkeiten der Hauptgesellschaft auf die Geschicke der eingegliederten Gesellschaft und kompensiert damit als zentrales **Instrument des Gläubigerschutzes** zugleich den „sehr weitgehenden" Verzicht des Gesetzgebers auf sonstige Sicherungen der Gläubiger der eingegliederten Gesellschaft, etwa nach dem Vorbild der §§ 300–303 (s § 324, Einzelheiten dort).[1]

**2**      Die Vorschrift **lehnt sich erkennbar an** die gesetzliche Regelung der akzessorischen Haftung des Personengesellschafters gem §§ **128, 129 HGB an**.[2] Erklärtes Ziel war es,

---

[1] S Begr RegE § 322 bei *Kropff* S 426 sowie *Hüffer*[10] Rdn 1; *Singhof* FS Hadding, 2004, S 655, 656; MK-*Grunewald*[3] Rdn 1; KK-*Koppensteiner*[3] Rdn 2; Spindler/Stilz/ *Singhof*[2] Rdn 1.

[2] S auch Begr RegE § 322 bei *Kropff* S 426, welcher die §§ 128 f HGB als regulatorisches Vorbild nennt.

für die Auslegung und Anwendung der Mithaftung nach § 322 auf die vorliegenden Erkenntnisse von Spruchpraxis und Wissenschaft zu den §§ 128 f HGB zurückgreifen zu können.[3] So entspricht die Regelung in Abs 1 derjenigen in § 128 HGB (s dazu noch Rdn 5, 9 f). Abs 2 regelt die sog Durchsetzungsakzessorietät der Mithaftung, indem er der Hauptgesellschaft erlaubt, sämtliche der eingegliederten Gesellschaft zustehende Einwendungen gegen deren Inanspruchnahme auch gegen die eigene Inanspruchnahme aus Mithaftung geltend zu machen (vgl § 129 Abs 1 HGB). Abs 3 gewährt der Hauptgesellschaft darüber hinaus ein Leistungsverweigerungsrecht, solange die eingegliederte Gesellschaft das ihrer Verbindlichkeit zugrunde liegende Rechtsverhältnis anficht (vgl § 129 Abs 2 HGB) oder „der Gläubiger" sich „durch Aufrechnung gegen eine fällige Forderung der eingegliederten Gesellschaft befriedigen kann" (vgl § 129 Abs 3 HGB; s zur korrigierenden Auslegung dieser Vorschrift Rdn 23). Abs 4 bestimmt schließlich, dass für die Zwangsvollstreckung gegen die Hauptgesellschaft ein eigener Titel gegen diese erforderlich ist (vgl § 129 Abs 4 HGB).

## 2. Entstehungsgeschichte und Verhältnis zu den §§ 128, 129 HGB

Bei der Lektüre des Abs 1 fällt sogleich auf, dass dort ebenso wie bei § 128 HGB von **3** der Haftung „als Gesamtschuldner" die Rede, der **Bezugspunkt der Gesamtschuld** aber ein anderer ist: Während § 128 HGB von einem Gesamtschuldverhältnis unter den für die Gesellschaftsschuld mithaftenden Gesellschaftern spricht, kann es in Abs 1 nur um ein Gesamtschuldverhältnis zwischen der eingegliederten Gesellschaft als „Hauptschulderin" und der Hauptgesellschaft als mithaftender Schuldnerin gehen. Dem Wortlaut nach würde mithin ein gravierender Unterschied des Mithaftungsregimes nach § 322 und demjenigen nach §§ 128 f HGB bestehen. Denn bereits zur Zeit der Einführung des § 322 war weithin anerkannt, dass zwischen den Gesellschaftern und ihrer Personenhandelsgesellschaft im Hinblick auf deren Verbindlichkeiten und der Gesellschafterhaftung nach §§ 128 f HGB kein Gesamtschuldverhältnis besteht.[4]

Nach dem Gesagten ist davon auszugehen, dass der Gesetzgeber bei der Übertragung **4** der §§ 128 f HGB auf die Mithaftung der Hauptgesellschaft für die eingegliederte Gesellschaft einem **Anschauungsfehler** unterlag.[5] Hierauf deutet auch die Einlassung im Regierungsentwurf hin, wonach dieser sich „[i]n der Ausgestaltung dieser Mithaftung [nach § 322] im einzelnen [...] an die gesetzliche Regelung vergleichbarer Gesamtschuldverhältnisse, namentlich an die §§ 128 und 129 des Handelsgesetzbuchs an[schließt]".[6]

Vorzugswürdig erscheint es daher, entgegen dem insofern korrekturbedürftigen Wort- **5** laut des Abs 1 bei der Haftung nach § 322 in Übereinstimmung mit dem Haftungsregime

---

[3] So *Godin/Wilhelmi*[4] Anm 2; dazu KK-*Koppensteiner*[3] Rdn 3; ferner Emmerich/*Habersack* Aktien- und GmbH-Konzernrecht[6] § 322 Rdn 3 mit Fn 3, der auch auf die seinerzeitige Berichterstattertätigkeit von *Wilhelmi* im Rechtsausschuss des Bundestages hinweist.

[4] S etwa BGH Urt v 9.5.1963 – II ZR 124/61, BGHZ 39, 319, 323; später etwa Urt v 20.4.1967 – II ZR 220/65, BGHZ 47, 376, 378 f; Urt v 22.3.1988 – X ZR 64/87, BGHZ 104, 76, 78 f; aus dem Schrifttum etwa Schlegelberger/*Geßler* HGB[3] § 128 Rdn 2 aE; Staub/*Fischer* HGB[3] § 128 Anm 17. S. dazu auch *Hüffer*[10] Rdn 2. Aus heutiger Sicht nur

MKHGB-*K Schmidt*[3] § 128 Rdn 16 mwN; s auch Spindler/Stilz/*Singhof*[2] Rdn 2.

[5] So auch Emmerich/*Habersack* Aktien- und GmbH-Konzernrecht[6] § 322 Rdn 3 sowie bereits *Geßler* ZGR 1978, 251, 260, die beide von einem „Irrtum" sprechen; ferner *Singhof* FS Hadding, 2004, S 655, 663 („dogmatisches Fehlverständnis") sowie *ders* in Spindler/Stilz[2] Rdn 2. Vgl auch *Hüffer*[10] Rdn 2: „Nur das Verhältnis zwischen OHG und Gesellschafter kann aber sinnvoll den Vergleichsfall des § 322 abgeben".

[6] Begr RegE bei *Kropff* S 426.

Klaus Ulrich Schmolke

der §§ 128 f HGB von einer **akzessorischen (Mit-)Haftung** auszugehen.[7] Denn ein Festhalten am Wortlaut des Abs 1 würde im Verein mit den Regelungen der Abs 2 und 3 zu einer missglückten Vermischung von Gesamtschuld und akzessorischer Haftung führen.[8] Demgegenüber führt die Annahme einer akzessorischen Mithaftung der Hauptgesellschaft zu sachgerechten Ergebnissen: So lässt sich bei Annahme einer akzessorischen Haftung der allgemein als interessengerecht angesehene Rückgriff der Hauptgesellschaft in voller Höhe unschwer begründen, während die Anwendung des § 426 BGB mit seiner offenkundig unpassenden Haftung zu gleichen Teilen der Korrektur bedürfte (s zum Regress noch Rdn 11 ff).[9] Umgekehrt wäre eine Einschränkung der Gesamtwirkung nach § 425 BGB weder in der Sache angemessen noch mit Abs 2 und 3 vereinbar.[10] Methodisch wird man diese akzessorische Natur der Haftung mit dem insofern im objektiven Gesetzestext zum Ausdruck kommenden Widerspruch zwischen Abs 1 einerseits und Abs 2 und 3 andererseits rechtfertigen können, der die isolierte Bedeutung des Wortlauts von Abs 1 relativiert und den Rückgriff auf den Willen des historischen Gesetzgebers zur Auflösung dieses Widerspruchs zulässt.[11] Im Ergebnis ähnelt die hier vertretene Lesart des § 322 dem auf dem 46. DJT unterbreiteten Vorschlag, die Haftung der Hauptgesellschaft wie eine selbstschuldnerische Bürgschaft auszugestalten.[12]

## II. Haftung der Hauptgesellschaft (Abs 1)

### 1. Verbindlichkeiten der eingegliederten Gesellschaft

**6**    Die Hauptgesellschaft haftet gem Abs 1 Satz 1 zunächst für sämtliche **vor der Eingliederung begründeten Verbindlichkeiten** der eingegliederten Gesellschaft. Der in Bezug genommene „Eingliederungszeitpunkt" ist derjenige der **Eintragung** der Eingliederung ins Handelsregister (§§ 319 Abs 7, 320 Abs 1 Satz 3).[13] Begründet ist die Verbindlichkeit,

---

[7] Genauso bereits Emmerich/*Habersack*, Aktien- und GmbH-Konzernrecht[6] § 322 Rdn 3 f; ferner Grigoleit/*Grigoleit/Rachlitz* Rdn 2; MK-*Grunewald*[3] Rdn 5; *Schürnbrand* Der Schuldbeitritt zwischen Gesamtschuld und Akzessorietät, 2003, S 124 f; *Singhof* FS Hadding, 2004, S 655, 661 ff; Spindler/Stilz/*Singhof*[2] Rdn 3; **abw** *Hüffer*[10] Rdn 2 und ff, der für eine Auslegung des § 322 „aus sich selbst heraus" eintritt; s ferner KK-*Koppensteiner*[3] Rdn 4 f; MünchHdb AG/*Krieger*[3] § 73 Rdn 53 f.

[8] Emmerich/*Habersack* Aktien- und GmbH-Konzernrecht[6] § 322 Rdn 4; in diesem Sinne auch *Singhof* FS Hadding, 2004, S 655, 662; Spindler/Stilz/*Singhof*[2] Rdn 3. Dies konzediert auch *Hüffer*[10] Rdn 6, der freilich meint, dies sei hinzunehmen.

[9] S Emmerich/*Habersack* Aktien- und GmbH-Konzernrecht[6] § 322 Rdn 4; vgl auch Spindler/Stilz/*Singhof*[2] Rdn 18; für eine solche Korrektur auf der Grundlage des § 426 BGB etwa *Hüffer*[10] Rdn 6.

[10] S Emmerich/*Habersack* Aktien- und GmbH-Konzernrecht[6] § 322 Rdn 3, 11; Grigoleit/ *Grigoleit/Rachlitz* Rdn 2; unter Betonung des Sicherungszwecks der Mithaftung auch *Singhof* FS Hadding, 2004, S 655, 663; im Ergebnis ebenso bei Annahme grundsätzlich gesamtschuldnerischer Haftung etwa *Hüffer*[10] Rdn 6.

[11] S auch Emmerich/*Habersack* Aktien- und GmbH-Konzernrecht[6] § 322 Rdn 4: „korrigierende Auslegung des § 322 Abs 1 Satz 1"; vgl ferner Grigoleit/*Grigoleit/Rachlitz* Rdn 2: keine gezielte Regelungsabsicht durch gesetzestextliche Inbezugnahme der Gesamtschuld; *Singhof* FS Hadding, 2004, S 655, 663: „Grundlage des akzessorischen Charakters der Haftung ist [...] das Gesetz selbst.".

[12] Studienkommission des DJT, Untersuchungen zur Reform des Konzernrechts, 1967, Rdn 569.

[13] Emmerich/*Habersack* Aktien- und GmbH-Konzernrecht[6] § 322 Rdn 5; *Hüffer*[10] Rdn 5, jeweils unter Verweis auf die hiervon verschiedene Regelung in § 303 Abs 1 Satz 1: Bekanntmachung der Eintragung; ferner Spindler/Stilz/*Singhof*[2] Rdn 4.

sobald ihr „Rechtsgrund gelegt" wurde.[14] Bei vertraglichen Ansprüchen ist dies mit Vertragsschluss geschehen; bei Ansprüchen auf Schadensersatz ist das Vorliegen des schadensbegründenden Verhaltens maßgeblich.[15]

Die akzessorische Mithaftung der Hauptgesellschaft erstreckt sich gem Abs 1 Satz 2 **7** zudem auf alle Verbindlichkeiten der eingliederten Gesellschaft, die **nach der Eingliederung** begründet worden sind. Ausweislich des § 327 Abs 4 gilt dies **nicht mehr** für Verbindlichkeiten, die **nach Beendigung der Eingliederung** begründet worden sind. Zugunsten des insofern gutgläubigen Gläubigers wird dieser Zeitraum bis einschließlich des 15. Tages nach Eintragung und Bekanntmachung der Eingliederungsbeendigung (s § 15 Abs 1 und Abs 2 Satz 2 HGB) ausgedehnt (s auch § 327 Rdn 23).[16]

Erfasst sind „alle" Verbindlichkeiten der eingegliederten Gesellschaft ungeachtet ihres **8** Rechtsgrundes.[17] In **mehrstufigen Unternehmensverbindungen** führt dies dazu, dass die Haupt- und Muttergesellschaft nach Abs 1 auch für die Verbindlichkeiten ihrer eingegliederten Tochter- gegenüber der Enkelgesellschaft haftet. Je nach der Art der Unternehmensverbindung zwischen eingegliederter Tochter- und Enkelgesellschaft betrifft dies etwa die Haftung aus §§ 302 f, aus §§ 311, 317 oder – im Falle des mehrstufigen Eingliederungskonzerns – wiederum die Haftung aus § 322[18].[19]

## 2. Haftungsstruktur und -umfang

Die Haftung der Hauptgesellschaft für die Verbindlichkeiten der eingegliederten **9** Gesellschaft (dazu soeben Rdn 6 ff) ist entsprechend dem Regelungsvorbild der §§ 128 f HGB nicht nur akzessorisch (dazu ausführlich Rdn 3 ff), sondern auch **primär, unmittelbar, persönlich und unbeschränkt**:[20] Der Gläubiger der eingegliederten Gesellschaft kann also insbesondere nach seinem Belieben die eingegliederte oder die (primär) mithaftende Hauptgesellschaft in Anspruch nehmen und muss sich nicht zunächst an die eingliederte Gesellschaft verweisen lassen.[21] Für den Fall der Insolvenz der eingegliederten Gesellschaft ist jedoch zur Sicherstellung der Gläubigergleichbehandlung § **93 InsO analog** anzuwenden, so dass die Gläubiger ihre Ansprüche gegen die Hauptgesellschaft während der Dauer des Insolvenzverfahrens nicht geltend machen können.[22]

---

[14] S etwa zu § 225 GK-*Sethe*[4] § 225 Rdn 18; zu § 322 Emmerich/*Habersack* Aktien- und GmbH-Konzernrecht[6] § 322 Rdn 5; *Hüffer*[10] Rdn 5; Spindler/Stilz/*Singhof*[2] Rdn 4.

[15] Für weitere Einzelheiten s zu § 225 GK-*Sethe*[4] § 225 Rdn 18 ff.

[16] Ausführlich *Singhof* FS Hadding, 2004, S 655, 658 f; Spindler/Stilz/*Singhof*[2] Rdn 5; s auch Emmerich/*Habersack* Aktien- und GmbH-Konzernrecht[6] § 322 Rdn 5; ferner *Hüffer*[10] Rdn 5; MK-*Grunewald*[3] Rdn 8; KK-*Koppensteiner*[3] Rdn 13; MünchHdb AG/*Krieger*[3] § 73 Rdn 54.

[17] Emmerich/*Habersack* Aktien- und GmbH-Konzernrecht[6] § 322 Rdn 5; MünchHdb AG/*Krieger*[3] § 73 Rdn 54; Spindler/Stilz/*Singhof*[2] Rdn 4.

[18] Zur Haftung der Hauptgesellschaft (hier: der eingliederten Tochter, die ihrerseits Hauptgesellschaft der Enkelin ist) für sorgfalts-

widrig erteilte Weisungen s ausführlich § 323 Rdn 13.

[19] S etwa Emmerich/*Habersack* Aktien- und GmbH-Konzernrecht[6] § 322 Rdn 2, 5; KK-*Koppensteiner*[3] Rdn 6; MünchHdb AG/*Krieger*[3] § 73 Rdn 53; Spindler/Stilz/*Singhof*[2] Rdn 4; speziell zum mehrstufigen Eingliederungskonzern bereits *Sonnenschein* BB 1975, 1088, 1090; *Rehbinder* ZGR 1977, 582, 614 ff.

[20] S etwa Spindler/Stilz/*Singhof*[2] Rdn 4; Grigoleit/*Grigoleit/Rachlitz* Rdn 3.

[21] Unstr, s etwa *Bülow* ZGR 1988, 192, 207; *Singhof* FS Hadding, 2004, S 655, 663 f, 668; Grigoleit/*Grigoleit/Rachlitz* Rdn 3; ferner Spindler/Stilz/*Singhof*[2] Rdn 12.

[22] Ausführlich *Singhof* FS Hadding, 2004, S 655, 665 ff; zuerst *K Schmidt* GesR[4] § 30 III 2 b; zust Emmerich/*Habersack* Aktien- und GmbH-Konzernrecht[6] § 322 Rdn 5;

Klaus Ulrich Schmolke

### 3. Inhalt der Haftung

**10**  Die Hauptgesellschaft haftet grundsätzlich auf Erfüllung der Verbindlichkeit, auch wenn diese nicht auf Leistung in Geld gerichtet ist, und nicht lediglich auf das Interesse.[23] Dies entspricht nicht nur dem gläubigerschützenden Normzweck[24], sondern auch der für die akzessorische Haftung nach § 128 HGB herrschenden **Erfüllungstheorie**.[25] Aus dieser lassen sich auch die Einschränkungen der Erfüllungshaftung für die Fälle ableiten, in denen die eingegliederte Gesellschaft eine unvertretbare Handlung oder ein Unterlassen schuldet.[26] Eine weitergehende Erfüllungshaftung der Hauptgesellschaft lässt sich auch dann nicht begründen, wenn man ihren Inhalt dahingehend modifiziert, dass die Hauptgesellschaft mittels ihres Weisungsrechts für die Erfüllung der Verbindlichkeit durch die eingegliederte Gesellschaft zu sorgen hat.[27] Denn eine solche Modifikation verträgt sich nicht mit der Forthaftung der Hauptgesellschaft nach Beendigung der Eingliederung (§ 327 Abs 4, für Einzelheiten s dortige Kommentierung) und damit nach Fortfall des Weisungsrechts aus § 323 Abs 1.[28] Die Weisungsbefugnis der Hauptgesellschaft ist aber dahingehend zu berücksichtigen, dass die Befreiung der eingegliederten Gesellschaft von der Primärleistungspflicht wegen subjektiver Unmöglichkeit gem § 275 Abs 1 BGB den Gläubiger dann nicht hindert, die Hauptgesellschaft aus Abs 1 auf Erfüllung in Anspruch zu nehmen, wenn das Unvermögen der eingegliederten Gesellschaft auf der Einflussnahme durch die Hauptgesellschaft beruht. Das Akzessorietätsprinzip erfährt insofern eine aus Gründen des Gläubigerschutzes gebotene Auflockerung.[29]

### 4. Rückgriff der Hauptgesellschaft gegen die eingegliederte Gesellschaft

**11**  Wird die Hauptgesellschaft aus Abs 1 in Anspruch genommen, stellt sich die Frage, ob und auf welcher rechtlichen Grundlage die Hauptgesellschaft von der eingegliederten

---

auch für den Fall der Insolvenz der Hauptgesellschaft für analoge Anwendung des § 93 InsO Grigoleit/*Grigoleit/Rachlitz* Rdn 4; vgl auch *Bork* ZIP 2012, 1001 ff zur Anwendung des § 93 InsO auf den Anspruch aus § 303.

[23] HM, s etwa *Geßler* ZGR 1978, 251, 260 ff; ferner Emmerich/*Habersack* Aktien- und GmbH-Konzernrecht[6] § 322 Rdn 6; *Hüffer*[10] Rdn 4; MK-*Grunewald*[3] Rdn 5 f; Münch-Hdb AG/*Krieger*[3] § 73 Rdn 54; Spindler/Stilz/*Singhof*[2] Rdn 7; Grigoleit/*Grigoleit/Rachlitz* Rdn 3; **anders** unter Verweis auf die bloße Sicherungsfunktion der Haftung KK-*Koppensteiner*[3] Rdn 8; *Kley/Lehmann* DB 1972, 1421, 1422.

[24] Emmerich/*Habersack* Aktien- und GmbH-Konzernrecht[6] § 322 Rdn 6; *Hüffer*[10] Rdn 4; **aA** unter Verweis auf die (bloße) Substitution der §§ 300–303 durch § 322 KK-*Koppensteiner*[3] Rdn 8.

[25] S Emmerich/*Habersack* Aktien- und GmbH-Konzernrecht[6] § 322 Rdn 6; Grigoleit/*Grigoleit/Rachlitz* Rdn 3; zur Ableitung aus dem Gedanken der Akzessorietät auch *Singhof*

FS Hadding, 2004, S 655, 665; zur Geltung der Erfüllungstheorie für § 128 HGB s nur Staub/*Habersack* HGB[5] § 128 Rdn 28 ff. Zur Argumentation auf dem Boden einer gesamtschuldnerischen Konzeption der Haftung nach Abs 1 etwa *Geßler* ZGR 1978, 251, 260; *Hüffer*[10] Rdn 4.

[26] Für die Haftung nach Abs 1 Emmerich/*Habersack* Aktien- und GmbH-Konzernrecht[6] § 322 Rdn 6; Grigoleit/*Grigoleit/Rachlitz* Rdn 3; Spindler/Stilz/*Singhof*[2] Rdn 8; Schmidt/Lutter/*Ziemons*[2] Rdn 9; zu § 128 HGB s nur BGH Urt v 11.12.1978 – II ZR 235/77, BGHZ 73, 217, 221 f; BGH Urt v 25.2.3008 – V ZR 63/07, ZIP 2008, 501, 502; ferner Staub/*Habersack* HGB[5] § 128 Rdn 36, 38 ff mwN.

[27] So aber KK-*Koppensteiner*[3] Rdn 8; ähnlich *Geßler* ZGR 1978, 251, 262; sympathisierend *Bülow* ZGR 1988, 192, 207.

[28] Zutr *Singhof* FS Hadding, 2004, S 655, 665 in Fn 42.

[29] Emmerich/*Habersack* Aktien- und GmbH-Konzernrecht[6] § 322 Rdn 6; Spindler/Stilz/*Singhof*[2] Rdn 8.

Gesellschaft Ausgleich verlangen kann. Dabei ist während der Dauer der Eingliederung ein voller Rückgriff qua Weisung zumindest faktisch[30] gewährleistet, sofern die Hauptgesellschaft die eigene Inanspruchnahme nicht von vornherein dadurch verhindert, dass sie die eingegliederte Gesellschaft zur Befriedigung des Gläubigers anweist.[31] Die aufgeworfene Frage wird daher vor allem für die Inanspruchnahme der Hauptgesellschaft nach Beendigung der Eingliederung im Rahmen ihrer Nachhaftung gem § 327 Abs 4 praktisch bedeutsam.[32]

Der Vorbildfunktion der §§ 128 f HGB für die akzessorische Haftung nach Abs 1 (s Rdn 2, 5) entspricht es, auch für die Frage des Rückgriffs auf die dort entwickelten Grundsätze zurückzugreifen.[33] Danach hat die Hauptgesellschaft einen Rückgriffsanspruch gegen die eingegliederte Gesellschaft in voller Höhe, sei es gem §§ **683 Satz 1, 670 BGB**[34], sei es gem § 110 HGB analog[35], sofern sie die Begründung der Verbindlichkeit nicht selbst veranlasst hat.[36] Eine **cessio legis der erfüllten Forderung** in gleichem Umfang und mit gleichzeitigem Übergang etwaiger Sicherheiten (§§ 412, 401 BGB) lässt sich auf eine **Analogie zu § 774 Abs 1** stützen.[37] Die Pflicht der Hauptgesellschaft zum Verlustausgleich nach § 324 Abs 3 (s dazu näher § 324 Rdn 13) kann jedoch für den konkreten Fall im Endergebnis dazu führen, dass ein vollständiger Regress nicht stattfindet.[38] **12**

Besteht man demgegenüber auf dem gesamtschuldnerischen Charakter der Haftung nach Abs 1, so ergeben sich im Ergebnis keine Unterschiede. Zwar richtet sich nach dieser Ansicht der Rückgriff nach § 426 Abs 1 und 2 BGB. Jedoch kommen auch die Vertreter dieser gesamtschuldnerischen Lesart des § 322 grundsätzlich zum Rückgriff der Hauptgesellschaft in voller Höhe, indem sie wegen der „besonderen Rechtsbeziehungen zwischen den Gesellschaften" von der Kopfteilregelung des § 426 BGB abrücken. Insofern ist im Rahmen des § 322 also „etwas anderes bestimmt".[39] **13**

---

[30] Nach Ansicht von *Würdinger* DB 1972, 1565, 1566 ersetzt die Weisung im Zweifel den fehlenden Rechtsgrund; i Erg zust MK-*Grunewald*[3] Rdn 18; kritisch hingegen KK-*Koppensteiner*[3] Rdn 14.

[31] S *Singhof* FS Hadding, 2004, S 655, 668 f; Grigoleit/*Grigoleit/Rachlitz* Rdn 5; KK-*Koppensteiner*[3] Rdn 14; vgl zu letzterem auch *Bülow* ZGR 1988, 192, 207.

[32] *Singhof* FS Hadding, 2004, S 655, 668 f; Spindler/Stilz/*Singhof*[2] Rdn 18; KK-*Koppensteiner*[3] Rdn 14.

[33] Genauso Emmerich/*Habersack* Aktien- und GmbH-Konzernrecht[6] § 322 Rdn 7; *Singhof* FS Hadding, 2004, S 655, 669 ff; Spindler/Stilz/*Singhof*[2] Rdn 18; s auch Grigoleit/*Grigoleit/Rachlitz* Rdn 5; **anders** aber MK-*Grunewald*[3] Rdn 18.

[34] So Emmerich/*Habersack* Aktien- und GmbH-Konzernrecht[6] § 322 Rdn 7; Grigoleit/*Grigoleit/Rachlitz* Rdn 5; s auch Spindler/Stilz/*Singhof*[2] Rdn 18 („hilfsweise").

[35] So *Singhof* FS Hadding, 2004, S 655, 669 ff; Spindler/Stilz/*Singhof*[2] Rdn 18.

[36] Emmerich/*Habersack* Aktien- und GmbH-Konzernrecht[6] § 322 Rdn 7; *Singhof* FS Hadding, 2004, S 655, 669 ff; Spindler/Stilz/*Singhof*[2] Rdn 18; Grigoleit/*Grigoleit/Rachlitz* Rdn 5; Zweifel an der Regressausnahme bei Veranlassung hegt Schmidt/Lutter/*Ziemons*[2] Rdn 21; **aA** *Würdinger* DB 1972, 1565, 1566; MK-*Grunewald*[3] Rdn 18.

[37] S wiederum Emmerich/*Habersack* Aktien- und GmbH-Konzernrecht[6] § 322 Rdn 7; *Singhof* FS Hadding, 2004, S 655, 670 f; Spindler/Stilz/*Singhof*[2] Rdn 18; Grigoleit/*Grigoleit/Rachlitz* Rdn 5; zur entsprechenden Rechtslage im Recht der OHG s nur Staub/*Habersack* HGB[5] § 128 Rdn 43; MKHGB/*K Schmidt*[3] § 128 Rdn 31.

[38] S nur *Würdinger* in Vorauflage Anm 8; KK-*Koppensteiner*[3] Rdn 14; Spindler/Stilz/*Singhof*[2] Rdn 17.

[39] So etwa *Hüffer*[10] Rdn 6; *Kley/Lehmann* DB 1972, 1421; MK-*Grunewald*[3] Rdn 18; KK-*Koppensteiner*[3] Rdn 14; Schmidt/Lutter/*Ziemons*[2] Rdn 20.

Klaus Ulrich Schmolke

### 5. Keine Abbedingung zu Lasten Dritter (Abs 1 Satz 3)

**14**     Eine Vereinbarung zwischen eingegliederter Gesellschaft und Hauptgesellschaft, welche die Haftung aus Abs 1 Satz 1 und 2 ausschließt oder beschränkt, ist gem Abs 1 Satz 3 Dritten gegenüber unwirksam. Die Vorschrift entspricht § 128 Satz 2 HGB. Hier wie dort bleibt damit eine haftungbeschränkende Vereinbarung unter **Einbeziehung des** hierdurch belasteten **Gläubigers** zulässig.[40]

### 6. Bilanzierung

**15**     Die Mithaftung nach Abs 1 ist in der Bilanz der Hauptgesellschaft grundsätzlich nicht zu passivieren. Aufgrund der gleichzeitigen Aktivierung des Regressanspruchs gegen die eingegliederte Gesellschaft (s Rdn 11 ff) in gleicher Höhe führte dies nur zur Verlängerung der Bilanz.[41] Vielmehr ist der Gesamtbetrag der Verbindlichkeiten, für welche die Hauptgesellschaft nach Abs 1 haftet, als **sonstige Pflichtangabe iSd** § 285 Nr 3a HGB in den Anhang zur Bilanz aufzunehmen.[42] Sobald und soweit jedoch die Inanspruchnahme der Hauptgesellschaft droht, ist die Mithaftung auf der Passivseite der Bilanz auszuweisen. Zugleich sind dann die Ausgleichsansprüche gegen die eingegliederte Gesellschaft zu aktivieren, die angesichts der drohenden Inanspruchnahme der Hauptgesellschaft aber möglicherweise nicht mehr vollwertig sind.[43]

## III. Abgeleitete (und persönliche) Einwendungen der Hauptgesellschaft (Abs 2)

### 1. Ausdruck akzessorischer Haftung

**16**     Nach Abs 2 kann die Hauptgesellschaft gegen die Inanspruchnahme aus Abs 1 solche Einwendungen geltend machen, welche von der eingegliederten Gesellschaft gegen die der Mithaftung zugrundeliegende Verbindlichkeit erhoben werden können. Die Regelung ist wie ihr Vorbild (§ 129 Abs 1 HGB) **Ausdruck des akzessorischen Charakters der Mithaftung.**[44]

### 2. Erfasste Einwendungen der eingegliederten Gesellschaft

**17**     Die Regelung schränkt den Kreis der erfassten Einwendungen nicht ein. Auch ist der Begriff der „Einwendung" untechnisch zu verstehen, schließt also sowohl Einwendungen im technischen Sinne als auch Einreden ein. Abs 2 erfasst mithin alle denkbaren rechts-

---

[40] S etwa Emmerich/*Habersack* Aktien- und GmbH-Konzernrecht[6] § 322 Rdn 8; MK-*Grunewald*[3] Rdn 2; Spindler/Stilz/*Singhof*[2] Rdn 6.

[41] S AusschussB zu § 322 bei *Kropff* S 426; *Hüffer*[10] Rdn 7; MK-*Grunewald*[3] Rdn 19.

[42] Soweit ersichtlich unstr, s etwa Emmerich/*Habersack* Aktien- und GmbH-Konzernrecht[6] § 322 Rdn 9; *Hüffer*[10] Rdn 7; MK-*Grunewald*[3] Rdn 19; Spindler/Stilz/*Singhof*[2] Rdn 10; Grigoleit/*Grigoleit*/*Rachlitz* Rdn 6; s auch KK-*Koppensteiner*[3] Rdn 15; aus der bilanzrechtlichen Kommen-

tarliteratur etwa MKHGB-*Hüttemann*[3] § 285 Rdn 87; BeckBilK-*Ellrott*[8] § 285 HGB Rdn 75.

[43] S AusschussB zu § 322 bei *Kropff* S 426; sowie die N in vorstehender Fn.

[44] S Emmerich/*Habersack* Aktien- und GmbH-Konzernrecht[6] § 322 Rdn 11 unter Verweis auf die Abweichung von der für die Gesamtschuld geltenden Regelung des § 425 BGB; insofern auch *Hüffer*[10] Rdn 9; MK-*Grunewald*[3] Rdn 9 mit 12. Allgemein zum akzessorischen Charakter der Mithaftung nach § 322 s o Rdn 5.

hindernden und rechtsvernichtenden Einwendungen sowie Gegenrechte (Einreden). Hierzu rechnen etwa die Erfüllung (§ 362 Abs 1 BGB), der Erlass (§ 397 BGB), die Stundung, ferner etwa Anfechtung (§ 142 BGB) und Rücktritt (§ 346 BGB), sofern bereits erfolgt (sonst gilt Abs 3 (entsprechend), s noch Rdn 22 ff).[45] Die mit der Regelung hergestellte Durchsetzungsakzessorietät gilt auch bei **Fortfall der Einwendung** der eingegliederten Gesellschaft. Die Einwendung aus Abs 2 teilt auch insofern deren Schicksal.[46]

Die Hauptgesellschaft kann sich insbesondere auf die **Verjährung** der Verbindlichkeit **18** der eingegliederten Gesellschaft berufen. Verjährungshemmende Maßnahmen (s §§ 203 ff BGB) oder Umstände, die zum Neubeginn der Verjährung führen (s § 212 BGB) gehen insofern (auch) zu Lasten der mithaftenden Hauptgesellschaft.[47] Umgekehrt gilt: Ist die Verjährung des Anspruchs gegen die Hauptgesellschaft aus Mithaftung infolge von Rechtsverfolgungsmaßnahmen (s § 204 BGB) gehemmt und/oder beginnt sie (später) gem § 212 BGB neu, so kann die Hauptgesellschaft nicht später einwenden, die weiterlaufende Verjährung des Anspruchs gegen die eingegliederte Gesellschaft sei inzwischen eingetreten.[48] Insofern ist Abs 2 ebenso wie § 129 Abs 1 HGB teleologisch zu reduzieren. Denjenigen, die den Abs 1 beim Wort nehmen und daher von einer gesamtschuldnerischen Haftung von Hauptgesellschaft und eingegliederter Gesellschaft ausgehen, sollte es hier naturgemäß (noch) leichter fallen, im Ergebnis die Rechtswirkungen des § 425 BGB zu bejahen.[49]

### 3. Rechtsgeschäftlicher Verzicht der eingegliederten Gesellschaft

Anders als bei der Bürgenhaftung (s § 768 Abs 2 BGB), aber in Übereinstimmung mit **19** § 129 Abs 1 HGB wirkt der **Einredeverzicht** der eingegliederten Gesellschaft gegenüber dem Gläubiger auch zu Lasten der Hauptgesellschaft. Diese verliert also ihrerseits die Einrede (aus Abs 2), wenn die eingegliederte Gesellschaft auf ihre Einrede verzichtet.[50]

Vom Einredeverzicht zu unterscheiden ist die **rechtsgeschäftliche Aufhebung der 20 Akzessorietät** durch Vereinbarung eines Erlassvertrags zwischen eingegliederter Gesellschaft und deren Gläubiger bei gleichzeitigem Vorbehalt der (Fort-)Haftung der Haupt-

---

[45] S für diese Beispiele *Hüffer*[10] Rdn 9; KK-*Koppensteiner*[3] Rdn 17; MünchHdb AG/*Krieger*[3] § 73 Rdn 55; MK-*Grunewald*[3] Rdn 10; Emmerich/*Habersack* Aktien- und GmbH-Konzernrecht[6] § 322 Rdn 12.

[46] Emmerich/*Habersack* Aktien- und GmbH-Konzernrecht[6] § 322 Rdn 11; iErg auch MK-*Grunewald*[3] Rdn 11; KK-*Koppensteiner*[3] Rdn 18; MünchHdb AG/*Krieger*[3] § 73 Rdn 55.

[47] Unstr, s nur Emmerich/*Habersack* Aktien- und GmbH-Konzernrecht[6] § 322 Rdn 12; KK-*Koppensteiner*[3] Rdn 17; MünchHdb AG/*Krieger*[3] § 73 Rdn 55; Spindler/Stilz/ *Singhof*[2] Rdn 11.

[48] So etwa *Hüffer*[10] Rdn 9; MK-*Grunewald*[3] Rdn 11; KK-*Koppensteiner*[3] Rdn 17; MünchHdb AG/*Krieger*[3] § 73 Rdn 55; Spindler/Stilz/*Singhof*[2] Rdn 11; s zu § 129 Abs 1 HGB auch BGH Urt v 22.3.1988 – X ZR 64/87, BGHZ 104, 76, 80 f; Urt

v 9.7.1998 – IX ZR 272/96, BGHZ 139, 214, 218 f; **abw** Emmerich/*Habersack* Aktien- und GmbH-Konzernrecht[6] § 322 Rdn 12, der insofern – jedenfalls im Ergebnis – die bürgschaftsrechtliche Rspr zu § 768 Abs 1 S 1 BGB [krit dazu *Schmolke* WM 2013, 148, 152 ff] auf § 129 Abs 1 HGB und in der Folge auch auf § 322 Abs 2 übertragen will.

[49] Vgl insofern auch die Ausführungen in BGH Urt v 22.3.1988 – X ZR 64/87, BGHZ 104, 76, 80 zur Übertragung des „in § 425 BGB enthaltenen Rechtsgedanken" auf die Haftung nach § 128 HGB. Zur Diskussion um das richtige Verständnis der Mithaftung aus § 322 so Rdn 5 mN.

[50] HM, s etwa Emmerich/*Habersack* Aktien- und GmbH-Konzernrecht[6] § 322 Rdn 11; Spindler/Stilz/*Singhof*[2] Rdn 11; für den Verzicht auf die Verjährungseinrede auch *Hüffer*[10] Rdn 9; **aA** *Geßler* ZGR 1978, 251, 267.

gesellschaft nach Abs 1. Hat die Hauptgesellschaft der Vereinbarung nicht zugestimmt, so ist diese jedenfalls ihr gegenüber schon deshalb unwirksam, weil sie ihr einseitig die Rückgriffsmöglichkeit gegen die eingegliederte Gesellschaft (s Rdn 11 ff) aus der Hand schlüge.[51] Stimmt die Hauptgesellschaft diesem Arrangement hingegen zu, soll es nach hM auch für und gegen sie Wirksamkeit entfalten.[52] Mit Rücksicht auf die akzessorische Natur der Haftung aus Abs 1 (s ausführlich Rdn 3 ff) wird man dann aber konstruktiv eine rechtsgeschäftliche „Überformung" der gesetzlichen Mithaftung aus Abs 1 annehmen müssen.[53]

### 4. Eigene Einwendungen der Hauptgesellschaft

**21**  Neben den in Abs 2 angesprochenen abgeleiteten Einwendungen, kann die Hauptgesellschaft der Inanspruchnahme aus Abs 1 selbstverständlich auch die eigenen, ihr unmittelbar aus einem Rechtsverhältnis zu den Gläubigern der eingegliederten Gesellschaft zustehenden Einwendungen entgegenhalten. Solche Einwendungen können sich zB aus einer Stundungsabrede oder einem Erlassvertrag ergeben, ferner etwa aus einer Abrede zwischen Gläubigern und eingegliederter Gesellschaft zugunsten der Hauptgesellschaft (§ 328 BGB). Darüber hinaus kann die Hauptgesellschaft etwa Arglist oder Verjährung einwenden.[54] Die Einrede der Vorausklage steht ihr ebensowenig zu wie dem persönlich haftenden Gesellschafter (primäre Haftung).[55]

## IV. Abgeleitete Leistungsverweigerungsrechte der Hauptgesellschaft (Abs 3)

### 1. Anfechtung (Abs 3 Satz 1)

**22**  Die Hauptgesellschaft hat ein (temporäres) Leistungsverweigerungsrecht gegen die Inanspruchnahme aus Abs 1, solange die eingegliederte Gesellschaft das ihrer Verbindlichkeit zugrunde liegende Rechtsgeschäft nach §§ 119 f, 123 BGB anfechten kann (Abs 3 Satz 1). Die Regelung entspricht § 129 Abs 2 HGB. Hier wie dort soll vermieden werden, dass der akzessorisch haftende Mitschuldner bereits auf seine Schuld leisten

---

[51] Im Erg unstr, s für § 129 Abs 1 HGB nur BGH Urt v 20.4.1967 – II ZR 220/65, BGHZ 47, 376, 378; für § 322 etwa Emmerich/*Habersack* Aktien- und GmbH-Konzernrecht[6] § 322 Rdn 12; *Hüffer*[10] Rdn 9; KK-*Koppensteiner*[3] Rdn 17; MK-*Grunewald*[3] Rdn 11; MünchHdb AG/*Krieger*[3] § 73 Rdn 55; Spindler/Stilz/*Singhof*[2] Rdn 11; ferner Grigoleit/*Grigoleit/Rachlitz* Rdn 8, deren Begründung, die Hauptgesellschaft verlöre sonst die Möglichkeit, sich auf etwaige abgeleitete Einwendung zu berufen, für den Fall des Einredeverzichts konsequenterweise zu einer Ablehnung der Wirkung auch zu Lasten der Hauptgesellschaft führen müsste.

[52] S für die hM etwa BGH Urt v 20.4.1967 – II ZR 220/65, BGHZ 47, 376, 378 (für § 129 Abs 1 HGB); ferner MK-*Grunewald*[3]

Rdn 11; Spindler/Stilz/*Singhof*[2] Rdn 11; Grigoleit/*Grigoleit/Rachlitz* Rdn 8; **aA** Emmerich/*Habersack* Aktien- und GmbH-Konzernrecht[6] § 322 Rdn 12 wegen des darin liegenden Verstoßes gegen das Akzessorietätsprinzip.

[53] Insofern ließe sich wohl dem Einwand von Emmerich/*Habersack* Aktien- und GmbH-Konzernrecht[6] § 322 Rdn 12 Rechnung tragen.

[54] S für diese Beispiele Emmerich/*Habersack* Aktien- und GmbH-Konzernrecht[6] § 322 Rdn 10; *Hüffer*[10] Rdn 8; KK-*Koppensteiner*[3] Rdn 19; MünchHdb AG/*Krieger*[3] § 73 Rdn 55; MK-*Grunewald*[3] Rdn 13; Spindler/Stilz/*Singhof*[2] Rdn 12.

[55] Emmerich/*Habersack* Aktien- und GmbH-Konzernrecht[6] § 322 Rdn 10; Spindler/Stilz/ *Singhof*[2] Rdn 12; s bereits o Rdn 9.

muss, obwohl der Hauptschuldner seine Schuld und damit auch die akzessorische Mithaftung noch in Fortfall bringen kann.[56] Die Hauptgesellschaft kann jedoch durch Weisung an den Vorstand der eingegliederten Gesellschaft (vgl § 323 Abs 1 Satz 1) sicherstellen, dass diese ihr Anfechtungsrecht fristgemäß ausübt.[57] Ficht die eingegliederte Gesellschaft ihre Willenserklärung wirksam an, so erstreckt sich die Mithaftung der Hauptgesellschaft nach Abs 1 auch auf daraus entstehende Verbindlichkeiten, wie insbesondere die Schadensersatzpflicht nach § 122 BGB.[58]

## 2. Aufrechnung (Abs 3 Satz 2)

Gem Abs 3 Satz 2 kann die Hauptgesellschaft die Befriedigung des Gläubigers ferner **23** verweigern, solange „sich der Gläubiger durch Aufrechnung gegen eine fällige Forderung der eingegliederten Gesellschaft befriedigen kann". Die Regelung hat § 129 Abs 3 HGB zum Vorbild und ist daher ebenso wie diese **korrigierend auszulegen**. Besteht aufgrund der Aufrechnungsverbote in §§ 393, 394 BGB nur eine einseitige Aufrechnungslage, so steht der Hauptgesellschaft das Leistungsverweigerungsrecht nach Abs 3 Satz 2 nur dann zu, **wenn die eingegliederte Gesellschaft zur Aufrechnung berechtigt ist**. Hat hingegen allein der Gläubiger die Befugnis zur Aufrechnung, so fehlt es der eingegliederten Gesellschaft an einem Gestaltungsrecht, auf das sich das Leistungsverweigerungsrecht der Hauptgesellschaft beziehen könnte. Entgegen seinem missverständlichen Wortlaut greift Abs 3 Satz 2 in diesen Fällen also nicht.[59] Auch in den Fällen des Abs 3 Satz 2 (s zu Abs 3 Satz 1 Rdn 22) kann die Hauptgesellschaft die eingegliederte Gesellschaft zur Ausübung ihres Gestaltungsrechts, hier: zur Erklärung der Aufrechnung, gem § 323 Abs 1 Satz 1 anweisen.[60] Besteht eine Aufrechnungslage zwischen dem Gläubiger und der Hauptgesellschaft, so gelten die allgemeinen Regeln der §§ 387 ff BGB.[61]

---

[56] S nur Emmerich/*Habersack* Aktien- und GmbH-Konzernrecht[6] § 322 Rdn 13; *Hüffer*[10] Rdn 10; MK-*Grunewald*[3] Rdn 14; Spindler/Stilz/*Singhof*[2] Rdn 14; auch Grigoleit/*Grigoleit/Rachlitz* Rdn 9: Gedanke des „dolo agit".

[57] S etwa Emmerich/*Habersack* Aktien- und GmbH-Konzernrecht[6] § 322 Rdn 13 mit Fn 32; *Hüffer*[10] Rdn 10; KK-*Koppensteiner*[3] Rdn 20; MK-*Grunewald*[3] Rdn 14, 16, die daher die Regelung des Abs 3 Satz 1 für überflüssig halten. Dies gälte dann in Bezug auf den gesetzlichen Regelfall des einzelgeschäftsführungs- und -vertretungsberechtigten oHG-Gesellschafters freilich auch für § 129 Abs 2 HGB. **Anders** insofern Spindler/Stilz/*Singhof*[2] Rdn 13: Eigenständige Bedeutung bei erst kurzer Eingliederungsdauer sowie im Rahmen der Nachhaftung.

[58] Emmerich/*Habersack* Aktien- und GmbH-

Konzernrecht[6] § 322 Rdn 13; Spindler/Stilz/ *Singhof*[2] Rdn 13.

[59] Ganz hM, s etwa Emmerich/*Habersack* Aktien- und GmbH-Konzernrecht[6] § 322 Rdn 14; Grigoleit/*Grigoleit/Rachlitz* Rdn 9; *Geßler* ZGR 1978, 251, 268; *Hüffer*[10] Rdn 11; KK-*Koppensteiner*[3] Rdn 21 f; MünchHdb AG/*Krieger*[3] § 73 Rdn 55; MK-*Grunewald*[3] Rdn 15; Spindler/Stilz/*Singhof*[2] Rdn 14; zu § 129 HGB s nur BGH Urt v 14.12.1964 – VIII ZR 119/64, BGHZ 42, 396; MKHGB-*K Schmidt*[3] § 129 Rdn 24 f mwN.

[60] Emmerich/*Habersack* Aktien- und GmbH-Konzernrecht[6] § 322 Rdn 14; Grigoleit/ *Grigoleit/Rachlitz* Rdn 9; *Hüffer*[10] Rdn 11; KK-*Koppensteiner*[3] Rdn 22; Spindler/Stilz/ *Singhof*[2] Rdn 14.

[61] S auch Emmerich/*Habersack* Aktien- und GmbH-Konzernrecht[6] § 322 Rdn 14.

### 3. Entsprechende Anwendung auf andere Gestaltungsrechte

**24**  Abs 3 ist – auch insofern in Parallele zu § 129 Abs 2 und 3 HGB[62] – auf andere Gestaltungsrechte mit ähnlicher Wirkung entsprechend anzuwenden. Die Hauptgesellschaft kann die Leistung gegenüber dem Gläubiger aus Abs 1 also inbesondere verweigern, wenn die eingegliederte Gesellschaft zum **Rücktritt** von ihrem die Verbindlichkeit begründenden Vertrag mit dem Gläubiger berechtigt ist.[63]

### V. Keine Titelerstreckung qua Mithaftung der Hauptgesellschaft (Abs 4)

**25**  Abs 4 stellt klar, dass ein gegen die eingegliederte Gesellschaft gerichteter vollstreckbarer Titel allein zur Zwangsvollstreckung in deren Vermögen, nicht aber in das der Hauptgesellschaft berechtigt. Die Vorschrift beruht auf unreflektierter Übernahme des § 129 Abs 4 HGB. Denn die für die OHG inzwischen geklärte Selbständigkeit gegenüber ihren Gesellschaftern auch in vollstreckungsrechtlicher Hinsicht[64] stand für das Verhältnis von Hauptgesellschaft und eingegliederter Gesellschaft nie in Frage.[65] Findet gleichwohl aufgrund eines Titels gegen die eingegliederte Gesellschaft die Vollstreckung in das Vermögen der Hauptgesellschaft statt, so hat deren Mithaftung nach Abs 1 allerdings Einfluss auf das Schicksal einer von der Hauptgesellschaft hiergegen erhobenen Drittwiderspruchsklage nach § 771 ZPO. Dem Vollstreckungsgläubiger wird nämlich zugebilligt, der Widerspruchsklage die Mithaftung der Klägerin nach Abs 1 einredeweise (§ 242 BGB) entgegenzuhalten, so dass die Klage als unbegründet abzuweisen wäre.[66]

### § 323
### Leitungsmacht der Hauptgesellschaft und Verantwortlichkeit der Vorstandsmitglieder

(1) [1]Die Hauptgesellschaft ist berechtigt, dem Vorstand der eingegliederten Gesellschaft hinsichtlich der Leitung der Gesellschaft Weisungen zu erteilen. [2]§ 308 Abs. 2 Satz 1, Abs. 3, §§ 309, 310 gelten sinngemäß. [3]§§ 311 bis 318 sind nicht anzuwenden.

(2) Leistungen der eingegliederten Gesellschaft an die Hauptgesellschaft gelten nicht als Verstoß gegen die §§ 57, 58 und 60.

---

[62] S etwa Staub/*Habersack* HGB[5] § 129 Rdn 21; aA MKHGB-K *Schmidt*[3] § 129 Rdn 18; zur analogen Anwendung des § 770 Abs 1 BGB s BGH Urt v 10.1.2006 – XI ZR 169/05, BGHZ 165, 363, 368 = NJW 2006, 845; MKBGB-*Habersack*[5] § 770 Rdn 6.

[63] So auch Emmerich/*Habersack* Aktien- und GmbH-Konzernrecht[6] § 322 Rdn 15; Grigoleit/*Grigoleit/Rachlitz* Rdn 9; Schmidt/Lutter/*Ziemons*[2] Rdn 19; aA MK-*Grunewald*[3] Rdn 14; Spindler/Stilz/*Singhof*[2] Rdn 15.

[64] S dazu etwa BGH Urt v 13.2.1974 – VIII ZR 147/72, BGHZ 62, 131.

[65] S nur Emmerich/*Habersack* Aktien- und

GmbH-Konzernrecht[6] § 322 Rdn 16; MK-*Grunewald*[3] Rdn 17; Spindler/Stilz/*Singhof*[2] Rdn 16. Deshalb gilt die Aussage des Abs 4 natürlich auch für den umgekehrten Fall, s nur MünchHdb AG/*Krieger*[3] § 73 Rdn 53; Grigoleit/*Grigoleit/Rachlitz* Rdn 10.

[66] Emmerich/*Habersack* Aktien- und GmbH-Konzernrecht[6] § 322 Rdn 17; Spindler/Stilz/*Singhof*[2] Rdn 16; zu § 129 Abs 4 HGB Staub/*Habersack* HGB[5] § 129 Rn 27; MKHGB-K *Schmidt*[3] § 129 Rdn 28; zu § 419 BGB BGH Urt v 13.5.1981 – VIII ZR 117/80, BGHZ 80, 296, 302 = NJW 1981, 1835.

## Übersicht

## Schrifttum

*Hoffmann-Becking* Gibt es das Konzerninteresse?, FS Hommelhoff, 2012, S 433; *Hommelhoff* Die Konzernleitungspflicht, 1982; *Nienhaus* Kapitalschutz in der Aktiengesellschaft mit atypischer Zwecksetzung, 2001; *Praël* Eingliederung und Beherrschungsvertrag als körperschaftliche Rechtsgeschäfte, 1978; *Rehbinder* Gesellschaftsrechtliche Probleme mehrstufiger Unternehmensverbindungen, ZGR 1977, 581; *Schön* Deutsches Konzernprivileg und europäischer Kapitalschutz – ein Widerspruch?, FS Kropff, 1997, S 285; *Ulmer* Der Gläubigerschutz im faktischen GmbH-Konzern beim Fehlen von Minderheitsgesellschaftern, ZHR 148 (1984), 391; *Veit* Unternehmensverträge und Eingliederung als aktienrechtliche Instrumente der Unternehmensverbindung, 1974.

## I. Grundlagen – Regelungsinhalt und -zweck

Die Vorschrift regelt in Abs 1 die Leitungsmacht der Hauptgesellschaft gegenüber der **1** eingegliederten Gesellschaft und die damit einhergehende Verantwortlichkeit der Organmitglieder. Abs 2 hebt die Vermögensbindung der eingegliederten Gesellschaft nach §§ 57, 58, und 60 auf. § 323 formt damit das der Eingliederung zugrundeliegende Konzept aus, nach dem die eingegliederte Gesellschaft zwar formal selbständig bleibt, wirtschaftlich jedoch die Funktion einer (bloßen) „Betriebsabteilung der Hauptgesellschaft" annimmt.[1] Die damit einhergehende **umfassende Leitungsmacht**[2] gewährt Abs 1. Für die Weisungsbefugnis der Hauptgesellschaft wird auf eine dem § 308 Abs 1 Satz 2 entsprechende Beschränkung verzichtet, um der Hauptgesellschaft „in wesentlich weiterem Umfang als ein Beherrschungsvertrag **Verfügungen über die Substanz der eingegliederten Gesellschaft" zu gestatten**.[3] Damit einher geht die Aufhebung des Vermögensschutzes nach §§ 57, 58, 60.[4] Der **Gläubigerschutz** wird stattdessen über die Mithaftung nach § 322 (s dort) und damit **letztlich über die Bindung des Vermögens der Hauptgesellschaft** gewährleistet.[5],[6]

---

[1] S RegE §§ 319 ff bei *Kropff* S 421, 429, 431; dazu bereits oben Vor § 319 Rdn 4.

[2] S nur RegE Vorb §§ 319 ff bei *Kropff* S 421.

[3] S wiederum RegE Vorb §§ 319 ff bei *Kropff* S 421, ferner RegE § 323 bei *Kropff* S 427.

[4] Vgl dazu auch RegE § 323 bei *Kropff* S 427 mit S 378.

[5] S RegE Vorb §§ 319 ff bei *Kropff* S 421.

[6] S zum Ganzen etwa auch Emmerich/*Habersack* Aktien- und GmbH-Konzernrecht[6] § 323 Rdn 1; *Hüffer*[10] Rdn 1; KK-*Koppensteiner*[3] Rdn 1; Spindler/Stilz/*Singhof*[2] Rdn 1.

Klaus Ulrich Schmolke

## II. Weisungsrecht der Hauptgesellschaft (Abs 1 Satz 1 und 2)

### 1. Inhalt zulässiger Weisungen

**2**    Abs 1 Satz 1 gewährt der Hauptgesellschaft ein **umfassendes Weisungsrecht** gegenüber der eingegliederten Gesellschaft. Aus dem Verzicht auf eine dem § 308 Abs 1 Satz 2[7] entsprechende Regelung folgt ausweislich der Gesetzesbegründung, dass die Hauptgesellschaft auch zu Weisungen berechtigt ist, die weder durch ein Interesse der Hauptgesellschaft noch durch ein Konzerninteresse[8] gedeckt sind.[9] Das Weisungsrecht der Hauptgesellschaft umfasst insbesondere auch solche Weisungen, welche die **Existenz der eingegliederten Gesellschaft gefährden oder vernichten.** Eine Beeinträchtigung der konzernrechtlich geschützten Bezugsgruppen, also der außenstehenden Aktionäre sowie der Gläubiger der konzernierten Gesellschaft, ist hierdurch nicht zu besorgen: außenstehende Aktionäre existieren nicht und der Gläubigerschutz wird durch die §§ 321, 322, 324 Abs 3 gewährleistet.[10]

**3**    Gesetz und Satzung (der eingegliederten Gesellschaft) setzen der Weisungesbefugnis jedoch **äußere Grenzen:** Unzulässig sind also **gesetzeswidrige ebenso wie satzungswidrige Weisungen** der Hauptgesellschaft.[11] Eine solche satzungswidrige Weisung liegt etwa vor, wenn die eingegliederte Gesellschaft hierdurch zu einer außerhalb ihres Unternehmensgegenstands liegenden Tätigkeit angehalten wird.[12] Auch verbleiben ausweislich der Verweisung in Abs 1 Satz 2 gesetzliche, satzungsmäßige, aber auch durch Aufsichtsratsbeschluss bestimmte (s § 111 Abs 4 Satz 2) **Zustimmungsvorbehalte des Aufsichtsrats** der eingegliederten Gesellschaft nach Maßgabe des § 308 Abs 3 beachtlich.[13]

**4**    Die **Abgrenzung** unzulässiger gesetzwidriger Weisungen von erlaubten Eingriffen in die Vermögenssubstanz der eingegliederten Gesellschaft qua Weisung ist im Detail jedoch klärungsbedürftig. Insofern ist zunächst zu konstatieren, dass Weisungen gesetzwidrig und damit unzulässig sind, wenn der grundsätzlich folgepflichtige Vorstand der eingegliederten Gesellschaft (s Abs 1 Satz 2 iVm § 308 Abs 2 Satz 1, dazu noch Rdn 9) bei ansonsten ordnungsgemäßer Umsetzung der Weisung einen Gesetzesverstoß begehen würde. In dieser Hinsicht gänzlich unproblematisch ist die Fortwirkung der Insolvenzantragspflicht

---

[7] Für Einzelheiten s nur GK-*Hirte*[4] Rdn 29 ff.

[8] S hierzu nur *Hoffmann-Becking* FS Hommelhoff, 2012, S 433 ff.

[9] So wörtlich RegE § 323 bei *Kropff* S 427; weitgehend unstr, s etwa Emmerich/*Habersack* Aktien- und GmbH-Konzernrecht[6] § 323 Rdn 2; *Hüffer*[10] Rdn 3; KK-*Koppensteiner*[3] Rdn 2; Spindler/Stilz/*Singhof*[2] Rdn 2; **einschränkend** jedoch MK-*Grunewald*[3] Rdn 2 mit 5.

[10] So zutr Emmerich/*Habersack* Aktien- und GmbH-Konzernrecht[6] § 323 Rdn 2; ferner KK-*Koppensteiner*[3] Rdn 2 f; MünchHdb AG/*Krieger*[3] § 73 Rdn 56; sehr klar auch *Praël* Eingliederung, 1978, 99 f; im Grundsatz auch MK-*Grunewald*[3] Rdn 3 (Ausnahme: sittenwidrige existenzvernichtende Schädigung nach § 826 BGB); vgl in diesem Zusammenhang auch *Ulmer* ZHR 148 (1984), 391, 408 zum „Sonderfall der Ein-

gliederung"; zweifelnd *Hüffer*[10] Rdn 3; Spindler/Stilz/*Singhof*[2] Rdn 2; **aA** Schmidt/Lutter/*Ziemons*[2] Rdn 6; ferner Grigoleit/*Grigoleit/Rachlitz* Rdn 4 (zu deren Hinweis auf § 92 Abs 3 Satz 2 s noch sogleich in Rdn 4).

[11] Unstr, s etwa Emmerich/*Habersack* Aktien- und GmbH-Konzernrecht[6] § 323 Rdn 2; Grigoleit/*Grigoleit/Rachlitz* Rdn 4; *Hüffer*[10] Rdn 3; ferner KK-*Koppensteiner*[3] Rdn 4; MK-*Grunewald*[3] Rdn 2, 5; MünchHdb AG/*Krieger*[3] § 73 Rdn 56.

[12] S Emmerich/*Habersack* Aktien- und GmbH-Konzernrecht[6] § 323 Rdn 2; MK-*Grunewald*[3] Rdn 5.

[13] S etwa Emmerich/*Habersack* Aktien- und GmbH-Konzernrecht[6] § 323 Rdn 2; *Hüffer*[10] Rdn 3; MK-*Grunewald*[3] Rdn 5; Spindler/Stilz/*Singhof*[2] Rdn 2; für Einzelheiten s GK-*Hirte*[4] § 308 Rdn 59 ff.

des Vorstands der eingegliederten Gesellschaft nach § 15a Abs 1 InsO.[14] Weniger klar ist hingegen, ob aus **§ 92 Abs 2 Satz 3** folgt, dass die Weisung zur Durchführung von Zahlungen an die Hauptgesellschaft, die erkennbar zur Zahlungsunfähigkeit der eingegliederten Gesellschaft führen müssen, gesetzwidrig und damit unzulässig und nicht bindend ist.[15] Die durch das MoMiG eingeführte Vorschrift ist jedenfalls nicht als gesetzliche Anerkennung eines „Eigenbestandsinteresses" auch der eingegliederten (!) Gesellschaft anzusehen.[16] Das dort geregelte „Zahlungsverbot" des Vorstands[17] dient vielmehr dem Gläubigerschutz. Ausweislich der Gesetzesbegründung bezweckt es die „Schließung von Lücken im Bereich des Schutzes der Gesellschaftsgläubiger vor Vermögensverschiebungen zwischen Gesellschaft und Aktionären, die trotz des allgemeinen Verbots der Einlagenrückgewähr (§ 57 Abs 1 Satz 1) auch im Aktienrecht bestehen können".[18] Angesichts der Aufhebung der Vermögensbindung durch Abs 2 und der gleichzeitigen Verlagerung des Gläubigerschutzes auf die Ebene der Hauptgesellschaft durch das Instrument der Mithaftung nach § 322 (s Rdn 1) erscheint es danach naheliegend, aus dem daher entfallenden Bestandsschutzinteresse der eingegliederten Gesellschaft umgekehrt die teleologisch-systematische Reduktion des § 92 Abs 2 Satz 3 für Vorstände eingegliederter Gesellschaften zu folgern. Es bliebe dann auch für den Fall der Zahlung an die Hauptgesellschaft bei der Zulässigkeit existenzgefährdender oder vernichtender Weisungen (s dazu allgemein Rdn 2).[19] Der MoMiG-Gesetzgeber hatte diesen Fall jedenfalls nicht bedacht, wie auch der Verweis in der Gesetzesbegründung auf den „Gleichlauf zwischen dem Recht der AG und der GmbH" zeigt.

**5** Zur Bedeutung des § 324 für die Reichweite des Weisungsrechts der Hauptgesellschaft lässt sich schließlich Folgendes sagen: Eine Weisung zur Abführung des Gewinns ist nach ganz hL auch ohne Abschluss eines Gewinnabführungsvertrages zulässig. § 324 Abs 2 komme insofern keine beschränkende, sondern nur eine ermöglichende Funktion zu: Die Vorschrift erleichtere lediglich die Herbeiführung einer steuerrechtlichen Organschaft (s noch § 324 Rdn 7).[20] Mit **Blick auf die Verlustausgleichspflicht nach § 324 Abs 3 wird das Weisungsrecht der Hauptgesellschaft** jedoch dahingehend **eingeschränkt,**

---

[14] AllgM, s etwa Emmerich/*Habersack* Aktien- und GmbH-Konzernrecht[6] § 323 Rdn 2; Grigoleit/*Grigoleit/Rachlitz* Rdn 4.

[15] So und noch weiter gehend Grigoleit/ *Grigoleit/Rachlitz* Rdn 4; wohl auch Emmerich/*Habersack* Aktien- und GmbH-Konzernrecht[6] § 323 Rdn 2; anders wohl MK-*Grunewald*[3] Rdn 3: nur, wenn dies zur Beendigung der Gesellschaft ohne ordnungsgemäßes Liquidationsverfahren führt. Vgl zu dem durch § 92 Abs 2 Satz 3 gewährten Zahlungsverweigerungsrecht BGH Urt v 9.10.2012 – II ZR 298/11, WM 2012, 2286 Tz 18 = NZG 2012, 1379 zu § 64 Satz 3 GmbHG.

[16] So aber Grigoleit/*Grigoleit/Rachlitz* Rdn 4 mit Fn 4.

[17] Kritisch zu diesem gebräuchlichen Terminus Haas NZG 2013, 41, 44.

[18] Begr RegE MoMiG, BTDrucks 16/6140, S 52; für eine Fundamentalkritik an § 92

Abs 2 Satz 3 s *Altmeppen* ZIP 2013, 801 ff, der von einer „pathologischen Norm" spricht.

[19] Vgl zur Rechtslage vor Einführung des § 92 Abs 2 Satz 3 KK-*Koppensteiner*[3] Rdn 4 mwN.

[20] S für die ganz hL etwa Emmerich/*Habersack* Aktien- und GmbH-Konzernrecht[6] § 323 Rdn 3; Grigoleit/*Grigoleit/Rachlitz* § 324 Rdn 5; *Hüffer*[10] § 324 Rdn 4; KK-*Koppensteiner*[3] Rdn 4; MK-*Grunewald*[3] Rdn 4; MünchHdb AG/*Krieger*[3] § 73 Rdn 56 mit 65; Spindler/Stilz/*Singhof*[2] Rdn 3; aber auch Begr RegE § 324 bei *Kropff* S 428: „Um klare Rechtsverhältnisse zu schaffen und sicherzustellen, daß die Eingliederung den Voraussetzungen der steuerrechtlichen Organschaft genügen kann, verlangt der Entwurf jedoch einen Gewinnabführungsvertrag."; vgl insofern auch die Argumentation in GK-*Hirte*[4] § 308 Rdn 34–36.

Klaus Ulrich Schmolke

dass der Vorstand der eingegliederten Gesellschaft eine verlustträchtige Weisung dann nicht ausführen muss und auch nicht darf, **wenn der korrespondierende Verlustausgleichsanspruch** gegen die Hauptgesellschaft wegen deren Solvenz- oder Liquiditätsschwäche (offenkundig) **nicht werthaltig ist.**[21] Diese Einschränkung wird für den Vertragskonzern auf das Verbot existenzgefährdender Weisungen gestützt.[22] Da dieses Verbot im Eingliederungskonzern nicht gilt (s Rdn 2, 4), könnte man freilich an der Richtigkeit dieser Position zweifeln. Entscheidend dafür spricht aber wohl, dass bei einer entsprechenden Solvenz- und Liquiditätsschwäche der Hauptgesellschaft auch der Gläubigerschutz über § 322 gefährdet ist, der die Zulässigkeit existenzbedrohender Weisungen erst rechtfertigt (s wiederum Rdn 2, 4).

## 2. Weisungs- und Empfangszuständigkeit

**6**      **a) Weisungszuständigkeit; Übertragbarkeit und Delegation des Weisungsrechts.** Weisungsberechtigt ist die Hauptgesellschaft. Diese wird hierbei durch ihren Vorstand vertreten (§ 78). Eine Übertragung des Weisungsrechts von der Hauptgesellschaft auf einen Dritten unter Wechsel der Rechtszuständigkeit, etwa nach §§ 398, 413 BGB, ist nicht möglich.[23] Demgegenüber ist die **Delegation des Weisungsrechts**, verstanden als bloße Ermächtigung zur Ausübung des bei der Hauptgesellschaft verbleibenden und auch weiterhin durch deren gesetzliche Vertreter ausübbaren Weisungsrechts[24], nach ganz hM **zulässig.**[25] Dies gilt namentlich für die Ermächtigung nachgeordneter Funktionsträger der Hauptgesellschaft, wie deren Prokuristen oder sonstiger leitender Angestellter, aber grundsätzlich auch für die Ermächtigung externer Dritter.[26] Eine solche „Delegation" an außenstehende Dritte wird aber nach weithin geteilter Ansicht **durch das Verbot der Übertragung des Weisungsrechts beschränkt:** Dieses dürfe nicht durch eine sachlich und zeitlich unbeschränkte Delegation unterlaufen werden. Vielmehr müsse die Delegation derart beschränkt bleiben, dass die Verantwortung für die Ausübung des Weisungsrechts bei der Hauptgesellschaft und ihrem Vorstand verbleibe.[27]

**7**      Streitig ist hingegen, ob das Weisungsrecht bei einer **mehrstufigen Eingliederung** an die (jeweilige) Muttergesellschaft delegiert werden kann. Die Zulässigkeit eines damit einhergehenden „Weisungsdurchgriffs" wird teilweise deshalb verneint, weil sich der Vorstand der zwischen Weisungsgeber und Weisungsempfänger stehenden Tochtergesellschaft hierdurch seiner Prüfpflicht gegenüber den Weisungen der Mutter begebe.[28] Die wohl

---

[21] So Emmerich/*Habersack* Aktien- und GmbH-Konzernrecht[6] § 323 Rdn 6; Grigoleit/*Grigoleit/Rachlitz* Rdn 4; auch Schmidt/Lutter/*Ziemons*[2] Rdn 14, die daher entsprechende Informationsansprüche gegen die Hauptgesellschaft bejaht.

[22] S *Habersack/Schürnbrand* NZG 2004, 689, 690 f.

[23] Unbestr, s etwa Emmerich/*Habersack*, Aktien- und GmbH-Konzernrecht[6] § 323 Rdn 4 mit § 308 Rdn 16; *Hüffer*[10] Rdn 2 mit § 308 Rdn 6; MK-*Grunewald*[3] Rdn 7; Spindler/Stilz/*Singhof*[2] Rdn 4; für Einzelheiten auch GK-*Hirte*[4] § 308 Rdn 24.

[24] S nur *Hüffer*[10] § 308 Rdn 4; Emmerich/*Habersack* Aktien- und GmbH-Konzernrecht[6] § 308 Rdn 12.

[25] Emmerich/*Habersack* Aktien- und GmbH-Konzernrecht[6] § 323 Rdn 4 mit § 308 Rdn 13 ff; *Hüffer*[10] Rdn 2 mit § 308 Rdn 5; KK-*Koppensteiner*[3] Rdn 9; MünchHdb AG/*Krieger*[3] § 73 Rdn 57; Spindler/Stilz/*Singhof*[2] Rdn 4; für Einzelheiten auch GK-*Hirte*[4] § 308 Rdn 25.

[26] S N in vorstehender Fn.

[27] S Emmerich/*Habersack* Aktien- und GmbH-Konzernrecht[6] § 323 Rdn 4 mit § 308 Rdn 15; *Hüffer*[10] Rdn 2 mit § 308 Rdn 6; KK-*Koppensteiner*[3] Rdn 9; Spindler/Stilz/*Singhof*[2] Rdn 4; vgl auch GK-*Hirte*[4] § 308 Rdn 25.

[28] So Emmerich/*Habersack* Aktien- und GmbH-Konzernrecht[6] § 323 Rdn 4; MK-*Grunewald*[3] Rdn 7; an der Zulässigkeit

mehrheitlich vertretene Gegenansicht verweist demgegenüber darauf, dass sich diese Kontrollpflichten bei der Eingliederung auf ein Minimum reduzieren (s dazu Rdn 9), weil die Tochter gegenüber der Muttergesellschaft keine eigenen wirtschaftlichen Interessen mehr hat.[29] Letzteres ist zwar richtig, jedoch bleibt zweifelhaft, ob dieses verbleibende „Minimum" – man denke hier auch an etwa bestehende Zustimmungsvorbehalte nach § 111 Abs 4 Satz 2 – im Wege einer „Direktweisung" der Mutter an die Enkelin umgangen werden darf. Eine solche Umgehung mag freilich schon dadurch verhindert werden können, dass die Verantwortung für die Weisung an die Enkelin aufgrund der allgemeinen Schranken der Weisungsdelegation (s Rdn 6) beim Vorstand der Tochter verbleibt bzw verbleiben muss.[30]

**b) Empfangszuständigkeit. Zuständiger Empfänger der Weisung** ist der Vorstand der **8** eingegliederten Gesellschaft.[31] Ein „Weisungsdurchgriff" auf nachgeordnete Funktionsträger der eingegliederten Gesellschaft besteht nicht.[32] Eine Folgepflicht dieser nachgeordneten Stellen lässt sich allein über eine entsprechende Weisung des Vorstands der eingegliederten Gesellschaft begründen. Dies gilt dann aber auch für Weisungen, welche offensichtlich nicht den Belangen der Hauptgesellschaft oder denjenigen anderer konzernverbundener Unternehmen dienen, da die entsprechende Einschränkung des Weisungsrechts in § 308 Abs 2 Satz 2 letzter Hs für Weisungen nach § 323 nicht gilt.[33] Es ist nicht erforderlich, dass der Vorstand der eingegliederten Gesellschaft von Weisungen solchen Inhalts, die aufgrund seiner eigenen Weisung zulässigerweise an nachgeordnete Stellen gerichtet werden, vorgängige Kenntnis erhält.[34]

### 3. Folge- und Konsultationspflichten auf Seiten der eingegliederten Gesellschaft

Der Vorstand der eingegliederten Gesellschaft ist gem Abs 1 Satz 2 iVm § 308 Abs 2 **9** Satz 1 verpflichtet, die Weisungen der Hauptgesellschaft zu befolgen. Da § 308 Abs 1 Satz 2, Abs 2 Satz 2 in § 323 gerade nicht in Bezug genommen werden, gilt diese Verpflichtung auch dann, wenn die Befolgung der Weisung offensichtlich nicht den Belangen der Hauptgesellschaft oder der mit ihr oder der eingegliederten Gesellschaft konzernverbundenen Unternehmen dient (s bereits Rdn 2). Der anweisende Vorstand der Hauptgesellschaft wird sich in diesen Fällen freilich regelmäßig nach § 93 haftbar machen.[35] Da die Folgepflicht nur gegenüber rechtmäßigen und damit wirksamen Weisungen be-

---

einer solchen Delegation zweifelnd auch *Hüffer*[10] Rdn 2.

[29] S KK-*Koppensteiner*[3] Rdn 9; die Zulässigkeit der Delegation bejahen ferner etwa *Rehbinder* ZGR 1977, 581, 616 f; MünchHdb AG/*Krieger*[3] § 73 Rdn 57; Spindler/Stilz/*Singhof*[2] Rdn 4.

[30] In diesem Sinne wohl Spindler/Stilz/*Singhof*[2] Rdn 4.

[31] Emmerich/*Habersack* Aktien- und GmbH-Konzernrecht[6] § 323 Rdn 5; *Hüffer*[10] Rdn 2; KK-*Koppensteiner*[3] Rdn 10; MK-*Grunewald*[3] Rdn 8; MünchHdb AG/*Krieger*[3] § 73 Rdn 57.

[32] *Veit* Unternehmensverträge und Eingliederung, 1974, S 159; KK-*Koppensteiner*[3] Rdn 10; s ferner Emmerich/*Habersack*,

Aktien- und GmbH-Konzernrecht[6] § 323 Rdn 5; Grigoleit/*Grigoleit/Rachlitz* Rdn 7; *Hüffer*[10] Rdn 2; MK-*Grunewald*[3] Rdn 8; Spindler/Stilz/*Singhof*[2] Rdn 5; implizit auch MünchHdb AG/*Krieger*[3] § 73 Rdn 57.

[33] Emmerich/*Habersack* Aktien- und GmbH-Konzernrecht[6] § 323 Rdn 5; *Hüffer*[10] Rdn 2; Schmidt/Lutter/*Ziemons*[2] Rdn 10; Spindler/Stilz/*Singhof*[2] Rdn 5; aA MK-*Grunewald*[3] Rdn 8.

[34] *Hüffer*[10] Rdn 2; **anders** Spindler/Stilz/*Singhof*[2] Rdn 5.

[35] Emmerich/*Habersack* Aktien- und GmbH-Konzernrecht[6] § 323 Rdn 6 mit Rdn 8; *Hüffer*[10] Rdn 4; MünchHdb AG/*Krieger*[3] § 73 Rdn 59; Spindler/Stilz/*Singhof*[2] Rdn 6 mit 8.

Klaus Ulrich Schmolke

steht, gelten für die Folgepflicht – gleichsam spiegelbildlich – dieselben Grenzen, welche den Inhalt zulässiger Weisungen bestimmen (s dazu Rdn 3 ff):[36] Der angewiesene Vorstand hat einem etwaigen Zustimmungsvorbehalt nach § 111 Abs 4 Satz 2 folglich nach Maßgabe des gem Abs 1 Satz 2 anwendbaren § 308 Abs 3 Rechnung zu tragen.[37] Ferner darf und muss der angewiesene Vorstand die Befolgung **gesetzes- oder satzungswidriger Weisungen** verweigern. Hieraus folgt eine entsprechende Prüfpflicht des Vorstands. Angesichts des außerordentlich weiten Umfangs zulässiger Weisungen (s ausführlich Rdn 2 ff), steht dem angewiesenen Vorstand dementsprechend nur in sehr engen Grenzen ein solches Verweigerungsrecht zu. Ungeachtet der Gesetz- und Satzungsmäßigkeit einer Weisung hat der Vorstand der eingegliederten Gesellschaft diese auf nachteilige Auswirkungen hin zu überprüfen und die Hauptgesellschaft hierauf ggf hinzuweisen.[38]

**10**　　Die Hauptgesellschaft kann auch von Weisungen gegenüber der eingegliederten Gesellschaft absehen; eine **„Weisungspflicht" besteht nicht.**[39] Freilich kann der für die Weisungserteilung zuständige Vorstand (s Rdn 6) gegenüber „seiner" Hauptgesellschaft zur Weisungserteilung verpflichtet sein.[40] In den Fällen der Weisungsabstinenz hat der Vorstand der eingegliederten Gesellschaft diese nicht etwa nach Maßgabe des Konzerninteresses zu leiten.[41] Vielmehr ist er im Rahmen der eigenverantwortlichen Leitung der eingegliederten Gesellschaft (§ 76) grundsätzlich allein deren Interessen verpflichtet.[42] Bevor er dabei aber dem Konzerninteresse zuwiderlaufende Maßnahmen verfolgt, ist der Vorstand der eingegliederten Gesellschaft gehalten, die **Hauptgesellschaft hiervon zu unterrichten.**[43] Eine solche Konsultationspflicht lässt sich als Ausprägung der Treuepflicht der eingegliederten Gesellschaft gegenüber der Hauptgesellschaft als ihrer (Allein-)Gesellschafterin begründen, welche durch den Vorstand wahrgenommen wird.[44]

---

[36] S etwa Emmerich/*Habersack* Aktien- und GmbH-Konzernrecht[6] § 323 Rdn 6; *Hüffer*[10] Rdn 4, jeweils unter Verwendung desselben (Spiegel-)Bildes; in der Sache ferner etwa MünchHdb AG/*Krieger*[3] § 73 Rdn 59; Spindler/Stilz/*Singhof*[2] Rdn 6.

[37] S etwa Emmerich/*Habersack* Aktien- und GmbH-Konzernrecht[6] § 323 Rdn 6; MünchHdb AG/*Krieger*[3] § 73 Rdn 60 sowie bereits die Kommentierung in Rdn 3; für Einzelheiten zu § 308 Abs 3 s nur GK-*Hirte*[4] § 308 Rdn 59 ff.

[38] Emmerich/*Habersack* Aktien- und GmbH-Konzernrecht[6] § 323 Rdn 6; Spindler/Stilz/*Singhof*[2] Rdn 6.

[39] Unstr, s etwa Emmerich/*Habersack* Aktien- und GmbH-Konzernrecht[6] § 323 Rdn 4; *Hüffer*[10] Rdn 2; MK-*Grunewald*[3] Rdn 11; KK-*Koppensteiner*[3] Rdn 12; MünchHdb AG/*Krieger*[3] § 73 Rdn 58; Schmidt/Lutter/*Ziemons*[2] Rdn 7; Spindler/Stilz/*Singhof*[2] Rdn 7.

[40] S etwa Emmerich/*Habersack* Aktien- und GmbH-Konzernrecht[6] § 323 Rdn 4; MK-*Grunewald*[3] Rdn 11; KK-*Koppen-*

*steiner*[3] Rdn 12; MünchHdb AG/*Krieger*[3] § 73 Rdn 58; Spindler/Stilz/*Singhof*[2] Rdn 7; Grigoleit/*Grigoleit/Rachlitz* Rdn 2; weitergehend, aber nicht überzeugend *Hommelhoff* Konzernleitungspflicht, 1982, S 352 ff.

[41] So aber KK-*Koppensteiner*[3] Rdn 8.

[42] HM, s etwa Emmerich/*Habersack* Aktien- und GmbH-Konzernrecht[6] § 323 Rdn 7; Grigoleit/*Grigoleit/Rachlitz* Rdn 2; MK-*Grunewald*[3] Rdn 10; MünchHdb AG/*Krieger*[3] § 73 Rdn 59; Schmidt/Lutter/*Ziemons*[2] Rdn 15; Spindler/Stilz/*Singhof*[2] Rdn 7; ferner Bürgers/Körber/*Fett*[2] Rdn 5.

[43] Wie hier MK-*Grunewald*[3] Rdn 10; MünchHdb AG/*Krieger*[3] § 73 Rdn 59; Bürgers/Körber/*Fett*[2] Rdn 5; Heidel/*Jaursch*[3] Rdn 2; i Erg auch KK-*Koppensteiner*[3] Rdn 8; **aA** Emmerich/*Habersack* Aktien- und GmbH-Konzernrecht[6] § 323 Rdn 7; Spindler/Stilz/*Singhof*[2] Rdn 7.

[44] **Anders** Emmerich/*Habersack* Aktien- und GmbH-Konzernrecht[6] § 323 Rdn 7; Spindler/Stilz/*Singhof*[2] Rdn 7, welche eine solche Konsultationspflicht für „de iure" nicht begründbar halten.

#### 4. Bevollmächtigung der Hauptgesellschaft als Weisungssubstitut?

Ob an die Stelle des Weisungsrechts (auch) eine **umfassende Bevollmächtigung der** **11**
**Hauptgesellschaft** treten kann, ist umstritten.[45] Für die Zulässigkeit eines solchen Arrangements wird geltend gemacht, dass die eingegliederte Gesellschaft sich bereits mit Vollzug der Eingliederung „unterworfen" habe und die umfassende Bevollmächtigung daher kein zusätzliches Risiko beinhalte.[46] Freilich hat man dem zu Recht entgegnet, dass durch die umfassende Bevollmächtigung der Hauptgesellschaft die Grenzen der Folgepflicht (s Rdn 9) ausgehebelt werden und der Vorstand der eingegliederten Gesellschaft mithin „jegliche Kontrolle" verliere.[47]

### III. Verantwortlichkeit der Hauptgesellschaft und der beteiligten Organwalter (Abs 1 Satz 2)

#### 1. Verantwortlichkeit des anweisenden Vorstands (Abs 1 Satz 2 iVm § 309)

Gem Abs 1 Satz 2 iVm § 309 Abs 1 haben die Vorstandsmitglieder der Hauptgesell- **12**
schaft bei der Erteilung von Weisungen an die eingegliederte Gesellschaft die Sorgfalt eines ordentlichen und gewissenhaften Geschäftsleiters anzuwenden. Verletzen sie diese Pflicht schuldhaft, so haften sie der eingegliederten Gesellschaft gem Abs 1 Satz 2 iVm § 309 Abs 2 auf Schadensersatz. Eine Pflichtverletzung „bei der Erteilung von Weisungen" liegt aber nur dann vor, wenn der anweisende Vorstand seine Weisungsbefugnis überschreitet, weil er eine **Weisung mit gesetzes- oder satzungswidrigem Inhalt** erteilt (s zum Inhalt zulässiger Weisungen ausführlich Rdn 2 ff). Als haftungsbegründend wird daneben auch der Fall genannt, dass die **Erteilung selbst rechtswidrig** ist, weil die Weisung an einen unzuständigen Adressaten gerichtet wird.[48] Ein für die Haftung erforderlicher Schaden ist in diesen letztgenannten Fällen freilich nur zu besorgen, wenn der Weisungsadressat ungeachtet seiner Unzuständigkeit in der Lage und willens ist, die schadenstiftende Weisung zu vollziehen. Auch dann wird eine Haftung aber wegen der Folgepflicht des zuständigen Adressaten (s Rdn 9) regelmäßig am Einwand rechtmäßigen Alternativverhaltens scheitern.[49] Für Einzelheiten s die Kommentierung zu § 309.[50]

---

[45] Dafür etwa *Würdinger* in Vorauflage Anm 2; KK-*Koppensteiner*[3] Rdn 11; MünchHdb AG/*Krieger*[3] § 73 Rdn 57; dagegen etwa Emmerich/*Habersack* Aktien- und GmbH-Konzernrecht[6] § 323 Rdn 5; Grigoleit/*Grigoleit/Rachlitz* Rdn 6; *Hüffer*[10] Rdn 2; MK-*Grunewald*[3] Rdn 8; Schmidt/Lutter/*Ziemons*[2] Rdn 11; Spindler/Stilz/*Singhof*[2] Rdn 4.

[46] So *Würdinger* in Vorauflage Anm 2; KK-*Koppensteiner*[3] Rdn 11.

[47] Emmerich/*Habersack* Aktien- und GmbH-Konzernrecht[6] § 323 Rdn 5; *Hüffer*[10] Rdn 2, 4; MK-*Grunewald*[3] Rdn 8; Spindler/Stilz/*Singhof*[2] Rdn 4; s auch Grigoleit/*Grigoleit/Rachlitz* Rdn 6, der auf die ansonsten eintretende „Nivellierung des Systemkontrasts zur Verschmelzung" abstellt.

[48] S etwa Emmerich/*Habersack* Aktien- und GmbH-Konzernrecht[6] § 323 Rdn 8 (Übergehen des Vorstands der eingegliederten Gesellschaft).

[49] Vgl insgesamt zur praktisch geringen Bedeutung der Haftung nach Abs 1 Satz 2 iVm § 309 etwa KK-*Koppensteiner*[3] Rdn 13 ff; MünchHdb AG/*Krieger*[3] § 73 Rdn 61.

[50] Dort auch zur Haftung der anweisenden Vorstandsmitglieder gegenüber ihrer Gesellschaft (hier: der Hauptgesellschaft), s GK-*Hirte*[4] § 309 Rdn 10 f.

Klaus Ulrich Schmolke

## 2. Verantwortlichkeit der Hauptgesellschaft

**13**     Die Haftung der Hauptgesellschaft für pflichtwidrige Weisungen ihres Vorstands an die eingegliederte Gesellschaft steht im Ergebnis außer Zweifel[51], ist wegen der Mithaftung nach § 322 praktisch jedoch von geringer Bedeutung.[52] Über die Begründung dieser Haftung herrscht Uneinigkeit: Nicht wenige bemühen hierfür die mitgliedschaftliche Treuepflicht[53], andere verweisen auf Abs 1 Satz 2, § 309 iVm § 31 BGB[54], wieder andere gründen die Haftung der Hauptgesellschaft (zusätzlich) auf § 280 Abs 1 BGB wegen Verletzung von Pflichten aus einer korporationsrechtlichen Sonderverbindung zwischen eingegliederter Gesellschaft und Hauptgesellschaft.[55] Letztere Ansicht entspricht wohl am ehesten dem historisch-subjektiven Willen des Gesetzgebers, der im direkten Anwendungsbereich des § 309 von einer Vertragshaftung des Trägers des herrschenden Unternehmens ausging, die eine gesetzliche Regelung entbehrlich mache.[56] Freilich hätte es dann der ausdrücklichen Einbeziehung des Inhabers eines einzelkaufmännischen Unternehmens in die gesetzliche Haftung nach § 309 nicht bedurft (s § 309 Abs 1). Vielmehr zeigt sich in dieser Einbeziehung, dass das Gesetz im Rahmen des § 309 Abs 1 keine kategorische Unterscheidung zwischen den Pflichten des gesetzlichen Vertreters des Unternehmensträgers und denjenigen des Unternehmensträgers selbst vornimmt. Mithin dürfte die Aussage zum Kreis der Haftungsadressaten in § 309 Abs 1 einer Haftung der herrschenden Aktiengesellschaft und damit auch – hier allein von Interesse – der Hauptgesellschaft nach (Abs 1 Satz 2,) § 309 iVm § 31 BGB nicht entgegenstehen.[57] Stehen damit zwei tragfähige Anspruchsgrundlagen zur Verfügung erscheint der (weitere) Rückgriff auf die im hiesigen Zusammenhang nicht unproblematische mitgliedschaftliche Treuepflicht entbehrlich.

## 3. Verantwortlichkeit der Organwalter der eingegliederten Gesellschaft (Abs 1 Satz 2 iVm § 310)

**14**     Gem Abs 1 Satz 2 iVm § 310 Abs 1 Satz 1 haften neben den nach (Abs 1 Satz 2 iVm) § 309 Ersatzpflichtigen (s dazu Rdn 12) die Mitglieder des Vorstands und des Aufsichtsrats der eingegliederten Gesellschaft als Gesamtschuldner, wenn sie unter Verletzung ihrer Pflichten gehandelt haben. Eine solche Pflichtverletzung kommt ausweislich der grundsätzlich bestehenden Folgepflicht nach Abs 1 Satz 2 iVm § 308 Abs 2 Satz 1

---

[51] S etwa Emmerich/*Habersack* Aktien- und GmbH-Konzernrecht[6] § 323 Rdn 9; Grigoleit/*Grigoleit/Rachlitz* Rdn 8; *Hüffer*[10] § 323 Rdn 5; KK-*Koppensteiner*[3] Rdn 17; Schmidt/Lutter/*Ziemons*[2] Rdn 18; Spindler/Stilz/*Singhof*[2] Rdn 10.

[52] S etwa Emmerich/*Habersack* Aktien- und GmbH-Konzernrecht[6] § 323 Rdn 9; *Hüffer*[10] Rdn 5; MK-*Grunewald*[3] Rdn 16; Schmidt/Lutter/*Ziemons*[2] Rdn 18; MünchHdb AG/*Krieger*[3] § 73 Rdn 61; ferner KK-*Koppensteiner*[3] Rdn 17, der daher zu dem Ergebnis kommt, dass sich die Suche nach einer Pflichtengrundlage nicht lohne.

[53] So insb Emmerich/*Habersack* Aktien- und GmbH-Konzernrecht[6] § 323 Rdn 9; zust MK-*Grunewald*[3] Rdn 16; Spindler/Stilz/

*Singhof*[2] Rdn 10; Schmidt/Lutter/*Ziemons*[2] Rdn 18; dagegen KK-*Koppensteiner*[3] Rdn 17.

[54] So etwa *Würdinger* in Vorauflage Anm 14; auch *Hüffer*[10] Rdn 5; Grigoleit/*Grigoleit/Rachlitz* Rdn 8; vgl ferner GK-*Hirte*[4] § 309 Rdn 31.

[55] So *Hüffer*[10] Rdn 5.

[56] S Begr RegE § 309 bei *Kropff* S 404 f.

[57] So auch *Hüffer*[10] Rdn 5 iVm § 309 Rdn 27; vgl auch GK-*Hirte*[4] § 309 Rdn 31; aA Emmerich/*Habersack* Aktien- und GmbH-Konzernrecht[6] § 323 Rdn 9: „§ 309 [...] regelt [...] allein die Sorgfaltspflichten des *Vorstands*; auch § 31 ist nicht imstande, diese Pflichten zu solchen der Hauptgesellschaft zu machen."

(s dazu Rdn 9) nur in Betracht, wenn die Organwalter eine Weisung vollziehen, deren Befolgung sie wegen ihres gesetzes- oder satzungswidrigen Inhalts verweigern durften.[58] Das Gesetz stellt dies in (Abs 1 Satz 2 iVm) § 310 Abs 3 noch einmal ausdrücklich klar.[59] Über die Verweisung in § 310 Abs 4 kommen auch bei der Haftung nach Abs 1 Satz 2 iVm § 310 die Regelungen in § 309 Abs 3 bis 5 zur Anwendung. Für weitere Einzelheiten s die Kommentierung zu § 310.

## IV. Keine Anwendung der §§ 311–318 (Abs 1 Satz 3)

Abs 1 Satz 3 bestimmt, dass die §§ 311 bis 318 auf den Eingliederungskonzern nicht **15** anzuwenden sind. Die Vorschrift dient lediglich der Klarstellung.[60] Bereits aus der in Abs 1 Satz 2 angeordneten sinngemäßen Anwendung der §§ 309 f folgt die Unanwendbarkeit der §§ 317 f.[61] Die in den §§ 312 ff geregelte Erstellung und Prüfung eines Abhängigkeitsberichts dient der Effektivierung des in § 311 geregelten Nachteilsausgleichs[62] und passt daher nicht zu der für den Eingliederungskonzern geltenden Mithaftung nach § 322.[63]

## V. Auflockerung der Vermögensbindung (Abs 2)

Abs 2 hebt die Vermögensbindung der eingegliederten Gesellschaft auf, indem es **16** Leistungen an die Hauptgesellschaft qua Fiktion[64] aus dem Anwendungsbereich der §§ 57, 58, 60 ausnimmt. Nicht erfasst sind hingegen die insolvenzrechtlichen Regeln über Gesellschafterdarlehen (§§ 39 Abs 1 Nr 5, 44a, 135 InsO), die folglich anwendbar bleiben.[65] Die Diskussion um die Vereinbarkeit dieses „Konzernprivilegs" mit den Art 15, 16 der Kapitalrichtlinie[66] ist nach seiner Ausweitung durch das MoMiG erneut aufgeflammt.[67] Nach gegenwärtiger Einschätzung liegt aber auch das erweiterte Kon-

---

[58] Unstr, s etwa Emmerich/*Habersack* Aktien- und GmbH-Konzernrecht[6] § 323 Rdn 10; *Hüffer*[10] Rdn 6; MK-*Grunewald*[3] Rdn 17; KK-*Koppensteiner*[3] Rdn 18.

[59] S auch Emmerich/*Habersack* Aktien- und GmbH-Konzernrecht[6] § 323 Rdn 10; *Hüffer*[10] Rdn 6; MK-*Grunewald*[3] Rdn 17.

[60] AusschussB § 323 bei *Kropff* S 427.

[61] S auch Emmerich/*Habersack* Aktien- und GmbH-Konzernrecht[6] § 323 Rdn 11; *Hüffer*[10] Rdn 7; Spindler/Stilz/*Singhof*[2] Rdn 10; vgl auch Begr RegE § 323 bei *Kropff* S 427.

[62] Klar Begr RegE § 312 bei *Kropff* S 411.

[63] Emmerich/*Habersack* Aktien- und GmbH-Konzernrecht[6] § 323 Rdn 11.

[64] S dazu nur GK-*Mülbert*[4] § 291 Rdn 135 für § 291 Abs 3.

[65] S dazu MK-*Grunewald*[3] Rdn 13; ferner Emmerich/*Habersack* Aktien- und GmbH-

Konzernrecht[6] § 324 Rdn 4; sowie zum Vertragskonzern *ders* in Goette/Habersack (Hrsg) Das MoMiG in Wissenschaft und Praxis, 2009, Rdn 5.33; Spindler/Stilz/*Singhof*[2] § 324 Rdn 3.

[66] Zweite gesellschaftrechtliche Richtlinie 77/91/EWG, ABl EG Nr L 26/77 S 1; konsolidierte Fassung online abrufbar unter http://eur-lex.europa.eu/de/index.htm.

[67] Zweifel an der Europarechtskonformität äußern etwa Schmidt/Lutter/*Langenbucher*[2] § 291 Rdn 73; Emmerich/*Habersack* Aktien- und GmbH-Konzernrecht[6] § 291 Rdn 78; *Habersack/Verse* Europäisches GesR[4] § 6 Rdn 49 (alle zu § 291 Abs 3). Zur vorangehenden Diskussion s etwa *Schön* FS Kropff, 1997, S 285 ff einerseits und *Nienhaus* Kapitalschutz in der Aktiengesellschaft mit atypischer Zwecksetzung, 2001, S 216 ff; *Werlauff* EU Company Law[2] S 283 andererseits.

---

Klaus Ulrich Schmolke

zernprivileg als konzernrechtliche Regelung außerhalb des Anwendungsbereichs der Kapitalrichtlinie.[68] Die Regelung entspricht derjenigen in § 291 Abs 3. Für weitere Einzelheiten s dort.[69]

# § 324
## Gesetzliche Rücklage. Gewinnabführung. Verlustübernahme

(1) Die gesetzlichen Vorschriften über die Bildung einer gesetzlichen Rücklage, über ihre Verwendung und über die Einstellung von Beträgen in die gesetzliche Rücklage sind auf eingegliederte Gesellschaften nicht anzuwenden.

(2) [1]Auf einen Gewinnabführungsvertrag, eine Gewinngemeinschaft oder einen Teilgewinnabführungsvertrag zwischen der eingegliederten Gesellschaft und der Hauptgesellschaft sind die §§ 293 bis 296, 298 bis 303 nicht anzuwenden. [2]Der Vertrag, seine Änderung und seine Aufhebung bedürfen der schriftlichen Form. [3]Als Gewinn kann höchstens der ohne die Gewinnabführung entstehende Bilanzgewinn abgeführt werden. [4]Der Vertrag endet spätestens zum Ende des Geschäftsjahrs, in dem die Eingliederung endet.

(3) Die Hauptgesellschaft ist verpflichtet, jeden bei der eingegliederten Gesellschaft sonst entstehenden Bilanzverlust auszugleichen, soweit dieser den Betrag der Kapitalrücklagen und der Gewinnrücklagen übersteigt.

*Übersicht*

**Schrifttum**

*Kropff* Gesellschaftsrechtliche Auswirkungen der Ausschüttungssperre in § 268 Abs. 8 HGB, FS Hüffer, 2010, S 539; *Praël* Eingliederung und Beherrschungsvertrag als körperschaftliche Rechtsgeschäfte, 1978; *Veit* Unternehmensverträge und Eingliederung als aktienrechtliche Instrumente der Unternehmensverbindung, 1974.

---

[68] In diesem Sinne Emmerich/*Habersack*, Aktien- und GmbH-Konzernrecht[6] § 323 Rdn 3 aE; ausführlicher auch GK-*Mülbert*[4] § 291 Rdn 138 (zu § 291 Abs 3). Zu den sich abzeichnenden Rechtsangleichungsmaßnahmen auch auf dem Gebiet des Konzernrechts s Aktionsplan der EU-Kommission:

Europäisches Gesellschaftsrecht und Corporate Governance – ein moderner Rechtsrahmen für engagierte Aktionäre und besser überlebensfähige Unternehmen, KOM (2012) 740 sub 3.2 und 4.6.

[69] GK-*Mülbert*[4] § 291 Rdn 133 ff.

## I. Grundlagen

### 1. Regelungsinhalt

Die Vorschrift regelt in Abs 1 und 3 den Zugriff der Hauptgesellschaft auf das Ver- **1** mögen der eingegliederten Gesellschaft. Nach Abs 1 sind die gesetzlichen Vorschriften über die Bildung einer gesetzlichen Rücklage, über ihre Verwendung sowie über die Einstellung von Beträgen in die gesetzliche Rücklage – in Bezug genommen sind damit die Regelungen in § 150 – auf die eingegliederte Gesellschaft nicht anwendbar. Während Abs 1 im Verein mit der umfassenden Weisungsbefugnis nach § 323 (für Einzelheiten s dort) den **uneingeschränkten Zugriff** der Hauptgesellschaft **auf das Vermögen der eingegliederten Gesellschaft** gewährt[1], schränkt Abs 3 diesen im Ergebnis durch eine Verlustausgleichspflicht der Hauptgesellschaft wieder ein: Soweit ein Bilanzverlust das Nettoaktivvermögen der eingegliederten Gesellschaft unter die Grundkapitalziffer sinken lässt, ist die Hauptgesellschaft zum Ausgleich der Differenz verpflichtet. Damit setzen Abs 1 und 3 die gesetzgeberische Vorstellung von der eingegliederten Gesellschaft als Betriebsabteilung der Hauptgesellschaft mit eigener Rechtspersönlichkeit in Bezug auf das Gesellschaftsvermögen um.[2] Abs 2 regelt schließlich die **Gewinnabführung eingegliederter Gesellschaften** an die Hauptgesellschaft, welche die „herrschaftsrechtlichen Wirkungen der Eingliederung in vermögensrechtlicher Hinsicht" ergänzt[3]. Die Vorschrift erleichtert dabei den Abschluss eines Gewinnabführungsvertrags, einer Gewinngemeinschaft oder eines Teilgewinnabführungsvertrags zwischen eingegliederter Gesellschaft und Hauptgesellschaft (Abs 2 Satz 1) „in jeder Weise". Dies geschieht vor allem deshalb, um mit Blick auf den Abschluss eines Gewinnabführungsvertrags im konkreten Fall eine steuerliche Organschaft iSd § 14 KStG zu ermöglichen.[4] Die Vorschrift ist allein in Abs 3 und dort nur geringfügig durch Art 2 Nr 73 des Bilanzrichtliniengesetzes (BiRiLiG) vom 19.12.1985[5] geändert worden.

### 2. Normzweck

§ 324 bildet zusammen mit § 323 eine Sinneinheit. Die beiden Vorschriften gestalten **2** die Organisations- und Finanzverfassung der eingegliederten Gesellschaft entsprechend dem Leitbild der „Betriebsabteilung" mit eigener Rechtspersönlichkeit um. In der Literatur wird die „Rollenverteilung" der beiden Vorschriften teils dahingehend beschrieben, dass § 323 die „organisatorische" Eingliederung herbeiführe, während § 324 für die „finanzielle" Eingliederung sorge.[6] Freilich gehört das in § 323 Abs 2 geregelte „Konzernprivileg" (s dazu § 323 Rdn 16) sicher noch zu den eingliederungsrechtlichen Modifikationen der Finanz- und nicht der Organisationsverfassung.[7] Die Regelung des § 324

---

[1] S KK-*Koppensteiner*[3] Rdn 1; zust *Hüffer*[10] Rdn 1; ferner Emmerich/*Habersack* Aktien- und GmbH-Konzernrecht[6] § 324 Rdn 1; Spindler/Stilz/*Singhof*[2] Rdn 1; MK-*Grunewald*[3] Rdn 1 (unter Verweis auf die Ausnahme der intendierten Gläubigerschädigung); vgl auch MünchHdb AG/*Krieger*[3] § 73 Rdn 63.

[2] S auch Emmerich/*Habersack* Aktien- und GmbH-Konzernrecht[6] § 324 Rdn 1.

[3] So Begr RegE § 324 bei *Kropff* S 428.

[4] Begr RegE § 324 bei Kropff S 429; ferner etwa *Hüffer*[10] Rdn 4.

[5] Gesetz zur Durchführung der Vierten, Siebten und Achten Richtlinie des Rates der Europäischen Gemeinschaften zur Koordinierung des Gesellschaftsrechts (Bilanzrichtlinien-Gesetz – BiRiLiG) BGBl I 2355.

[6] So *Hüffer*[10] Rdn 1; ähnlich Emmerich/*Habersack* Aktien- und GmbH-Konzernrecht[6] § 324 Rdn 1.

[7] Vgl insofern auch Emmerich/*Habersack*, Aktien- und GmbH-Konzernrecht[6] § 324 Rdn 3.

Klaus Ulrich Schmolke

gestaltet den bereits in § 323 angelegten Gedanken aus, dass die Hauptgesellschaft uneingeschränkten Zugriff auf das Vermögen der eingegliederten Gesellschaft hat, der lediglich in der Verpflichtung seine Grenze findet, das Nettoaktivvermögen der eingegliederten Gesellschaft auf Dauer nicht unter die Grundkapitalziffer sinken zu lassen (s bereits Rdn 1). Hierin liegt ein signifikanter Unterschied zur Regelung beim Beherrschungs- und Gewinnabführungsvertrag, wo die beherrschte (bzw ihren Gewinn abführende) Gesellschaft zur Bildung einer gesetzlichen Rücklage nach Maßgabe des § 300 verpflichtet bleibt und das herrschende Unternehmen seinerseits gem § 302 eine Verlustausgleichspflicht trifft, welche sicherstellen soll, dass das Anfangsvermögen der Gesellschaft während der Vertragsdauer erhalten bleibt.[8] Auf den hiermit verbundenen Schutz der außenstehenden Aktionäre und der Gläubiger kann bei der eingegliederten Gesellschaft verzichtet werden: Außenstehende Aktionäre sind nicht vorhanden und die Gläubiger der eingegliederten Gesellschaft werden durch die Sicherheitsleistung nach § 321 sowie die Mithaftung nach § 322 ausreichend geschützt. Insbesondere bleibt die (selbst nicht eingegliederte) Hauptgesellschaft ihrerseits verpflichtet, die gesetzlichen Regelungen zur Bildung und Erhaltung der gesetzlichen Rücklage einzuhalten.[9]

**3**　　Vor diesem Hintergrund wird die Regelung in Abs 3 zutreffend als überflüssig kritisiert.[10] Schutzwürdige Aktionärs- oder Gläubigerinteressen sind auch mit Blick auf die mögliche spätere Beendigung der Eingliederung[11] nicht betroffen.[12] Der Hinweis in den Gesetzesmaterialien, dass durch Abs 3 verhindert werden solle, „daß die eingegliederte Gesellschaft ständig ein ihr Grundkapital nicht erreichendes Reinvermögen ausweist"[13], begründet die Regelung lediglich mit ihrem Ergebnis. Wenig weiter trägt auch der Hinweis auf abstrakte „rechtspolizeiliche Interessen".[14]

## II. Keine Pflicht zur Bildung oder Erhaltung einer gesetzlichen Rücklage (Abs 1)

**4**　　Nach Abs 1 muss die eingegliederte Gesellschaft aus den dargelegten Gründen (Rdn 2) keine gesetzliche Rücklage bilden, ausstatten oder erhalten. Auf sie finden daher weder § 150 noch § 300 Anwendung. Für § 300 gilt dies auch dann, wenn zwischen eingegliederter Gesellschaft und Hauptgesellschaft einer der in Abs 2 genannten Unternehmensverträge (s dazu näher Rdn 7 f) abgeschlossen worden ist.[15] Dies ergibt sich schon daraus, dass § 300 die Bildung einer gesetzlichen Rücklage voraussetzt, wovon Abs 1 die eingegliederte Gesellschaft aber gerade freistellt.[16]

[8] S dazu *Würdinger* in Vorauflage, dort Einleitung zu § 324.

[9] S etwa *Würdinger* in Vorauflage Einleitung zu § 324; Emmerich/*Habersack* Aktien- und GmbH-Konzernrecht[6] § 324 Rdn 2; *Hüffer*[10] Rdn 1; KK-*Koppensteiner*[3] Rdn 2; vgl aber auch Schmidt/Lutter/*Ziemons*[2] Rdn 1.

[10] S etwa Emmerich/*Habersack* Aktien- und GmbH-Konzernrecht[6] § 324 Rdn 2; KK-*Koppensteiner*[3] Rdn 3; *Praël* Eingliederung, 1978, S 99 f.

[11] S zu diesem Argument Spindler/Stilz/*Singhof*[2] Rdn 1; ähnlich *Veit* Unternehmensverträge und Eingliederung, 1974, S 106 f;

vgl auch Schmidt/Lutter/*Ziemons*[2] Rdn 1 mit 18.

[12] KK-*Koppensteiner*[3] Rdn 3; gleichsinnig Emmerich/*Habersack* Aktien- und GmbH-Konzernrecht[6] § 324 Rdn 2.

[13] Begr RegE § 324 bei *Kropff* S 429.

[14] So aber *Hüffer*[10] Rdn 1.

[15] Unstr, s etwa *Würdinger* in Vorauflage Anm 1; Emmerich/*Habersack* Aktien- und GmbH-Konzernrecht[6] § 324 Rdn 3; *Hüffer*[10] Rdn 2; MünchHdb AG/*Krieger*[3] § 73 Rdn 65; Spindler/Stilz/*Singhof*[2] Rdn 2.

[16] S auch *Hüffer*[10] Rdn 2; Spindler/Stilz/*Singhof*[2] Rdn 2.

Neben den Regeln über die Bildung (§ 150 Abs 1) und Dotierung (§ 150 Abs 2) einer **5** gesetzlichen Rücklage werden auch die Vorschriften über die *Verwendung* der gesetzlichen Rücklage (§ 150 Abs 3 und 4) für nicht anwendbar erklärt. Die eingegliederte Gesellschaft ist also berechtigt, eine vorhandene gesetzliche Rücklage aufzulösen und als Teil des Bilanzgewinns an die Hauptgesellschaft abzuführen.[17]

Abs 1 betrifft nur die *gesetzlichen* Regelungen über Bildung, Verwendung und Dotie- **6** rung der gesetzlichen Rücklage. Enthält die **Satzung** der eingegliederten Gesellschaft Bestimmungen zur Rücklagenbildung, so gelten diese auch nach Vollzug der Eingliederung fort.[18] Der Hauptgesellschaft bleibt es natürlich unbenommen, die einschlägigen Satzungsbestimmungen aufzuheben.[19] Ferner gilt Abs 1 nur für die Bestimmungen über die *gesetzliche* Rücklage. Auf die **Kapitalrücklage** iSd § 272 Abs 2 HGB ist die Vorschrift hingegen nicht, auch nicht entsprechend anzuwenden.[20] Dies zeigt auch ein Seitenblick auf Abs 3. Aufgrund der dortigen Einbeziehung der Kapitalrücklage kommt ihrer Ausklammerung im Rahmen des Abs 1 jedoch keine besondere praktische Bedeutung zu.[21]

### III. Vertragliche Gewinnabführungspflichten bei Eingliederung (Abs 2)

#### 1. Erleichterungen für bestimmte Unternehmensverträge (Abs 2 Satz 1 und 2)

Die Eingliederung begründet zwar keine Gewinnabführungspflicht für die eingeglie- **7** derte Gesellschaft. Jedoch kann die Hauptgesellschaft jederzeit qua Weisung gem § 323 Abs 1 Satz 1 auf das Vermögen der eingegliederten Gesellschaft, einschließlich des Gewinns zugreifen (s § 323 Rdn 5).[22] Aus diesem Grunde führt der Abschluss eines **Gewinnabführungsvertrags** zu keiner strukturellen Veränderung des Eingliederungskonzerns.[23] Die Erleichterungen, welche Abs 1 Satz 1 und 2 für den Abschluss und die Durchführung eines Gewinnabführungsvertrags vorsehen, dienen denn auch keinen gesellschaftsrechtlichen Zwecken, sondern haben die **reibungslose Begründung einer steuerlichen Organschaft** iSd § 14 KStG im Blick.[24] Vor diesem Hintergrund besteht kein praktisches Bedürfnis für den Abschluss einer ebenfalls in Abs 2 Satz 1 genannten

---

[17] Unstr, s nur *Würdinger* in Vorauflage Anm 2; Emmerich/*Habersack* Aktien- und GmbH-Konzernrecht[6] § 324 Rdn 3; *Hüffer*[10] Rdn 2; KK-*Koppensteiner*[3] Rdn 4; MK-*Grunewald*[3] Rdn 2; MünchHdb AG/*Krieger*[3] § 73 Rdn 64; Spindler/Stilz/*Singhof*[2] Rdn 2.

[18] Begr RegE § 324 bei *Kropff* S 428; *Würdinger* in Vorauflage Anm 2; Emmerich/*Habersack* Aktien- und GmbH-Konzernrecht[6] § 324 Rdn 4; *Hüffer*[10] Rdn 2; KK-*Koppensteiner*[3] Rdn 4; MK-*Grunewald*[3] Rdn 2; MünchHdb AG/*Krieger*[3] § 73 Rdn 64; Spindler/Stilz/*Singhof*[2] Rdn 2.

[19] *Würdinger* in Vorauflage Anm 2; *Hüffer*[10] Rdn 2; Spindler/Stilz/*Singhof*[2] Rdn 2.

[20] Unstr, s Emmerich/*Habersack* Aktien- und GmbH-Konzernrecht[6] § 324 Rdn 4; *Hüffer*[10] Rdn 3; KK-*Koppensteiner*[3] Rdn 5; MK-*Grunewald*[3] Rdn 3; MünchHdb

AG/*Krieger*[3] § 73 Rdn 64; Spindler/Stilz/*Singhof*[2] Rdn 2.

[21] S etwa Emmerich/*Habersack* Aktien- und GmbH-Konzernrecht[6] § 324 Rdn 4; *Hüffer*[10] Rdn 3; MünchHdb AG/*Krieger*[3] § 73 Rdn 64.

[22] S statt aller *Würdinger* in Vorauflage Anm 4a.

[23] So ausdrücklich Emmerich/*Habersack*, Aktien- und GmbH-Konzernrecht[6] § 324 Rdn 5; vgl auch KK-*Koppensteiner*[3] Rdn 9; MünchHdb AG/*Krieger*[3] § 73 Rdn 65.

[24] *Würdinger* in Vorauflage Anm 4a; ferner Emmerich/*Habersack* Aktien- und GmbH-Konzernrecht[6] § 324 Rdn 5; *Hüffer*[10] Rdn 4; KK-*Koppensteiner*[3] Rdn 9; MK-*Grunewald*[3] Rdn 4; MünchHdb AG/*Krieger*[3] § 73 Rdn 65; Spindler/Stilz/*Singhof*[2] Rdn 4; vgl auch Begr RegE § 324 bei *Kropff* S 428.

Klaus Ulrich Schmolke

Gewinngemeinschaft (§ 292 Abs 1 Nr 1)[25] oder eines Teilgewinnabführungsvertrags (§ 292 Abs 1 Nr 2)[26]: Deren Ergebnis lässt sich ebenso mittels Weisung herbeiführen, ihr Abschluss begründet jedoch keine steuerliche Organschaft[27].[28] Insofern nimmt Abs 1 – wieder konsequent – auch keine Betriebspacht oder -überlassung (§ 292 Abs 1 Nr 3) in Bezug.[29] Nichts anderes gilt für den Beherrschungsvertrag (§ 291 Abs 1 Nr 1), der neben der Eingliederung keinen zusätzlichen Nutzen stiftet.[30]

**8**      Nach Abs 2 Satz 1 finden die §§ 293 bis 296 und 298 bis 303 auf einen Gewinnabführungsvertrag (oder eine Gewinngemeinschaft oder einen Teilgewinnabführungsvertrag) zwischen der eingegliederten Gesellschaft und der Hauptgesellschaft keine Anwendung. Die §§ 304 bis 306 sind schon mangels außenstehender Aktionäre nicht anwendbar.[31] Der Ausschluss der §§ 293 bis 294, 298 entlastet den Abschluss des Vertrags nicht nur von den dort geregelten Beschluss-, Berichts- und Prüferfordernissen, sondern dispensiert auch von der Anmeldung und Eintragung in das Handelsregister. Die Nichtanwendbarkeit der §§ 295, 296 erleichtert hingegen die Vertragsänderung und -aufhebung. Aus Gründen der Rechtssicherheit und -klarheit besteht Abs 2 Satz 2 aber immerhin auf der Schriftform des Vertrages sowie seiner Änderung oder Aufhebung.[32] An die Stelle der §§ 300 bis 303 tritt bei der Eingliederung das Gläubigerschutzsystem der §§ 321, 322, 324 Abs 2 Satz 3, Abs 3.[33] § 307 wird durch §§ 327 Abs 1 Nr 3, 324 Abs 2 Satz 4 (s dazu noch Rdn 12) ersetzt.[34] Allein § 297 bleibt auch bei der Eingliederung anwendbar (s dazu Rdn 11).

## 2. Begrenzung der Gewinnabführung auf den fiktiven Bilanzgewinn (Abs 2 Satz 3)

**9**      Gem Abs 2 Satz 3 kann als vertraglich abzuführender Gewinn höchstens der ohne die Gewinnabführung entstehende **Bilanzgewinn** bestimmt werden. Die Vorschrift verweist damit auf § 158 Abs 1 Satz 1 Nr 5. Diese Begrenzung der vertraglich vereinbarten Gewinnabführung geschieht mit Blick auf die Verlustausgleichspflicht nach Abs 3 (s dazu Rdn 13): Die Hauptgesellschaft hat danach ein Nettoaktivvermögen der eingegliederten Gesellschaft in Höhe der Grundkapitalziffer zu gewährleisten. Dem liefe eine vertragliche Verpflichtung zur Gewinnabführung zuwider, welche das Nettoaktivvermögen unter diese Grenze fallen ließe.[35]

**10**     Die Höchstgrenze der Gewinnabführung nach Abs 2 Satz 3 ist höher als der in § 301 bestimmte Höchstbetrag, der nämlich um einen etwaigen Verlustvortrag aus dem Vorjahr

---

[25] Für Einzelheiten dazu s GK-*Mülbert*[4] § 292 Rdn 58 ff.

[26] Für Einzelheiten s GK-*Mülbert*[4] § 292 Rdn 80 ff.

[27] S nur GK-*Mülbert*[4] § 292 Rdn 59 und 82 jew mwN.

[28] Ganz zutr KK-*Koppensteiner*[3] Rdn 8 mit 9; s auch *Würdinger* in Vorauflage Anm 4b für die Gewinngemeinschaft.

[29] KK-*Koppensteiner*[3] Rdn 8.

[30] *Würdinger* in Vorauflage § 323 Anm 3; ferner Emmerich/*Habersack* Aktien- und GmbH-Konzernrecht[6] § 324 Rdn 8; KK-*Koppensteiner*[3] Rdn 8; MK-*Grunewald*[3] Rdn 8; Spindler/Stilz/*Singhof*[2] Rdn 7. Zur Beendigung eines bestehenden Beherr-

schungsvertrags durch die Eingliederung s § 320 Rdn 18.

[31] KK-*Koppensteiner*[3] Rdn 7.

[32] S dazu etwa Emmerich/*Habersack* Aktien- und GmbH-Konzernrecht[6] § 324 Rdn 6; *Hüffer*[10] Rdn 4; MünchHdb AG/*Krieger*[3] § 73 Rdn 65.

[33] S nur Emmerich/*Habersack* Aktien- und GmbH-Konzernrecht[6] § 324 Rdn 5; MK-*Grunewald*[3] Rdn 4; Spindler/Stilz/*Singhof*[2] Rdn 4.

[34] Emmerich/*Habersack* Aktien- und GmbH-Konzernrecht[6] § 324 Rdn 5; MK-*Grunewald*[3] Rdn 7; KK-*Koppensteiner*[3] Rdn 7; Spindler/Stilz/*Singhof*[2] Rdn 4.

[35] KK-*Koppensteiner*[3] Rdn 10.

und den nach § 300 in die gesetzlichen Rücklagen einzustellenden Betrag vermindert ist. Abs 2 Satz 3 verzichtet hierauf konsequenterweise, da nach Abs 1 keine Bildung und Dotierung gesetzlicher Rücklagen bei der eingegliederten Gesellschaft vorgesehen und die Auflösung und Ausschüttung vorhandener Rücklagen zulässig ist (Rdn 4 f). Die Nichtnennung der im Zuge des BilMoG[36] eingeführten und nach § 301 Satz 1 zu berücksichtigende Ausschüttungssperre des § 268 Abs 8 HGB lässt sich mit der ebenfalls nicht geltenden Ausschüttungssperre der gesetzliche Rücklage sowie – letztlich maßgeblich – der für den Gläubigerschutz ausreichenden Mithaftung der Hauptgesellschaft gem § 322 begründen.[37] Gleichwohl wird teilweise mit Blick auf die Geltung von § 268 Abs 8 HGB bei der „normalen" Gewinnausschüttung ohne Gewinnabführungsvertrag für einen Gleichlauf plädiert und das Schweigen des Gesetzes insofern als Redaktionsversehen eingeordnet.[38] Nimmt man die Regelung in Abs 3 ernst, ist diese Deutung nur konsequent (s auch soeben Rdn 9). Die Zweifel an der Sinnhaftigkeit des Abs 3 und dem dort vorgesehenen Schutz des Grundkapitals der eingegliederten Gesellschaft (s Rdn 3) sprechen jedoch letztlich eher dafür, Abs 2 Satz 3 beim Wort zu nehmen, die Ausschüttungssperre in § 268 Abs 8 HGB also nicht zu berücksichtigen. Gleich wie man Abs 2 Satz 3 in dieser Hinsicht auslegt, bleibt es der Hauptgesellschaft unbenommen, mittels Weisung nach § 323 Abs 1 Satz 1 – also außervertraglich – auch auf das nicht dem Bilanzgewinn zuordnenbare Vermögen der eingegliederten Gesellschaft zuzugreifen (s § 323 Rdn 5).[39]

### 3. Vertragsbeendigung (Abs 2 Satz 4)

Von der Nichtanwendbarkeit der §§ 293 ff nimmt Abs 1 Satz 1 allein § 297 aus. Die **11** eingegliederte Gesellschaft ist demnach berechtigt, den Unternehmensvertrag aus wichtigem Grund zu kündigen (§ 297 Abs 1).[40] Da die eingegliederte Gesellschaft durch den Wegfall der unternehmensvertraglichen Bindung aber in aller Regel keine Vorteile erlangt, wird ein wichtiger Grund regelmäßig nicht vorliegen.[41] Die Hauptgesellschaft kann ihrerseits die eingegliederte Gesellschaft anweisen, einer Vertragsaufhebung zuzustimmen. § 299 findet gem Abs 2 Satz 1 keine Anwendung.

Nach Abs 2 Satz 4 **endet** der Gewinnabführungsvertrag (oder die Gewinngemein- **12** schaft oder der Teilgewinnabführungsvertrag) **kraft Gesetzes** spätestens zum Ende des Geschäftsjahres, in dem die Eingliederung endet. Diese Verknüpfung von Eingliederungsende und Vertragsbeendigung beruht auf zweierlei: Zum einen verliert die über den in § 301 definierten Umfang hinausgehende Gewinnabführung mit dem Wegfall der Eingliederung und dem damit verbundenen Gläubigerschutz namentlich durch § 322 ihre Legitimation.[42] Dies gilt zum anderen aber auch für den Dispens von den gesetzlichen

---

[36] Gesetz zur Modernisierung des Bilanzrechts (Bilanzrechtsmodernisierungsgesetz – BilMoG) vom 25. Mai 2009, BGBl I 1102.

[37] S zu dieser Erwägung *Kropff*, FS Hüffer, 2010, S 539, 552.

[38] *Kropff*, FS Hüffer, 2010, S 539, 552; zust *Hüffer*[10] Rdn 5; Spindler/Stilz/*Singhof*[2] Rdn 5.

[39] S etwa Emmerich/*Habersack* Aktien- und GmbH-Konzernrecht[6] § 324 Rdn 7; *Hüffer*[10] Rdn 5; MK-*Grunewald*[3] Rdn 7; KK-*Koppensteiner*[3] Rdn 10; Spindler/Stilz/*Singhof*[2] Rdn 5.

[40] Dies muss sie innerhalb angemessener Frist nach Kenntnis des Kundigungsgrundes tun, s etwa OLG München Beschl v 21.3.2011 – 31 Wx 80/11, AG 2011, 467, 468 = ZIP 2012, 133.

[41] Emmerich/*Habersack* Aktien- und GmbH-Konzernrecht[6] § 324 Rdn 5; *Hüffer*[10] Rdn 6; KK-*Koppensteiner*[3] Rdn 11; MK-*Grunewald*[3] Rdn 5; Spindler/Stilz/*Singhof*[2] Rdn 4; ferner *Veit* Unternehmensverträge und Eingliederung, 1974, S 170.

[42] Begr RegE § 324 bei *Kropff* S 428; ferner Emmerich/*Habersack* Aktien- und GmbH-

Vorgaben der §§ 293 ff über das Zustandekommen des Unternehmensvertrags. Eine Vertragsklausel, die für den Fall der Beendigung der Eingliederung den Fortbestand des Vertrages nach Maßgabe der §§ 300 ff vorsieht, ist daher unwirksam.[43]

## IV. Verlustausgleichspflicht der Hauptgesellschaft (Abs 3)

**13**     Die Hauptgesellschaft trifft nach Abs 3 die Pflicht, jeden bei der eingegliederten Gesellschaft sonst entstehenden Bilanzverlust auszugleichen, soweit dieser den Betrag der Kapitalrücklagen und der Gewinnrücklagen übersteigt. Auszugleichen sind also nur solche **Verluste, die das Nettoaktivvermögen unter den Betrag der Grundkapitalziffer senken** (s bereits Rdn 1). Die Unterschiede zu § 302[44] ergeben sich auch hier aus dem allein bei der Eingliederung gewährten Gläubigerschutz durch Mithaftung der Hauptgesellschaft nach § 322, der eine Verlustausgleichspflicht wohl überhaupt entbehrlich gemacht hätte (s Rdn 3). Ein Jahresfehlbetrag der eingegliederten Gesellschaft kann insbesondere durch Auflösung ihrer Rücklagen, insbesondere auch der gesetzlichen Rücklage (s Abs 1, dazu Rdn 5), ausgeglichen werden.[45] Ein Verlustausgleich nach Abs 3 ist auch dann entbehrlich, wenn die Differenz zwischen Nettoaktivvermögen und Grundkapitalziffer durch (vereinfachte) Kapitalherabsetzung beseitigt werden kann.[46] Von der Verlustausgleichspflicht gänzlich unberührt bleiben die insolvenzrechtlichen Regeln der §§ 39 Abs 1 Nr 5, 44a, 135 InsO über Gesellschafterdarlehen (s bereits § 323 Rdn 16).

# § 325
## (aufgehoben)

    Die Vorschrift des § 325 befreite die eingegliederte Gesellschaft von der Pflicht, ihren Jahresabschluss einzureichen und bekanntzumachen (§ 177 aF), wenn sie in einen von der Hauptgesellschaft aufgestellten (Teil-)Konzernabschluss einbezogen wurde.[1] § 325 wurde durch Art 2 Nr 74 des BiRiLiG vom 19.12.1985[2] aufgehoben (s dazu bereits Vor § 319 Rdn 3).

---

Konzernrecht[6] § 324 Rdn 6; *Hüffer*[10] Rdn 6; KK-*Koppensteiner*[3] Rdn 11; s aber auch MK-*Grunewald*[3] Rdn 6.

[43] Emmerich/*Habersack* Aktien- und GmbH-Konzernrecht[6] § 324 Rdn 6; *Hüffer*[10] Rdn 6; KK-*Koppensteiner*[3] Rdn 11; MK-*Grunewald*[3] Rdn 6; Spindler/Stilz/*Singhof*[2] Rdn 6; s auch Schmidt/Lutter/*Ziemons*[2] Rdn 13.

[44] S für Einzelheiten die Kommentierung in GK-*Hirte*[4] § 302.

[45] Begr RegE § 324 bei *Kropff* S 428 f; ferner *Würdinger* in Vorauflage Anm 5; Emmerich/*Habersack* Aktien- und GmbH-Konzernrecht[6] § 324 Rdn 9; *Hüffer*[10] Rdn 7; KK-*Koppensteiner*[3] Rdn 12; MK-*Grunewald*[3] Rdn 10; MünchHdb AG/*Krieger*[3] § 73 Rdn 66; Spindler/Stilz/*Singhof*[2] Rdn 8.

[46] *Würdinger* in Vorauflage Anm 6; Emmerich/*Habersack* Aktien- und GmbH-Konzernrecht[6] § 324 Rdn 9; *Hüffer*[10] Rdn 7; KK-*Koppensteiner*[3] Rdn 12; MK-*Grunewald*[3] Rdn 10; MünchHdb AG/*Krieger*[3] § 73 Rdn 66; Spindler/Stilz/*Singhof*[2] Rdn 8.

[1] S hierzu Begr RegE § 325 bie *Kropff* S 429 f; für Einzelheiten *Würdinger* in Vorauflage.

[2] Gesetz zur Durchführung der Vierten, Siebenten und Achten Richtlinie des Rates der Europäischen Gemeinschaften zur Koordinierung des Gesellschaftsrechts (Bilanzrichtlinien-Gesetz – BiRiLiG), BGBl I 2355.

# §326
## Auskunftsrecht der Aktionäre der Hauptgesellschaft

**Jedem Aktionär der Hauptgesellschaft ist über Angelegenheiten der eingegliederten Gesellschaft ebenso Auskunft zu erteilen wie über Angelegenheiten der Hauptgesellschaft.**

*Übersicht*

**Schrifttum**

*Kort* Das Informationsrecht des Gesellschafters der Konzernobergesellschaft, ZGR 1987, 46; *Spitze/Diekmann* Verbundene Unternehmen als Gegenstand des Interesses von Aktionären, ZHR 158 (1994), 447; *Veit* Unternehmensverträge und Eingliederung als aktienrechtliche Instrumente der Unternehmensverbindung, 1974; *Vossel* Auskunftsrechte im Aktienkonzern, 1996.

## I. Inhaltliche Erweiterung des Auskunftsrechts nach § 131

Die Vorschrift erweitert das allgemeine **Auskunftsrecht der Aktionäre der Hauptgesellschaft** nach § 131 auf die Angelegenheiten der eingegliederten Gesellschaft. Ihnen ist „über diese Angelegenheiten so Auskunft zu erteilen, als ob sie Aktionäre der eingegliederten Gesellschaft wären."[1] Das Gesetz trägt damit dem Umstand Rechnung, dass die eingegliederte Gesellschaft wirtschaftlich ein Teil der Hauptgesellschaft ist, ähnlich einer Betriebsabteilung.[2] Die hL erstreckt das Auskunftsrecht der Hauptgesellschaftsaktionäre auch auf die Angelegenheiten von Töchtern der eingegliederten Gesellschaft, sofern diese ihrerseits eingegliedert sind (sog **„Informationsdurchgriff"** im mehrstufigen Eingliederungskonzern).[3] Fehlt es an dieser (weiteren) Eingliederung kann über die Tochtergesellschaften der eingegliederten Gesellschaft nur in dem Umfang Auskunft verlangt werden, wie wenn es sich um Töchter der Hauptgesellschaft handelte.[4] **1**

Für weitere Einzelheiten zum inhaltlichen Umfang des Auskunftsrechts kann auf die Regelung des § 131 (s dort) verwiesen werden. Es gilt namentlich § 131 Abs 3, so dass **2**

---

[1] Begr RegE § 326 bei *Kropff* S 431; s auch Emmerich/*Habersack* Aktien- und GmbH-Konzernrecht[6] § 326 Rdn 1; *Hüffer*[10] Rdn 1; KK-*Koppensteiner*[3] Rdn 1; MK-*Grunewald*[3] Rdn 1; MünchHdb AG/*Krieger*[3] § 73 Rdn 68; Spindler/Stilz/*Singhof*[2] Rdn 1; abw Schmidt/Lutter/*Ziemons*[2] Rdn 1 (§ 326 sei keine Erweiterung von § 131).

[2] Begr RegE § 326 bei *Kropff* S 431; s etwa auch Emmerich/*Habersack* Aktien- und GmbH-Konzernrecht[6] § 326 Rdn 1, 3; *Kort* ZGR 1987, 46, 55; *Vossel* Auskunftsrechte S 136 f.

[3] Emmerich/*Habersack* Aktien- und GmbH-Konzernrecht[6] § 326 Rdn 3 (analog § 326); KK-*Koppensteiner*[3] Rdn 1; MK-*Grunewald*[3] Rdn 3; Schmidt/Lutter/*Ziemons*[2] Rdn 5; Spindler/Stilz/*Singhof*[2] Rdn 3; **ablehnend** *Hüffer*[10] Rdn 3.

[4] S Emmerich/*Habersack* Aktien- und GmbH-Konzernrecht[6] § 326 Rdn 3; MK-*Grunewald*[3] Rdn 3; Spindler/Stilz/*Singhof*[2] Rdn 3; näher *Kort* ZGR 1987, 46, 54 f.

Klaus Ulrich Schmolke

die Auskunft verweigert werden darf, wenn sie vom Vorstand der eingegliederten Gesellschaft nicht erteilt zu werden brauchte.[5] Insbesondere gilt § 131 Abs 3 Satz 1 Nr 1 uneingeschränkt; anders als beim Auskunftsrecht nach § 319 Abs 3 Satz 5 (s dazu § 319 Rdn 30) fordert der Normzweck hier kein Zurückschneiden des Auskunftsverweigerungsrechts.[6]

## II. Auskunftspflichtiger

**3**　　Schuldner des Auskunftsanspruchs ist die **Hauptgesellschaft**.[7] Die Auskunftserteilung erfolgt durch den Vorstand für die Gesellschaft (s § 131 Abs 1 Satz 1).[8] Zur Erlangung der erforderlichen Informationen über die eingegliederte Gesellschaft steht der Hauptgesellschaft das Weisungsrecht aus § 323 Abs 1 iVm 308 Abs 2 Satz 1, Abs 3 zu (für Einzelheiten s dort).[9] Der Vorstand darf sich zur Auskunftserteilung einer Hilfsperson, namentlich des Vorstands der eingegliederten Gesellschaft bedienen, sofern und soweit nur hinreichend klar erkennbar ist, dass er sich deren Auskunft als eigene zurechnen lässt.[10] Der Zustimmung der Aktionäre bedarf es hierfür nicht.[11]

## III. Annex: Erweiterung der Berichtspflicht nach § 90

**4**　　Der Gesetzgeber hat von einer ausdrücklichen Einbeziehung der eingegliederten Gesellschaft in die Berichtspflichten des Vorstands der Hauptgesellschaft gegenüber seinem Aufsichtsrat nach § 90 bewusst abgesehen. Er hielt dies – ganz zutreffend – für entbehrlich, weil aus dem Zweck dieses Berichts und dem Charakter der Eingliederung als „wirtschaftlicher Quasi-Verschmelzung" ohne Weiteres folgt, dass über die eingegliederte Gesellschaft „ähnlich wie über eine Betriebsabteilung der Hauptgesellschaft" zu berichten ist.[12]

---

[5] Begr RegE § 326 bei *Kropff* S 431; ferner Emmerich/*Habersack* Aktien- und GmbH-Konzernrecht[6] § 326 Rdn 3; *Hüffer*[10] Rdn 3; MünchHdb AG/*Krieger*[3] § 73 Rdn 68; *Spitze/Diekmann* ZHR 158 (1994), 447, 451.

[6] Zutr Emmerich/*Habersack* Aktien- und GmbH-Konzernrecht[6] § 326 Rdn 3; s auch Spindler/Stilz/*Singhof*[2] Rdn 3.

[7] *Hüffer*[10] Rdn 2; Spindler/Stilz/*Singhof*[2] Rdn 2.

[8] Emmerich/*Habersack* Aktien- und GmbH-Konzernrecht[6] § 326 Rdn 2; *Hüffer*[10] Rdn 2; KK-*Koppensteiner*[3] Rdn 2; MK-*Grunewald*[3] Rdn 5; MünchHdb AG/*Krieger*[3] § 73 Rdn 68; Spindler/Stilz/*Singhof*[2] Rdn 2.

[9] *Hüffer*[10] Rdn 2; KK-*Koppensteiner*[3] Rdn 2.

[10] Emmerich/*Habersack* Aktien- und GmbH-Konzernrecht[6] § 326 Rdn 2; *Hüffer*[10] Rdn 2; MK-*Grunewald*[3] Rdn 5; MünchHdb AG/*Krieger*[3] § 73 Rdn 68; Schmidt/Lutter/*Ziemons*[2] Rdn 4; Spindler/Stilz/*Singhof*[2] Rdn 2.

[11] So aber KK-*Koppensteiner*[3] Rdn 2; s auch Baumbach/*Hueck*[13] Rdn 2; *Veit* Unternehmensverträge und Eingliederung, 1974, S 169 (Möglichkeit des Widerspruchs seitens der Aktionäre); wie hier etwa MK-*Grunewald*[3] Rdn 3; Spindler/Stilz/*Singhof*[2] Rdn 2. *Hüffer*[10] Rdn 2 begründet diese hM damit, dass § 131 Abs 1 Satz 1 lediglich die Zuständigkeit des Vorstands, nicht aber die Person des Verpflichteten bestimme. Freilich wäre auch eine – tatsächlich nicht gegebene – zwingende „höchstpersönliche" Zuständigkeit des Vorstands denkbar.

[12] Begr RegE § 326 bei *Kropff* S 431; zust etwa Emmerich/*Habersack* Aktien- und GmbH-Konzernrecht[6] § 326 Rdn 1; *Hüffer*[10] Rdn 1; KK-*Koppensteiner*[3] Rdn 3; MK-*Grunewald*[3] Rdn 6; MünchHdb AG/*Krieger*[3] § 73 Rdn 67; Spindler/Stilz/*Singhof*[2] Rdn 1.

# § 327
# Ende der Eingliederung

(1) Die Eingliederung endet
1. durch Beschluß der Hauptversammlung der eingegliederten Gesellschaft,
2. wenn die Hauptgesellschaft nicht mehr eine Aktiengesellschaft mit Sitz im Inland ist,
3. wenn sich nicht mehr alle Aktien der eingegliederten Gesellschaft in der Hand der Hauptgesellschaft befinden,
4. durch Auflösung der Hauptgesellschaft.

(2) Befinden sich nicht mehr alle Aktien der eingegliederten Gesellschaft in der Hand der Hauptgesellschaft, so hat die Hauptgesellschaft dies der eingegliederten Gesellschaft unverzüglich schriftlich mitzuteilen.

(3) Der Vorstand der bisher eingegliederten Gesellschaft hat das Ende der Eingliederung, seinen Grund und seinen Zeitpunkt unverzüglich zur Eintragung in das Handelsregister des Sitzes der Gesellschaft anzumelden.

(4) [1]Endet die Eingliederung, so haftet die frühere Hauptgesellschaft für die bis dahin begründeten Verbindlichkeiten der bisher eingegliederten Gesellschaft, wenn sie vor Ablauf von fünf Jahren nach dem Ende der Eingliederung fällig und daraus Ansprüche gegen die frühere Hauptgesellschaft in einer in § 197 Abs. 1 Nr. 3 bis 5 des Bürgerlichen Gesetzbuchs bezeichneten Art festgestellt sind oder eine gerichtliche oder behördliche Vollstreckungshandlung vorgenommen oder beantragt wird; bei öffentlich-rechtlichen Verbindlichkeiten genügt der Erlass eines Verwaltungsakts. [2]Die Frist beginnt mit dem Tag, an dem die Eintragung des Endes der Eingliederung in das Handelsregister nach § 10 des Handelsgesetzbuchs bekannt gemacht worden ist. [3]Die für die Verjährung geltenden §§ 204, 206, 210, 211 und 212 Abs. 2 und 3 des Bürgerlichen Gesetzbuchs sind entsprechend anzuwenden. [4]Einer Feststellung in einer in § 197 Abs. 1 Nr. 3 bis 5 des Bürgerlichen Gesetzbuchs bezeichneten Art bedarf es nicht, soweit die frühere Hauptgesellschaft den Anspruch schriftlich anerkannt hat.

*Übersicht*

## Schrifttum

*Veit* Unternehmensverträge und Eingliederung als aktienrechtliche Instrumente der Unternehmensverbindung, 1974.

## I. Grundlagen

**1** Die Vorschrift regelt das Ende der Eingliederung. Abs 1 listet die Gründe auf, aus denen die Eingliederung endet. Die Aufzählung ist grundsätzlich abschließend, muss aber noch um solche Gründe ergänzt werden, welche die Voraussetzungen des § 319 für die *eingegliederte Gesellschaft* entfallen lassen.[1] Abs 2 statuiert für den Beendigungsgrund des Abs 1 Nr 3 eine Unterrichtungspflicht der Hauptgesellschaft gegenüber der eingegliederten Gesellschaft, damit deren Vorstand vom Ende der Eingliederung Kenntnis erlangt.[2] Denn dieser hat das Ende der Eingliederung nach Abs 3 zur Eintragung in das Handelsregister anzumelden. Die dortige Verlautbarung dient dem Schutz der Gläubiger.[3] Denn mit der Eingliederung endet auch die Mithaftung der Hauptgesellschaft nach § 322. Für die bis dahin begründeten Verbindlichkeiten der eingegliederten Gesellschaft haftet die bisherige Hauptgesellschaft nach Abs 4, wenn sie binnen fünf Jahren nach Bekanntmachung der Eintragung des Eingliederungsendes fällig geworden und daraus Ansprüche gegen die frühere Hauptgesellschaft tituliert worden sind (Nachhaftung). Eine weitergehende Sicherung der Existenzfähigkeit der ehedem eingegliederten Gesellschaft für die Zeit nach Beendigung der Eingliederung sieht das Gesetz nicht vor.[4]

**2** Die Abs 1 bis 3 der Norm sind seit ihrer Einführung unverändert geblieben. Allein Abs 4 ist zweimal geändert worden, nämlich zunächst durch das Gesetz zur Anpassung von Verjährungsvorschriften an das Gesetz zur Modernisierung des Schuldrechts vom 9.12.2004[5], später dann durch das Gesetz über elektronische Handelsregister und Genossenschaftsregister sowie das Unternehmensregister (EHUG) vom 10.11.2006[6].

## II. Beendigungsgründe (Abs 1)

### 1. Allgemeines

**3** Mit dem Vorliegen der in Abs 1 Nr 1 bis 4 genannten Tatbestände endet die Eingliederung **kraft Gesetzes**.[7] Die nach Abs 3 erforderliche Eintragung ins Handelsregister ist anders als diejenige der Eingliederung nach (§ 320 Abs 1 Satz 3 iVm) § 319 Abs 7 folglich nicht konstitutiv, sondern lediglich deklaratorisch (s noch Rdn 22).[8] Die Regelung ist **zwingend** und damit privatautonomer Gestaltung nicht zugänglich. In der Satzung können die gesetzlichen Beendigungsgründe also weder ganz oder zum Teil abbedungen noch um zusätzliche Beendigungsgründe ergänzt werden.[9]

---

[1] Zum grundsätzlich abschließenden Charakter der Auflistung s noch unten unter 3; ferner Emmerich/*Habersack* Aktien- und GmbH-Konzernrecht[6] § 327 Rdn 3; *Hüffer*[10] Rdn 1 f; KK-*Koppensteiner*[3] Rdn 6; Münch-Hdb AG/*Krieger*[3] § 73 Rdn 69.

[2] S Begr RegE § 327 bei *Kropff* S 432.

[3] S Emmerich/*Habersack* Aktien- und GmbH-Konzernrecht[6] § 327 Rdn 2; vgl auch KK-*Koppensteiner*[3] Rdn 4.

[4] S nur MK-*Grunewald*[3] Rdn 1; Spindler/Stilz/*Singhof*[2] Rdn 1.

[5] BGBl I 3214, s dort Art 11 Nr 7.

[6] BGBl I 2553, s dort Art 9 Nr 16.

[7] S Emmerich/*Habersack* Aktien- und GmbH-Konzernrecht[6] § 327 Rdn 3; *Hüffer*[10] Rdn 2; MK-*Grunewald*[3] Rdn 15; KK-*Koppensteiner*[3] Rdn 1 mit 5.

[8] S Begr RegE § 327 bei *Kropff* S 432; ferner *Hüffer*[10] Rdn 2; KK-*Koppensteiner*[3] Rdn 3; MünchHdb AG/*Krieger*[3] § 73 Rdn 75; Spindler/Stilz/*Singhof*[2] Rdn 1.

[9] AllgM; s etwa Emmerich/*Habersack* Aktien- und GmbH-Konzernrecht[6] § 327 Rdn 3; *Hüffer*[10] Rdn 2; KK-*Koppensteiner*[3] Rdn 5 f; MünchHdb AG/*Krieger*[3] § 73 Rdn 69; MK-*Grunewald*[3] Rdn 13 f; Spindler/Stilz/*Singhof*[2] Rdn 6.

---

Der Eintritt sämtlicher der in Abs 1 genannten Beendigungsgründe ist von der Mit-  **4**
wirkung der Hauptgesellschaft abhängig. Dies gilt auch für die Beendigung nach Abs 1
Nr 1, ist doch für den Beschluss der eingegliederten Gesellschaft die Zustimmung der
Hauptgesellschaft als der Alleinaktionärin erforderlich.[10] Nicht anders verhält es sich bei
den in Abs 1 unbenannten Beendigungsgründen, welche die Voraussetzungen des § 319
für die *eingegliederte Gesellschaft* entfallen lassen (dazu Rdn 15 ff).

## 2. Beschluss der eingegliederten Gesellschaft (Nr 1)

Nach Abs 1 Nr 1 endet die Eingliederung durch Beschluss der Hauptversammlung  **5**
der eingegliederten Gesellschaft. Da ihre sämtlichen Aktien von der Hauptgesellschaft
gehalten werden, entscheidet „der Sache nach der Vorstand der Hauptgesellschaft in
Form einer Vollversammlung".[11] Der Beschluss kann mit Wirkung für einen künftigen,
kalendarisch terminierten Zeitpunkt getroffen werden, nicht jedoch mit (Rück-)Wirkung
für die Vergangenheit.[12]

Ein Hauptversammlungsbeschluss (auch) der Hauptgesellschaft ist hier hingegen  **6**
ebensowenig erforderlich wie bei der Aufhebung eines Beherrschungs- oder Gewinnabführungsvertrages (§ 296).[13] Dies ist auch in der Sache gerechtfertigt, ergeben sich
doch aus der Beendigung der Eingliederung weder zusätzliche Risiken für die Hauptgesellschaft[14] noch bedeutet sie einen „so tiefen Eingriff in die Mitgliedschaftsrechte der
Aktionäre"[15], dass sich hiermit eine *Holzmüller*-Kompetenz der Hauptversammlung
begründen ließe.[16] Zudem wäre ein entsprechendes Beschlusserfordernis durch die Veräußerung von Aktien der eingegliederten Gesellschaft leicht zu umgehen (s Abs 1 Nr 3,
dazu sogleich Rdn 12).[17] Zum Zwecke der Präventivkontrolle der Vorstandsentscheidung
kann der Aufsichtsrat der Hauptgesellschaft (sowohl) die Abstimmung in der Hauptversammlung der eingegliederten Gesellschaft (als auch die Veräußerung von deren Aktien)
gem § 111 Abs 4 Satz 2 von seiner Zustimmung abhängig machen.[18]

## 3. Hauptgesellschaft ist „nicht mehr Aktiengesellschaft mit Sitz im Inland" (Nr 2)

Die Eingliederung endet nach dem Wortlaut von Abs 1 Nr 2 ferner, wenn die Voraus-  **7**
setzungen des § 319 Abs 1 S 1 nicht mehr erfüllt sind, weil die Hauptgesellschaft keine
AG mit Sitz im Inland mehr ist. Der Regelung liegt ausweislich der Gesetzesmaterialien

---

[10] S Begr RegE § 327 bei *Kropff* S 432; ferner
etwa MK-*Grunewald*[3] Rdn 2; MünchHdb
AG/*Krieger*[3] § 73 Rdn 70.

[11] So treffend *Hüffer*[10] Rdn 3; gleichsinnig Begr
RegE § 327 bei *Kropff* S 432; Emmerich/
*Habersack* Aktien- und GmbH-Konzern-
recht[6] § 327 Rdn 4.

[12] S Emmerich/*Habersack* Aktien- und GmbH-
Konzernrecht[6] § 327 Rdn 4; KK-*Koppen-
steiner*[3] Rdn 7; Schmidt/Lutter/*Ziemons*[2]
Rdn 5; Spindler/Stilz/*Singhof*[2] Rdn 2.

[13] Unstr, s Begr RegE § 327 bei *Kropff* S 432;
ferner Emmerich/*Habersack* Aktien- und
GmbH-Konzernrecht[6] § 327 Rdn 4; *Hüffer*[10]
Rdn 3; KK-*Koppensteiner*[3] Rdn 7; Münch-
Hdb AG/*Krieger*[3] § 73 Rdn 70; MK-*Grune-
wald*[3] Rdn 2; Schmidt/Lutter/*Ziemons*[2]
Rdn 5; Spindler/Stilz/*Singhof*[2] Rdn 2.

[14] Im Gegenteil endet ihre Mithaftung nach
§ 322 für nach dem Beendigungszeitpunkt
begründete Verbindlichkeiten der ehemals
eingegliederten Gesellschaft; s auch Emme-
rich/*Habersack* Aktien- und GmbH-Konzernrecht[6] § 327 Rdn 4.

[15] Vgl BGH Urt v 25.2.1982 – II ZR 174/80,
BGHZ 83, 122, 131 – Holzmüller.

[16] So richtig Emmerich/*Habersack* Aktien- und
GmbH-Konzernrecht[6] § 327 Rdn 4; Spind-
ler/Stilz/*Singhof*[2] Rdn 2.

[17] Ganz zutr Begr RegE § 327 bei *Kropff* S 432.

[18] So bereits Begr RegE § 327 bei *Kropff* S 432;
s ferner Emmerich/*Habersack* Aktien- und
GmbH-Konzernrecht[6] § 327 Rdn 4; MK-
*Grunewald*[3] Rdn 2; MünchHdb AG/*Krieger*[3]
§ 73 Rdn 70; KK-*Koppensteiner*[3] Rdn 8.

die Vorstellung zugrunde, dass **mit der Sitzverlegung ins Ausland ein Formwechsel der Hauptgesellschaft einhergeht.**[19] Der dahinterliegende Grund wird darin gesehen, dass den Gläubigern der eingegliederten Gesellschaft die Folgen der Eingliederung nur dann zumutbar seien, wenn sie ihre Ansprüche aus § 322 gegen eine deutsche AG richten können.[20]

**8**     Das Tatbestandsmerkmal „Sitz im Inland" ist im Lichte dieses Normzwecks und unter Berücksichtigung der Änderung des § 5 durch das MoMiG[21] auszulegen (s bereits Vor § 319 Rdn 12 f). Kommt es also **maßgeblich** auf den Verlust der deutschen Rechtsform „Aktiengesellschaft" an[22], ist **Abs 1 Nr 2 nicht einschlägig,** wenn die Hauptgesellschaft **(nur)** ihren **Satzungssitz** iSd § 5 verlegt, weil dies nach der für solche Wegzugsfälle in Deutschland immer noch geltenden Sitztheorie[23] nicht zu einem Statutenwechsel führt, sondern die Gesellschaft **deutsche Aktiengesellschaft (bzw SE oder Kapitalgesellschaft & Co KGaA) bleibt.**[24] Ein solcher Satzungssitzwechsel in das Ausland wäre aber nach deutschem Sachrecht, genauer: wegen Verstoßes gegen § 5, rechtswidrig. Ein gleichwohl hierauf gerichteter Beschluss ist gem § 241 Nr 3 nichtig. Eine Eintragung des Satzungssitzwechsels kommt nicht in Betracht.[25] Deutet man einen auf den Satzungssitzwechsel in das Ausland gerichteten Beschluss hingegen als Auflösungsbeschluss nach § 262 Abs 1 Nr 2[26], so würde die Beendigung der Eingliederung nach Abs 1 Nr 4 (dazu noch Rdn 13) eintreten.[27]

**9**     **Keine Anwendung findet Abs 1 Nr 2 daher auch dann, wenn** die Hauptgesellschaft unter Beibehaltung ihres inländischen Satzungssitzes **ihren Verwaltungssitz ins Ausland verlegt** und das Kollisionsrecht des Aufnahmestaates der Gründungstheorie folgt und dementsprechend auf deutsches Recht zurückverweist, das seinerseits den Renvoi annimmt (Art 4 Abs 1 Satz 2 EGBGB). Es findet dann kein Wechsel des Gesellschaftsstatuts statt, die **Hauptgesellschaft bleibt deutsche AG.**[28]

---

[19] Begr RegE § 327 bei *Kropff* S 432.

[20] So etwa Emmerich/*Habersack* Aktien- und GmbH-Konzernrecht[6] § 327 Rdn 5; *Hüffer*[10] Rdn 3; MK-*Grunewald*[3] Rdn 4; Spindler/Stilz/*Singhof*[2] Rdn 3; zur Frage der teleologischen Reduktion des Inlandserfordernisses für Aktiengesellschaften anderer EU-Mitgliedstaaten s Vor § 319 Rdn 13.

[21] Gesetz zur Modernisierung des GmbH-Rechts und zur Bekämpfung von Missbräuchen (MoMiG) vom 23.10.2008, BGBl I 2026.

[22] Vgl insofern auch die Erwägungen bei Emmerich/*Habersack* Aktien- und GmbH-Konzernrecht[6] § 319 Rdn 7.

[23] S nur MKBGB-*Kindler*[5] IntGesR Rdn 144 ff, 147 sowie *Fleischer/Schmolke* JZ 2008, 233, 236 ff mwN; nach EuGH Urt v 16.12.2008 – C-210/06, Slg 2008, I-9664, insb Tz 110 – Cartesio, kann ein Mitgliedstaat auch unter Geltung der Niederlassungsfreiheit nach Art 49, 54 AEUV das Fortbestehen eines inländischen Verwaltungssitzes als Voraus-

setzung für den Erhalt der inländischen Rechtsform verlangen. Diese Rspr hat der EuGH kürzlich bestätigt in Urt v 12.7.2012 – C-378/10, NJW 2012, 2715 Tz 29 – Vale.

[24] S Schmidt/Lutter/*Zimmer*[2] § 45 Rdn 28.

[25] S wiederum Schmidt/Lutter/*Zimmer*[2] § 45 Rdn 28 mwN; insofern zutr Spindler/Stilz/*Singhof*[2] Rdn 3.

[26] S dazu etwa Emmerich/*Habersack* Aktien- und GmbH-Konzernrecht[6] § 327 Rdn 5; KK-*Koppensteiner*[3] Rdn 10. Eine solche Deutung kann freilich nicht überzeugen, widerspricht sie doch offensichtlich dem Willen der beschlusstragenden Hauptversammlungsmehrheit. So zutr etwa Schmidt/Lutter/*Zimmer*[2] § 45 Rdn 28 mwN; s auch *Hüffer*[10] Rdn 3.

[27] S Emmerich/*Habersack* Aktien- und GmbH-Konzernrecht[6] Rdn 5; *Hüffer*[10] Rdn 3; KK-*Koppensteiner*[3] Rdn 10.

[28] S hierzu allg Schmidt/Lutter/*Zimmer*[2] § 45 Rdn 27; gleichsinnig für die GmbH Michalski/*Michalski/Funke* GmbHG[2] § 4a Rdn 35.

**Anwendung findet Abs 1 Nr 2** im Lichte seines Normzwecks daher **nur, wenn** bei **10** **Verlegung des Verwaltungssitzes** das Kollisionsrecht des **Aufnahmestaates der Sitztheorie folgt**, also sein Sachrecht auf den Verband anwendet[29].[30] Es findet folglich ein Statutenwechsel statt; die Hauptgesellschaft ist dann keine deutsche AG mehr. Da die EU-Staaten nach den Art. 49, 54 AEUV (Niederlassungsfreiheit) in ihrer Auslegung durch den EuGH[31] gehalten sind, auf zuziehende, in der EU gegründete Gesellschaften die Gründungstheorie anzuwenden[32], kommt eine Beendigung der Eingliederung mithin nur bei Verlegung des Verwaltungssitzes in einen Drittstaat in Betracht.

Darüberhinaus endet die Eingliederung nach Abs 1 Nr 2 bei **(bloßem) Formwechsel** **11** **der Hauptgesellschaft ohne Sitzverlegung**.[33] Auch dann ist die Hauptgesellschaft keine „Aktiengesellschaft mit Sitz im Inland" (§ 319 Abs 1 S 1) mehr. Dies gilt freilich nicht für die formwechselnde Umwandlung in eine – der Aktiengesellschaft gleichzustellende – SE oder KGaA (s Vor § 319 Rdn 9 ff).[34] Zur Rechtslage bei anderen Umwandlungsmaßnahmen der Hauptgesellschaft s ausführlich Rdn 14.

### 4. Verlust des Alleinaktionärsstatus der Hauptgesellschaft (Nr 3)

Die Eingliederung endet nach Abs 1 Nr 3 ferner, wenn sich nicht mehr alle Aktien der **12** eingliederten Gesellschaft in der Hand der Hauptgesellschaft befinden. Dann liegen die Voraussetzungen des § 319 Abs 1 S 1 nicht mehr vor. Der Gesetzgeber hatte dabei vor allem an die Veräußerung von Aktien der eingegliederten Gesellschaft durch die Hauptgesellschaft gedacht.[35] Abs 1 Nr 3 ist jedoch ebenfalls anzuwenden, wenn ein Dritter im Zuge einer Kapitalerhöhung junge Aktien der eingegliederten Gesellschaft erwirbt.[36] Hier wie dort treten Minderheitsaktionäre auf den Plan, deren Interessen unter dem Eingliederungsregime keinen hinreichenden Schutz erfahren würden.[37] Für den Fall, dass der dritte Erwerber eine 100-prozentige Tochter der Hauptgesellschaft ist, gilt nichts anderes.[38]

---

[29] Hierzu ist es auch nach deutschem Kollisionsrecht berufen, das seinerseits im Wege der Gesamtverweisung [Art 4 Abs 1 Satz 1 EGBGB] auf die Rechtsordnung des (neuen) Verwaltungssitzes verweist (Sitztheorie).

[30] Abw Emmerich/*Habersack* Aktien- und GmbH-Konzernrecht[6] § 327 Rdn 5: „Auf den Verwaltungssitz der Gesellschaft kommt es [...] nicht an".

[31] S EuGH Urt v 9.3.1999 – C-212/97, Slg 1999, I-1459 – Centros; Urt v 5.11.2002 – C-208/00, Slg 2002, I-9919 – Überseering; Urt v 30.9.2003 – C-167/01, Slg 2003, I-10155 – Inspire Art; dazu nur *Fleischer/Schmolke* JZ 2008, 233 ff. S zum Wegzug hingegen EuGH Urt v 16.12.2008 – C-210/06, Slg 2008, I-9664, insb Tz 110 – Cartesio; kürzlich bestätigt in EuGH Urt v 12.7.2012 – C-378/10, NJW 2012, 2715 Tz 29 – Vale, das möglicherweise eine gewisse Akzentverschiebung gegenüber der

Entscheidungstrias Centros-Überseering-Inspire Art herbeiführt; in diesem Sinne *Kindler* EuZW 2012, 888 ff.

[32] S etwa auch Schmidt/Lutter/*Zimmer*[2] § 45 Rdn 27.

[33] S auch Emmerich/*Habersack* Aktien- und GmbH-Konzernrecht[6] § 327 Rdn 5; *Hüffer*[10] Rdn 3; MünchHdb AG/*Krieger*[3] § 73 Rdn 71; KK-*Koppensteiner*[3] Rdn 9, 11; Spindler/Stilz/*Singhof*[2] Rdn 3.

[34] Wie hier Emmerich/*Habersack* Aktien- und GmbH-Konzernrecht[6] § 327 Rdn 5.

[35] S Begr RegE § 327 bei *Kropff* S 432.

[36] MK-*Grunewald*[3] Rdn 6; Spindler/Stilz/*Singhof*[2] Rdn 4.

[37] S zu dieser materiellen Begründung der Regelung in Abs 1 Nr 3 etwa *Hüffer*[10] Rdn 3; MK-*Grunewald*[3] Rdn 6.

[38] S etwa KK-*Koppensteiner*[3] Rdn 12; MünchHdb AG/*Krieger*[3] § 73 Rdn 72.

Klaus Ulrich Schmolke

## 5. Auflösung der Hauptgesellschaft (Nr 4)

**13**   Die Eingliederung endet schließlich gem Abs 1 Nr 4, wenn die Hauptgesellschaft aufgelöst wird. Die Gesetzesmaterialien begründen dies damit, dass eine „Gesellschaft, die abgewickelt wird, [...] nicht mehr als Hauptgesellschaft die Geschicke einer anderen Gesellschaft bestimmen können [soll]".[39] Die Regelung nimmt mit dem Verweis auf die „Auflösung" die Tatbestände in § 262 Abs 1 (für Einzelheiten s dort) sowie die gerichtliche Auflösung nach § 396 in Bezug.[40]

**14**   Der Gesetzgeber ging offenbar weiterhin davon aus, dass Abs 1 Nr 4 bei **Verschmelzung der Hauptgesellschaft** auf eine andere Gesellschaft gelte, da die Hauptgesellschaft hierdurch erlischt (s § 20 Abs 1 Nr 2 UmwG).[41] Handelt es sich bei der aufnehmenden Gesellschaft nicht um eine Aktiengesellschaft iSd § 319 Abs 1 Satz 1, greift freilich bereits der Beendigungsgrund des Abs 1 Nr 2 (dazu oben Rdn 7 ff).[42] In den sonstigen Fällen, also bei Verschmelzung der Hauptgesellschaft auf eine Aktiengesellschaft iSd § 319 Abs 1 Satz 1 wurde die Beendigung der Eingliederung damit begründet, dass „der rechtliche Status der Eingliederung nur gegenüber der Hauptgesellschaft besteht und als solcher wegen seiner körperschaftsrechtlichen Grundlage nicht übertragbar ist".[43] Nach vorzugswürdiger und heute herrschender Ansicht geht das korporative Eingliederungsverhältnis jedoch im Wege der Gesamtrechtsnachfolge gem § 20 Abs 1 Nr 1 UmwG auf die aufnehmende AG über.[44] Dies entspricht nicht nur der gefestigten Rechtsauffassung beim Unternehmensvertrag.[45] Auch angesichts des Beschlusserfordernisses nach §§ 13, 65 UmwG erscheint der in den Materialien als Alternative nahegelegte Weg über eine erneute Vornahme der Eingliederung nach § 319 als unnötiger und kostspieliger Umweg.[46] Die Verschmelzung eines dritten Rechtsträgers auf die Hauptgesellschaft berührt

---

[39] Begr RegE § 327 bei *Kropff* S 432; s auch Emmerich/*Habersack* Aktien- und GmbH-Konzernrecht[6] § 327 Rdn 7; *Hüffer*[10] Rdn 3: „Die auf Abwicklung gerichtete AG soll keine Leitungsmacht iSd § 323 mehr haben können."

[40] S wiederum Begr RegE § 327 bei *Kropff* S 432 mit dem weiteren Hinweis, dass die Regelung auch bei Auflösung ohne Abwicklung gilt; ferner Emmerich/*Habersack*, Aktien- und GmbH-Konzernrecht[6] § 327 Rdn 7; *Hüffer*[10] Rdn 3; MK-*Grunewald*[3] Rdn 8; MünchHdb AG/*Krieger*[3] § 73 Rdn 73; KK-*Koppensteiner*[3] Rdn 15; Spindler/Stilz/*Singhof*[2] Rdn 5.

[41] Begr RegE § 327 bei *Kropff* S 432 unter Verweis auf § 346 Abs 4 aF; s dazu auch Emmerich/*Habersack* Aktien- und GmbH-Konzernrecht[6] § 327 Rdn 8; Spindler/Stilz/*Singhof*[2] Rdn 5.

[42] S auch Emmerich/*Habersack* Aktien- und GmbH-Konzernrecht[6] Rdn 8; MK-*Grunewald*[3] Rdn 8 f; der Sache nach ferner MünchHdb AG/*Krieger*[3] § 73 Rdn 73; KK-*Koppensteiner*[3] Rdn 15; Spindler/Stilz/*Singhof*[2] Rdn 5.

[43] *Würdinger* in Vorauflage § 320 Anm 23b.

[44] So Emmerich/*Habersack* Aktien- und GmbH-Konzernrecht[6] § 327 Rdn 8; KK-*Koppensteiner*[3] Rdn 15; MK-*Grunewald*[3] Rdn 8; Spindler/Stilz/*Singhof*[2] Rdn 5; tendenziell auch *Hüffer*[10] Rdn 4.

[45] S etwa LG Bonn Urt v 30.1.1996 – 111 T 1/96 GmbHR 1996, 774; OLG Karlsruhe Urt v 7.12.1990 – 5 U 256/89, ZIP 1991, 101; aus der Lit nur Lutter/*Grunewald* UmwG[4] § 20 Rdn 37 mwN in Fn 1.

[46] Demgegenüber treten die Vorteile der Rechtsklarheit durch Eintragung der neuen Hauptgesellschaft im Handelsregister der eingegliederten Gesellschaft [s dazu Begr RegE § 327 bei *Kropff* S 432] zurück. Vgl auch Emmerich/*Habersack* Aktien- und GmbH-Konzernrecht[6] § 327 Rdn 8; KK-*Koppensteiner*[3] Rdn 15. Ob sich dieses Ergebnis aus der Änderung der gesetzlichen Grundlagen der Verschmelzung erklärt, wie KK-*Koppensteiner*[3] Rdn 15 meint, erscheint angesichts der Regelungen in § 340, 346 Abs 3 AktG aF fraglich.

das Eingliederungsverhältnis zur eingegliederten Gesellschaft nicht.[47] Dasselbe gilt für die **Abspaltung** (§ 123 Abs 2 UmwG) oder **Ausgliederung** (§ 123 Abs 3 UmwG) auf Seiten der Hauptgesellschaft.[48] Des Weiteren wird es zu Recht für möglich gehalten, im Spaltungs- und Übernahmevertrag die Übertragung des Eingliederungsverhältnisses auf den übernehmenden oder neuen Rechtsträger zu vereinbaren, vorausgesetzt dieser Rechtsträger ist eine deutsche AG, SE oder KGaA (zum personalen Anwendungsbereich der §§ 319 ff s Vor § 319 Rdn 9 ff). Denn schutzbedürftige außenstehende Aktionäre der eingegliederten Gesellschaft fehlen, die Aktionäre der Hauptgesellschaft haben zugestimmt (§§ 125 Satz 1 iVm 13 UmwG) und die Gläubiger der eingegliederten Gesellschaft sind schließlich durch die gesamtschuldnerische Haftung sämtlicher an der Spaltung beteiligter Rechtsträger (§§ 133 f, 135 Abs 1 UmwG) ausreichend geschützt.[49] Ein entsprechender Übergang des Eingliederungsverhältnisses findet in **Aufspaltungsfällen** statt, die zur Folge haben, dass die vormalige Hauptgesellschaft aufgelöst wird.[50]

### 6. Unbenannte Beendigungsgründe

Vom Gesetz nicht benannt, aber gleichwohl allgemein anerkannt ist die Beendigung **15** der Eingliederung aus solchen Gründen, welche die Voraussetzungen des § 319 für die *eingegliederte Gesellschaft* entfallen lassen (s bereits Rdn 1).[51] Dies gilt etwa für den **Formwechsel der eingegliederten Gesellschaft**[52] wie **grundsätzlich** auch für ihre **Verschmelzung auf einen anderen Rechtsträger**.[53] Tritt man für den Fortbestand des Eingliederungsverhältnisses bei Verschmelzung der Hauptgesellschaft auf eine andere AG ein (s oben Rdn 14 zu Abs 1 Nr 4), kann man die Beendigung der Eingliederung freilich nicht (allein) mit dem Erlöschen der eingegliederten Gesellschaft im Zuge der Verschmelzung begründen (vgl § 20 Abs 1 Nr 2 UmwG).[54] Denn auch in diesem Falle tritt der übernehmende Rechtsträger die Gesamtrechtsnachfolge an (§ 20 Abs 1 Nr 1 UmwG). Bei Verschmelzung **auf einen Rechtsträger anderer Rechtsform** ergibt sich die Beendigung vielmehr aus dem Umstand, dass die bislang eingegliederte Gesellschaft keine *Aktien-*

---

[47] S nur Emmerich/*Habersack* Aktien- und GmbH-Konzernrecht[6] § 327 Rdn 8; Münch-Hdb AG/*Krieger*[3] § 73 Rdn 73.

[48] Emmerich/*Habersack* Aktien- und GmbH-Konzernrecht[6] § 327 Rdn 9; MK-*Grunewald*[3] Rdn 8; MünchHdb AG/*Krieger*[3] § 73 Rdn 73; KK-*Koppensteiner*[3] Rdn 15; Spindler/Stilz/*Singhof*[2] Rdn 5.

[49] Emmerich/*Habersack* Aktien- und GmbH-Konzernrecht[6] § 327 Rdn 9; MK-*Grunewald*[3] Rdn 8; MünchHdb AG/*Krieger*[3] § 73 Rdn 73; KK-*Koppensteiner*[3] Rdn 15; Spindler/Stilz/*Singhof*[2] Rdn 5.

[50] Emmerich/*Habersack* Aktien- und GmbH-Konzernrecht[6] § 327 Rdn 9; KK-*Koppensteiner*[3] Rdn 15.

[51] S etwa Emmerich/*Habersack* Aktien- und GmbH-Konzernrecht[6] § 327 Rdn 3, 10; *Hüffer*[10] Rdn 1 f; KK-*Koppensteiner*[3] Rdn 6; Spindler/Stilz/*Singhof*[2] Rdn 6; **abw** offenbar *Veit* Unternehmensverträge und Eingliederung, 1974, S 78.

[52] So bereits *Würdinger* in Vorauflage Anm 3b; ferner Emmerich/*Habersack* Aktien- und GmbH-Konzernrecht[6] § 327 Rdn 10; *Hüffer*[10] Rdn 4; MK-*Grunewald*[3] Rdn 9; MünchHdb AG/*Krieger*[3] § 73 Rdn 74; Schmidt/Lutter/*Ziemons*[2] Rdn 11; Spindler/Stilz/*Singhof*[2] Rdn 6; jetzt auch KK-*Koppensteiner*[3] Rdn 11, 16 unter Aufgabe der gegenteiligen Ansicht.

[53] S Emmerich/*Habersack* Aktien- und GmbH-Konzernrecht[6] § 327 Rdn 10; *Hüffer*[10] Rdn 4; KK-*Koppensteiner*[3] Rdn 16; MK-*Grunewald*[3] Rdn 10; MünchHdb AG/*Krieger*[3] § 73 Rdn 74; Schmidt/Lutter/*Ziemons*[2] Rdn 11; Spindler/Stilz/*Singhof*[2] Rdn 6.

[54] S aber Emmerich/*Habersack* Aktien- und GmbH-Konzernrecht[6] § 327 Rdn 10; MK-*Grunewald*[3] Rdn 10.

Klaus Ulrich Schmolke

*gesellschaft* (bzw keine SE oder Kapitalgesellschaft & Co KGaA, s Vor § 319 Rdn 9 f) mehr ist.[55] Bei Verschmelzung **auf eine Aktiengesellschaft, deren Anteile nicht ebenfalls zu 100 % in der Hand der Hauptgesellschaft sind**, fehlt es demgegenüber nach der Verschmelzung am Alleinaktionärsstatus der bisherigen Hauptgesellschaft (s Abs 1 Nr 3). Aus dem Gesagten lässt sich folgern, dass eine **Beendigung der Eingliederung ausnahmsweise ausbleibt**, wenn die eingegliederte Gesellschaft auf eine Aktiengesellschaft (bzw SE oder Kapitalgesellschaft & Co KGaA) deutschen Rechts verschmolzen wird, an der die Hauptgesellschaft sämtliche Anteile hält.[56]

**16**      Die **Verschmelzung eines dritten Rechtsträgers auf die eingegliederte Gesellschaft** führt ebenfalls regelmäßig zur Beendigung der Eingliederung, wenn und weil die Hauptgesellschaft ihren Alleinaktionärsstatus an der bislang eingegliederten Gesellschaft verliert (vgl Abs 1 Nr 3).[57] Im Umkehrschluss lässt sich hieraus wiederum ableiten, dass das Eingliederungsverhältnis ausnahmsweise fortbesteht, wenn die bisherige Hauptgesellschaft Alleinaktionärin bleibt, weil der dritte Rechtsträger seinerseits eine 100 %-Tochtergesellschaft der Hauptgesellschaft oder der eingegliederten Gesellschaft selbst ist.[58]

**17**      **Abspaltung** und **Ausgliederung** der eingegliederten Gesellschaft berühren das Eingliederungsverhältnis nicht.[59] Dessen Überleitung auf den übernehmenden oder neuen Rechtsträger kommt deshalb nicht in Betracht, weil ein Zustimmungsbeschluss der hiervon betroffenen Aktionäre der Hauptgesellschaft für die Abspaltung oder Ausgliederung nicht erforderlich ist (anders bei Abspaltung und Ausgliederung auf der Ebene der Hauptgesellschaft, s Rdn 14).[60] Die **Aufspaltung** der eingegliederten Gesellschaft führt ebenso wie ihre aus anderen Gründen erfolgende **Auflösung** zur Beendigung der Eingliederung.[61]

## III. Mitteilungspflicht der Hauptgesellschaft (Abs 2)

**18**      Nach **Abs 2** hat die Hauptgesellschaft die Beendigung der Eingliederung nach **Abs 1 Nr 3** der bislang eingegliederten Gesellschaft unverzüglich schriftlich mitzuteilen, damit diese über die notwendige Kenntnis verfügt, um die Eintragung nach Abs 3 zu veranlassen.[62] Unverzüglichkeit meint auch hier ohne schuldhaftes Zögern (§ 121 Abs 1 Satz 1

---

[55] Emmerich/*Habersack* Aktien- und GmbH-Konzernrecht[6] § 327 Rdn 10; MK-*Grunewald*[3] Rdn 10.

[56] Emmerich/*Habersack* Aktien- und GmbH-Konzernrecht[6] § 327 Rdn 10; in der Tendenz auch Spindler/Stilz/*Singhof*[2] Rdn 6; **abw** MK-*Grunewald*[3] Rdn 10; MünchHdb AG/*Krieger*[3] § 73 Rdn 74; wohl auch KK-*Koppensteiner*[3] Rdn 16.

[57] Emmerich/*Habersack* Aktien- und GmbH-Konzernrecht[6] § 327 Rdn 10; *Hüffer*[10] Rdn 4; MK-*Grunewald*[3] Rdn 10; MünchHdb AG/*Krieger*[3] § 73 Rdn 74.

[58] Emmerich/*Habersack* Aktien- und GmbH-Konzernrecht[6] § 327 Rdn 10; KK-*Koppensteiner*[3] Rdn 16; MK-*Grunewald*[3] Rdn 10; **abw** MünchHdb AG/*Krieger*[3] § 73 Rdn 74; wohl auch *Hüffer*[10] Rdn 4.

[59] Emmerich/*Habersack* Aktien- und GmbH-Konzernrecht[6] § 327 Rdn 11; MK-*Grunewald*[3] Rdn 11; KK-*Koppensteiner*[3] Rdn 16.

[60] Emmerich/*Habersack* Aktien- und GmbH-Konzernrecht[6] § 327 Rdn 11; zust MünchHdb AG-*Krieger*[3] § 73 Rdn 74; KK-*Koppensteiner*[3] Rdn 16.

[61] Emmerich/*Habersack* Aktien- und GmbH-Konzernrecht[6] § 327 Rdn 11; MK-*Grunewald*[3] Rdn 11 f; MünchHdb AG/*Krieger*[3] § 73 Rdn 74; KK-*Koppensteiner*[3] Rdn 16.

[62] S Emmerich/*Habersack* Aktien- und GmbH-Konzernrecht[6] § 327 Rdn 12; *Hüffer*[10] Rdn 5; MK-*Grunewald*[3] Rdn 5; KK-*Koppensteiner*[3] Rdn 13; Spindler/Stilz/*Singhof*[2] Rdn 7.

BGB), und zwar bereits nach der Veräußerung der ersten Aktie.[63] Der Mindestinhalt der Mitteilung ergibt sich aus den nach Abs 3 erforderlichen Angaben gegenüber dem Registergericht.[64]

Für **die weiteren Beendigungsgründe des Abs 1** hielt der Gesetzgeber eine entsprechende Regelung zu Recht für entbehrlich. So erfährt die eingegliederte Gesellschaft in den Fällen des Abs 1 Nr 1 vom Ende der Eingliederung bereits durch den Beschluss der eigenen Hauptversammlung. In den Fällen des Abs 1 Nr 2 und 4 erlangt sie Kenntnis durch die Bekanntmachungen der hier notwendigen Handelsregistereintragungen.[65] **19**

Auch für **die unbenannten Beendigungsgründe**, die auf Veränderungen bei der eingegliederten Gesellschaft beruhen (s Rdn 15 ff), ergibt sich kein Bedürfnis für eine umgekehrte Mitteilungspflicht der bislang eingegliederten Gesellschaft an die bisherige Hauptgesellschaft. Denn der Eintritt sämtlicher dieser Fälle setzt die Mitwirkung der Hauptgesellschaft als (Allein-)Aktionärin der eingegliederten Gesellschaft voraus (s bereits Rdn 4). **20**

## IV. Anmeldung und Eintragung im Handelsregister (Abs 3)

Das Ende der Eingliederung ist gem Abs 3 ebenso in das Handelsregister einzutragen wie die Eingliederung selbst (§ 319 Abs 4, 7, s dort Rdn 33, 72). Für die Anmeldung ist wiederum der Vorstand der (bislang) eingegliederten Gesellschaft zuständig, der unverzüglich (§ 121 Abs 1 Satz 1 BGB) handeln muss. Geschieht dies nicht und beruht dies auf einer schuldhaften Verletzung der Mitteilungspflicht aus Abs 2, kann die eingegliederte Gesellschaft im Fall eines hieraus begründeten Schadens Ersatzansprüche gegen die Hauptgesellschaft geltend machen.[66] **21**

Anders als die Eintragung der Eingliederung ist die Eintragung ihres Endes jedoch nicht konstitutiv, sondern nur **deklaratorisch**.[67] Dementsprechend ist neben der Tatsache der Beendigung auch ihr Grund und der Zeitpunkt des Eingliederungsendes zur Eintragung anzumelden.[68] Die Eintragung kann nach § 14 HGB vom Registergericht durch Zwangsgeld durchgesetzt werden und ist gem § 10 HGB bekannt zu machen.[69] **22**

---

[63] Unstr, s Emmerich/*Habersack* Aktien- und GmbH-Konzernrecht[6] § 327 Rdn 12; *Hüffer*[10] Rdn 5; KK-*Koppensteiner*[3] Rdn 13; Spindler/Stilz/*Singhof*[2] Rdn 7.

[64] Vgl auch Emmerich/*Habersack* Aktien- und GmbH-Konzernrecht[6] § 327 Rdn 12.

[65] S Begr RegE § 327 bei *Kropff* S 432; ferner Emmerich/*Habersack* Aktien- und GmbH-Konzernrecht[6] § 327 Rdn 12; *Hüffer*[10] Rdn 5; KK-*Koppensteiner*[3] Rdn 13; s **aber auch** MK-*Grunewald*[3] Rdn 5, die im Fall des Abs 1 Nr 2 eine ungeschriebene Pflicht zur Mitteilung aus korporationsrechtlicher Sonderverbindung annimmt; **weitergehend noch** (auch für den Fall des Abs 1 Nr 4) Spindler/Stilz/*Singhof*[2] Rdn 7.

[66] S Emmerich/*Habersack* Aktien- und GmbH-Konzernrecht[6] § 327 Rdn 12 f.

[67] Begr RegE § 327 bei *Kropff* S 432; ferner Emmerich/*Habersack* Aktien- und GmbH-Konzernrecht[6] § 327 Rdn 13; *Hüffer*[10] Rdn 6; MK-*Grunewald*[3] Rdn 15; KK-*Koppensteiner*[3] Rdn 17; Spindler/Stilz/*Singhof*[2] Rdn 8.

[68] Begr RegE § 327 bei *Kropff* S 432 unter Verweis auf die Parallele zu § 298, s dort Rdn 16; ferner Emmerich/*Habersack* Aktien- und GmbH-Konzernrecht[6] § 327 Rdn 13; *Hüffer*[10] Rdn 6; KK-*Koppensteiner*[3] Rdn 17; MünchHdb AG/*Krieger*[3] § 73 Rdn 75.

[69] Begr RegE § 327 bei *Kropff* S 432; ferner Emmerich/*Habersack* Aktien- und GmbH-Konzernrecht[6] § 327 Rdn 13; *Hüffer*[10] Rdn 6; MK-*Grunewald*[3] Rdn 15; KK-*Koppensteiner*[3] Rdn 17; MünchHdb AG/*Krieger*[3] § 73 Rdn 75.

Klaus Ulrich Schmolke

**23**   § 15 HGB ist ebenfalls **anwendbar**.[70] Dies soll nach verbreiteter Ansicht dazu führen, dass die Hauptgesellschaft auch für solche Verbindlichkeiten der ehemals eingegliederten Gesellschaft nach § 322 mithaftet, die zwar nach dem Ende der Eingliederung, aber vor deren Eintragung und Bekanntmachung (§ 15 Abs 1 HGB) bzw vor Ablauf der weiteren Frist von 15 Tagen (§ 15 Abs 2 HGB) begründet worden sind.[71] Hieran ist zutreffend, dass es für die unterlassene bzw verzögerte Eintragung keiner „Veranlassung" seitens der Hauptgesellschaft bedarf, weil es sich bei § 15 Abs 1 und 2 HGB nach zutreffender Ansicht nicht um konkrete Vertrauensschutznormen handelt.[72] Allerdings lässt sich bezweifeln, ob die Beendigung der Eingliederung (auch) „in den Angelegenheiten" der Hauptgesellschaft einzutragen ist (s § 15 Abs 1 HGB).[73] Es entspricht jedenfalls einhelliger Ansicht, dass eine Pflicht zur Eintragung in das Handelsregister der Hauptgesellschaft für das Ende der Eingliederung ebensowenig besteht wie für deren Begründung (s §§ 319 Abs 7, 320 Abs 1 Satz 3).[74] Unproblematisch ist die Anwendung des § 15 Abs 3 HGB im Falle der Bekanntmachung eines unrichtigen Zeitpunkts der Eingliederungsbeendigung.[75]

## V. Nachhaftung der Hauptgesellschaft (Abs 4)

**24**   Die Hauptgesellschaft haftet für die vor und während der Eingliederung begründeten Verbindlichkeiten der eingegliederten Gesellschaft nach § 322 auch noch nach Ende der Eingliederung.[76] Die Hauptgesellschaft hat jedoch ein Interesse nach nicht „allzu langer Zeit" unter die Rechtsbeziehungen zur ehedem eingegliederten Gesellschaft und deren Gläubigern einen „Schlussstrich" ziehen zu können.[77] Abs 4 sieht daher für alle bis zum Ende der Eingliederung begründeten Verbindlichkeiten der bisher eingegliederten Gesellschaft eine zeitliche Begrenzung der Nachhaftung vor. Für die Frage der „Begründung" der betreffenden Verbindlichkeiten gilt das zu § 321 Gesagte sinngemäß (s dort Rdn 4 f).[78]

**25**   Wie die Haftung nach § 322 selbst, nimmt auch die Begrenzung der Nachhaftung am Recht der Personenhandelsgesellschaften Maß.[79] Die Vorschrift des Abs 4 hat folglich die Regelung in **§ 160 Abs 1 und 2 HGB zum Vorbild**.[80] Wie dort ist eine Nachhaftung auf

---

[70] Unstr, s Emmerich/*Habersack* Aktien- und GmbH-Konzernrecht[6] § 327 Rdn 13; *Hüffer*[10] Rdn 6; MK-*Grunewald*[3] Rdn 16; MünchHdb AG/*Krieger*[3] § 73 Rdn 76; KK-*Koppensteiner*[3] Rdn 17; Spindler/Stilz/*Singhof*[2] Rdn 8.

[71] So etwa Emmerich/*Habersack* Aktien- und GmbH-Konzernrecht[6] § 327 Rdn 13 (dort auch zur Haftung aus § 324 Abs 3); *Hüffer*[10] Rdn 6; KK-*Koppensteiner*[3] Rdn 17; Spindler/Stilz/*Singhof*[2] Rdn 8.

[72] S dazu ausführlich MKHGB-*Krebs*[3] § 15 Rdn 10 ff, 39, mwN: abstrakte Verkehrsschutznorm; zu demselben Erg kommen diejenigen, die hier das „reine Rechtsscheinprinzip" anwenden wollen.

[73] S allg zur Auslegung des Tatbestandsmerkmals „in dessen Angelegenheiten" MKHGB-*Krebs*[3] § 15 Rdn 38.

[74] Unstr, s Emmerich/*Habersack* Aktien- und GmbH-Konzernrecht[6] § 327 Rdn 13; *Hüffer*[10] Rdn 6; MK-*Grunewald*[3] Rdn 15.

[75] Zutr Emmerich/*Habersack* Aktien- und GmbH-Konzernrecht[6] § 327 Rdn 13; MK-*Grunewald*[3] Rdn 16.

[76] S Begr RegE § 327 bei *Kropff* S 432 unter Verweis auf die damit verbundene Entbehrlichkeit eines Anspruchs auf Sicherheitsleistung entsprechend § 303.

[77] Begr RegE § 327 bei *Kropff* S 432.

[78] Für insofern gleiche Maßstäbe auch *Hüffer*[10] Rdn 7; vgl ferner etwa Emmerich/*Habersack* Aktien- und GmbH-Konzernrecht[6] § 327 Rdn 14.

[79] S Begr RegE § 327 bei *Kropff* S 432.

[80] S zur ursprünglichen Rechtslage Begr RegE § 327 bei *Kropff* S 432 (§ 159 HGB aF); ferner zum geltenden Recht Emmerich/

solche Ansprüche beschränkt, die binnen fünf Jahren fällig geworden und gegen die frühere Hauptgesellschaft tituliert worden sind. Auch in sonstiger Hinsicht entspricht die Regelung des Abs 4 dem § 160 Abs 1 und 2 HGB, so dass auf die diesbzgl Kommentierungen verwiesen werden kann.[81] Eine **Abweichung** besteht lediglich für den Beginn der Fünf-Jahres-Frist. Anders als nach § 160 Abs 1 Satz 2 HGB beginnt die Frist mit dem Tag, an dem die Eintragung des Eingliederungsendes bekannt gemacht worden ist (Abs 4 Satz 2).[82]

---

*Habersack* Aktien- und GmbH-Konzernrecht[6] § 327 Rdn 15; *Hüffer*[10] Rdn 7; Spindler/Stilz/*Singhof*[2] Rdn 9; MK-*Grunewald*[3] Rdn 17. Dort auch zur späten Anpassung des Abs 4 an die geänderte Rechtslage des HGB.

[81] S auch Emmerich/*Habersack* Aktien- und GmbH-Konzernrecht[6] § 327 Rdn 15 mit dem ergänzenden Hinweis auf die Übergangsregelung des § 26e EGAktG.

[82] Dies entspricht der Regelung in §§ 302 Abs 3 Satz 1, 303 Abs 1 Satz 1 und 305 Abs 4 Satz 2. S dazu auch Emmerich/*Habersack* Aktien- und GmbH-Konzernrecht[6] § 327 Rdn 15; *Hüffer*[10] Rdn 7; Spindler/Stilz/*Singhof*[2] Rdn 10.

Klaus Ulrich Schmolke